ENTREPRENEURIAL COGNITION AND CORPORATE ENTREPRENEURSHIP
创业认知与公司创业

戴维奇 ◎ 著

机械工业出版社
China Machine Press

图书在版编目（CIP）数据

创业认知与公司创业 / 戴维奇著. —北京：机械工业出版社，2020.12
ISBN 978-7-111-66964-7

I. 创… II. 戴… III. 企业管理 – 研究 IV. F272

中国版本图书馆 CIP 数据核字（2020）第 231651 号

  本书从创业认知角度解释公司创业行为的成因与机制，系统地整合了注意力基础观、制度理论、烙印理论和高阶梯队理论等关键理论，将企业家注意力、董事会断裂带、长期导向、企业家烙印及创业心智等作为创业认知的重要维度，并将再投资、创业导向、公司创业等作为公司创业的核心构念，旨在厘清创业认知与公司创业之间的关系，并提供行动指南。

  本书适合管理领域的学者、研究生阅读，也可作为企事业单位的管理者、决策者、内创业者的参考用书。

出版发行：机械工业出版社（北京市西城区百万庄大街22号　邮政编码：100037）
责任编辑：李晓敏　　　　　　　　　　　　　　责任校对：殷　虹
印　　刷：北京捷迅佳彩印刷有限公司　　　　　版　　次：2020年12月第1版第1次印刷
开　　本：185mm×260mm　1/16　　　　　　　印　　张：13.25
书　　号：ISBN 978-7-111-66964-7　　　　　　定　　价：59.00元

客服电话：（010）88361066　88379833　68326294　　投稿热线：（010）88379007
华章网站：www.hzbook.com　　　　　　　　　　　　读者信箱：hzjg@hzbook.com

版权所有·侵权必究
封底无防伪标均为盗版
本书法律顾问：北京大成律师事务所　韩光 / 邹晓东

PREFACE · 前　言

　　本书试图从企业家或高管团队认知的视角，分析公司创业的形成机制。进入 21 世纪以来，随着物联网、大数据、云计算和人工智能等新技术的快速发展，第四次工业革命不期而至。如果说技术的发展主要引发了技术和经济环境的变迁，那么 2019 年底爆发的新冠肺炎疫情，又通过加剧社会和自然（生态）环境的变革而使得企业面临的一般环境更为动荡。管理学基本原理强调，一般环境会通过任务环境给企业带来实际影响。正如我们看到的那样，行业的边界在消失，企业难以预估竞争对手的来源，颠覆性创新不断涌现……"一招鲜吃遍天"的时代已成为过去。在此情境下，传统的基于定位观和资源观的竞争优势理论越来越难以解释企业持续竞争优势的来源。在超竞争环境下，时间被分割成多个片段，追求多个时间片段内短期的竞争优势，最终将多个短期竞争优势串联成为长期竞争优势，这似乎已经成为当下企业保持基业长青的唯一路径。为此，企业一方面要寻求既有业务的竞争优势，另一方面更要识别和利用新的机会。也正因为如此，以"竞争优势"为核心的战略管理理论以及以"机会识别和利用"为核心的创业管理理论日益融合，而公司创业作为两者交界面上的一个研究领域也随之快速崛起。

　　公司创业早期研究可以追溯到 20 世纪 60 年代，Jeffrey G. Covin、Robert A. Burgelman 和 Shaker A. Zahra 等著名学者在早期做出了突出的贡献，随后在 Jeffrey S. Hornsby、Donald F. Kuratko 和 Gregory G. Dess 等新生代学者的努力下影响力得到进一步扩大，最终成为战略管理和创业管理两个领域中均不可或缺的部分。在过往 50 余年的研究中，公司创业在提升绩效与创新、实现企业复兴、提升企业能力和获取成功等方面的价值或多或少得到了确认。那么，随之而来的问题就是，如何理解公司创业的前因？换言之，公司创业的形成机制成为后续研究的焦点。以往研究从环境、组织和团队等层面，对公司创业前因进行了广泛的分析，认为环境的动荡性、社会资本、战略计划、组织文化和高管团队特征等都能促进或阻碍公司创业。上述结论具有洞察力，然而按照高阶梯队理论（upper echelon theory）的观点，无论是外部环境还是组织环境，都仅仅是向企业的企业家或高管人员提供了环境刺激（environmental stimuli），其本身并不直接作用于诸如启动公司创业那样的重大战略决策。这些环境刺激最终能否影响公司创业决策，取决于企业家或高管人员如何过滤和加工这些信息。也就是说，企业家或高管人员基于环境刺激（信息）而"建构的现实"决定了他们后续的战略选择。从这个意义上讲，理解企业家处理和加工信息的方式非常重要，而这就是创业认知研究要解决的关键问题。基于此，本书从创业认知的角度，解构中国背景下公司创业的动因。

我对公司创业的研究可以追溯到 2007 年进入浙江大学管理学院攻读博士学位之时。在魏江教授的指导下，我对组织情境中的创业现象产生了浓厚的兴趣。通过长期的企业调研和文献研究，我对公司创业的理解也日益深入。在国家自然科学基金委员会以及其他省级基金项目的持续资助下，我一直将公司创业作为核心研究方向。从 2007 年以来，我已在国内外期刊上发表与公司创业相关的论文 30 余篇。在此，特别感谢我的导师魏江教授，他引领我进入这一极具潜力的研究领域，也使我学习到诸如专注、认真和坚忍不拔等优秀品质。我始终不会忘记魏老师早年说的一句话："不同领域的交叉是创新的重要途径。"这句话深刻地影响了我的学术研究轨道，使我选择了公司创业这个横跨战略与创业的新兴研究领域。感谢张玉利教授的鼓励和支持，他将大企业创新驱动的创业作为未来重点研究方向，坚定了我的信心。感谢 Co-learning 团队，同门之间长期不间断的切磋也给了我诸多灵感和学习的机会。在此，要特别感谢国家自然科学基金委员会、浙江省自然科学基金委员会以及浙江省社会科学联合会等机构，多年来对我学术研究慷慨的资助是我得以潜心研究的基础。感谢我的诸多合作者，特别是浙江大学管理学院刘洋研究员、华南理工大学工商管理学院廖明情副教授、加拿大圭尔夫大学（University of Guelph）Felix Arndt 等。也感谢林巧副教授，她负担了大部分的家务，从而使我可以有更多的时间从事研究和教学工作。此外，我感谢国家自然科学基金面上项目（71672168）、浙江省社科规划课题（20NDJC124YB）、浙江省自然科学基金面上项目（LY20G020015）的资助。

在编写过程中，本书得到了许多专家学者的支持与帮助。此外，我的研究生王铱、姜悦、张妙等，也对文稿做出了不同程度的贡献，在此一并表示感谢。由于我对公司创业现象的研究总体上处于起步阶段，错漏之处不可避免，在此也恳请读者不吝指正。

戴维奇

2020 年盛夏于杭州橡树园

CONTENTS · 目　录

前言

第一章　研究框架、内容概要与研究意义 / 1
　　一、研究问题与框架　/ 1
　　二、章节与内容概要　/ 3
　　三、理论与实际价值　/ 6

第二章　相关研究领域文献综述 / 9
　　一、创业认知领域以往研究梳理　/ 9
　　二、公司创业领域以往研究归纳　/ 21

第三章　企业家政策注意力与再投资 / 34
　　一、注意力基础观、制度与创业　/ 36
　　二、企业家注意力、制度与再投资的关系　/ 37
　　三、实证研究样本、变量测量和统计结果　/ 41
　　四、注意力、制度以及再投资关系研究的意义　/ 45

第四章　企业家新政感知与创业导向 / 53
　　一、新政感知影响创业导向的理论分析　/ 54
　　二、研究取样、测量和统计结果　/ 56
　　三、感知、制度与创业导向关系研究的价值　/ 62

第五章　董事会断裂带对创业导向的影响　/ 64
　　一、高阶梯队理论与群体断裂带研究　/ 65
　　二、董事会断裂带影响创业导向的理论分析　/ 67
　　三、实证研究的思路、方法与结果　/ 69
　　四、实证研究发现的理论与实践启示　/ 77

第六章　长期导向、企业家经历与公司创业　/ 80
　　一、研究的理论基础：Timmons 模型　/ 81
　　二、长期导向提升创业导向的理论分析　/ 82
　　三、研究数据、变量测量以及统计发现　/ 85
　　四、长期导向、职业经历与公司创业关系研究启示　/ 93

第七章　企业家体制内烙印与政策注意力　/ 95
　　一、注意力基础观与烙印效应的整合　/ 96
　　二、计划经济烙印与政策性机会的追求　/ 97
　　三、政策注意力的中介作用和区域制度的调节作用　/ 99
　　四、研究设计、变量测量和统计结果　/ 101
　　五、烙印、注意力与政策性机会研究的启示　/ 111

第八章　政策注意力、公司创业与绩效　/ 118
　　一、注意力基础观的主要思想　/ 119
　　二、政策注意力、公司创业和绩效三者关系分析　/ 120
　　三、研究取样、变量测量与统计模型　/ 123
　　四、统计分析的结果及讨论　/ 127

第九章　创业心智、战略创业与业务演化　/ 137
　　一、战略创业、战略选择与动态能力　/ 138
　　二、研究方法选择、数据收集与研究过程　/ 139
　　三、创业心智通过战略创业影响业务演化　/ 141
　　四、万达集团案例分析结果讨论与结论　/ 147

第十章　总体结论与政策建议　/ 151
　　一、基于创业认知的公司创业前因研究结论归纳　/ 151
　　二、创业认知与公司创业关系研究的价值总结　/ 155
　　三、创业认知与公司创业关系研究的实践启示　/ 158
　　四、未来基于创业认知的公司创业前因研究展望　/ 164

参考文献　/ 167

第一章 研究框架、内容概要与研究意义

一、研究问题与框架

2008年全球金融危机后,世界经济增速放缓,地缘政治动荡,技术变革加快,全球化与逆全球化并存[1]。早在20世纪90年代,美军将易变性(volatility)、不确定性(uncertainty)、复杂性(complexity)和模糊性(ambiguity)的英文单词首字母组合成"VUCA"一词,用来描述"冷战"结束后越发不稳定、不确定、复杂以及模棱两可的环境特征。VUCA环境下,对企业而言,"一招鲜吃遍天"已成为一种奢望。企业唯有快速因应环境的诸多挑战,才能做到"适者生存"。

公司创业是一种企业层面的创业行为。作为企业的一项重大决策,公司创业被认为是在位企业通过内部创新、合资或收购等形式驱动业务增长和战略更新的主要动力[2-4],同时也是促进产品、流程、管理创新和业务多元化以及企业员工把个人的创新构想转化为集体行动的重要形式[5]。公司创业的核心要义,就是要求企业在做好既有业务的同时,抓住环境中涌现的机会,并通过利用新的机会,获取可持续的竞争优势。它在很大程度上体现了马奇的"探索-开发"分析框架,也就是,既要开发既有资源的潜能,又要不断探索,抓住新机会。

近年来,随着数字技术的发展,我国企业的公司创业早已突破了企业的边界而日益向外部拓展,涌现了公司创业投资(corporate venture capital)、衍生创业、企业孵化器/加速器、平台和创业生态系统等诸多新的公司创业形式。创业生态系统不仅推动了在位企业自身的发展,而且也带动了一大批个体创业者和中小企业的发展。这方面,小米集团构造的"小

米生态链"就是一个典型的例子。截至 2019 年 6 月 30 日，小米共投资超过 270 家公司，大多数企业发展势头良好。其中，20 多家企业年收入突破 1 亿元，4 家估值超过 10 亿美元成为独角兽，3 家已经实现 IPO 上市。2019 年，小米生态链（物联网（Internet of things，IoT）与生活消费产品）销售额超过 621 亿元，同比增长 41.7%。由此可见，公司创业日益呈现出对于在位企业以及诸多利益相关者生存和发展的价值。

现象的涌现激发了学者的学术研究热情。从 1969 年在《美国管理学会杂志》上出现第一篇公司创业论文算起，公司创业研究的历史已超过 50 年。有关公司创业与绩效的元分析表明，公司创业有助于企业实现长期的成功[6]。而基于转型/新兴经济背景的研究揭示公司创业是转型升级和重构核心能力的重要途径[7]，持续的公司创业更是 VUCA 环境下企业获取长期竞争优势的重要方式[8]。而当公司创业的价值得到确认后，如何加以推动就成为一个重要议题，公司创业的前因研究随之而来，成为过去和当前研究的核心[9-10]。既有研究主要从环境因素，如环境的宽裕性[11-13]、环境的动荡性[14]、环境的复杂性[15]；战略因素，如战略管理实践[16]、公司治理和股权结构[17-18]以及战略导向[19]；企业内部因素，如组织文化[20]、组织结构[21]、高管团队特征[22]等方面着手，探索公司创业的前因及其作用机理。总体上，个体层面的研究较为缺乏，尤其是从企业家认知或创业认知角度讨论公司创业前因的研究还不多见。

基于高阶梯队理论（upper echelon theory）的观点，无论是外部环境还是组织环境，都只是向企业家或企业高管提供环境刺激（environmental stimuli），其本身并不直接作用于诸如启动公司创业之类的重大战略决策。这些环境刺激最终能否影响公司创业决策，取决于企业家或企业高管如何过滤和加工这些信息。也就是说，企业家或企业高管基于环境刺激（信息）而"建构的现实"决定了他们后续的战略选择。从这个角度来讲，理解企业家处理和加工信息的方式至关重要。而这正是创业认知研究要解决的关键问题。基于此，本书从创业认知的角度，解构中国背景下公司创业的动因。

近年来逐渐兴起的创业认知研究涵盖认知构念的测量、创业者与非创业者的认知差异、认知偏见对创业行为的影响以及创业机会识别过程中涉及的认知过程等议题[23-26]。以往研究强调创业者与普通人思维的区别在于，创业者能感知到环境的高度不确定性和复杂性，且在面临困境时更善于利用"反事实思维"，更容易看到被别人忽视的机会[27]。在创业认知的后果研究中，之前相关研究大多关注的是创业认知对创业机会的识别和评价[28]、企业绩效[29-30]以及战略制定[30]等方面的影响。有关创业认知对企业层面创业活动影响的研究付之阙如。

基于前述分析，本书聚焦于以下核心研究问题：如何从创业认知角度来解释公司创业行为的成因与机制？为此，本书梳理整合了一系列以中国为情境的研究成果，试图增进对创业认知与公司创业关系的理解。本书的总体研究框架如图 1-1 所示。具体而言，本书的系列研究整合了注意力基础观、制度理论、烙印理论、战略选择理论和高阶梯队理论等关键理论，将企业家注意力、董事会断裂带、长期导向、企业家烙印以及创业心智等作为创业认知的重要维度,将再投资(reinvestment)、创业导向(entrepreneurial orientation)、公司创业(corporate entrepreneurship)等作为公司创业的核心构念,从而探索创业认知视角下的公司创业生成机制。不仅如此,本书系列研究还进一步探讨了创业认知形塑公司创业的边界条件。后者包括但不局限于:制度环境层面(正式和非正式制度)、组织层面(高管团队行为整合机制)以及个体层面(企业家经历)诸多因素。通过上述努力,本书较为深入地回答了"如何从认知视角来理解公司创业生成机制"这一核心科学问题,为企业理解创业认知对公司创业决策的影响,进一步发挥公司创业在获取持续竞争优势方面的作用,提供了理论依据和行动指南。

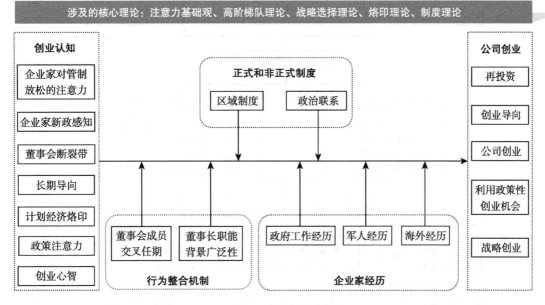

图 1-1 本书的研究框架

二、章节与内容概要

本书的技术路线如图 1-2 所示。

本书共分为十章。第一章主要介绍本书研究的理论和现实背景,概括以往研究的现状及存在的理论不足,并在此基础上阐述本书的理论意义、实践启示以及研究概要。

第二章具体分为两个部分。第一部分系统回顾创业认知领域的相关研究,包括创业认知的本质、前因和后果,并提出该领域值得未来学者进一步研究的议题。第二部分重点回顾公司创业领域的研究成果,包括公司创业研究的演化过程以及公司创业、战略创业、创业导向、再投资的前因和后果,最后提出公司创业领域的重要研究方向。

第三章研究企业家对于管制放松的注意力与中国私营企业再投资之间的关系。同时,探讨企业家对于管制放松的注意力与再投资之间关系的两个调节变量:企业家的政治联系(非正式制度)和区域制度发展(区域层面的正式制度)。此外,本章检验了政治联系与区域制度发展的交互作用是如何调节"企业家对于管制放松的注意力－企业再投资"这对关系的。以中国3 284家私营企业为样本进行的实证研究结果也验证了本章的假设。本章通过考虑两类制度安排（正式和非正式制度、国家和区域制度），并从注意力基础观这个新的理论视角来研究再投资的前因变量，强调"注意"和"感知"管制放松对创业决策影响的重要性，为制度与创业之间的关系，特别是管制放松与再投资之间的关系的研究做出了理论贡献。

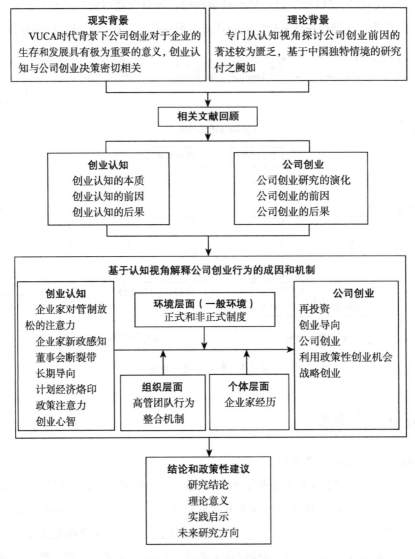

图1-2 本书的技术路线

第四章探讨企业家新政感知对其企业创业导向的影响，以及企业家战略选择所嵌入的制度环境对上述关系的调节作用。实证研究发现，企业家对新政的积极感知增进了企业的创业导向，地区制度环境强化了两者的关系，而政治联系弱化了两者的关系。以上发现对理解中国情境下创业导向的前因、结合制度理论深化战略选择理论具有重要的贡献，对政策制订者和企业也有实践指导意义。

第五章以高阶梯队理论和群体断裂带理论为基础，探索董事会断裂带与创业导向之间的关系，以及影响二者关系的两种重要行为整合机制——董事会成员交叉任期和董事长职能背景广泛性。基于信息传输、软件和信息技术服务业A股上市公司2012～2016年面板数据的实证研究表明：董事会断裂带对创业导向具有负向影响；董事会成员交叉任期和董事长职能背景广泛性对上述关系具有正向调节作用。本章通过探讨特定行为整合机制下董事会断裂带与创业导向的关系丰富了有关创业导向前因的研究，通过提出并验证交叉任期和董事长职能背景广泛性这两个具体的行为整合机制而丰富高阶梯队理论，对企业的创业管理实践亦具有重要启示。

第六章研究企业家的职业经历（被认为是在位企业获取资源的重要渠道）是如何增强中国民营企业长期导向与公司创业之间的关系的。本章通过对3 080家民营企业调研数据的分析发现：第一，具有长期导向的企业通过培育创业人才或创业团队以及识别更多的创业机会，能有效地将二者进行结合，进而促进公司创业活动；第二，民营企业家的政府或军人职业经历可以发挥"资源通道"的作用，通过建立政治连带进而强化长期导向与公司创业之间的关系；第三，具有海外经历的民营企业家在建立政治联系以及获取关键资源方面效率低下，进而对长期导向和公司创业之间的关系起到负向调节作用。这些发现在很大程度上证实了Timmons模型的原理，揭示了机会、资源和创业人才的结合能够有效促进公司创业活动。此外，本章还从一个独特视角——长期导向——探讨了公司创业的前因。最后，本章提出中国文化中一个突出的哲学理念——长期导向——对公司创业活动的积极影响，从而为实践者和企业提供了有用的见解。

第七章基于烙印理论和战略领域的注意力基础观，检验某一行业内中国企业家所具有的、来自其之前"体制内"经历的计划经济烙印是如何指导其追求由监管改变、改革和政策支持所引发的机会，增加人们关于烙印对机会选择意义的理解。通过对3 803家私营企业调研数据的分析，本章发现：具有计划经济烙印的民营企业家更有可能通过追求政策引导的机会来"赚快钱"；民营企业家所具有的计划经济烙印对机会选择的影响以企业家政策注意力为中介；制度发展水平负向调节了民营企业家所具有的计划经济烙印与机会选择之间的关系。

第八章基于注意力基础观，聚焦于新兴市场中独特但普遍存在的政策性机会，旨在阐明如何将对这些机会的注意力转化为企业绩效。基于对2 386家中国私营企业调研数据的分析，本章发现：在中国私营企业情境下，企业家政策注意力促进公司创业活动，进而提高企业绩效。此外，企业对政府政策的关注与公司创业间的关系受到地区制度发展水平情境因素的影响。本章丰富了企业家注意力的相关文献，有助于揭示企业家对政府政策的关注是新兴市场中的宝贵资源，并通过加强公司创业以提高企业绩效。同时，这一研究也增强了我们对新兴市场下公司创业的独特方式的理解。

第九章从战略创业的定义出发，提出既有业务优势确立和新兴业务进入是其两个基本维度，然后通过对一家中国民营企业（万达集团）的纵向案例研究，建构起战略创业的过程模型。研究发现，新兴经济背景下，战略创业是企业家在特定环境约束下的一种战略选择行为。在"自上而下"的战略创业过程中，企业家的创业心智是战略创业的源动力。企业通过产品创新和资源先占等隔绝机制，确保新业务领域的先动优势，并推动业务组合演化。优势搜寻与机会搜寻呈现出"前后相继、此伏彼起"的形态，这使得企业有能力平衡两者对资源的需求。

第十章为总体结论与政策建议。根据前述章节的研究结果，本章首先总结关键发现——企业家注意力等认知变量会对公司创业产生重要影响且两者之间的关系受到制度环境等因素的制约，强调研究者不能脱离创业情境去看待创业认知与公司创业的关系。接着，详细讨论本书做出的理论贡献以及结合实际企业案例总结本书对企业管理者的实践启示。最后，反思本书的局限之处以及未来可以继续推进的研究方向。

三、理论与实际价值

（一）理论意义

本书的所有研究基于中国情境，从创业认知角度探讨了一系列影响公司创业的前置因素，也探索了创业认知影响公司创业的边界条件。总体而言，本书具有三方面的理论贡献。

第一，有力地推进了创业认知研究。创业的核心为机会的识别和利用。这一过程的每一个步骤或多或少都与个体层次的认知要素相关，因而后者对前者的影响是多方面的，从创业认知视角理解创业行为至关重要。然而，之前相关研究大多关注创业认知对创业机会的识别和评价方面的影响[28]，鲜有关于创业认知对企业层面创业活动形成和发展过程影响的研究。考虑到公司创业是创业活动的重要组成部分，在缺少创业认知与公司创业关系研究的情况下，我们很难说创业认知研究已经做到了全面[31]。本书的一系列研究基于中国企业的经验数据，围绕"如何从认知视角来解释公司创业的成因和机制"这一问题展开了深入的研究，有助于弥合创业认知文献的研究缺口。通过考察创业认知对公司创业各种表现形式（企业再投资、创业导向、公司创业和战略创业等）的影响及其相应的情境条件（如正式和非正式制度、企业家经历等），本书有力拓展了创业认知后果方面的研究。

第二，从崭新的视角（创业认知）揭示了公司创业的动力机制，从而为解释公司创业活动的影响因素提供了新的思路，丰富了公司创业的前因研究。以往有关公司创业的前因研究多数聚焦于环境因素，如环境的动荡性、环境的复杂性、制度环境；战略因素，如社会资本、长期导向、战略计划；组织内部因素，如CEO自恋倾向、高管团队特征、组织文化。然而，有关创业认知特别是企业家注意力等因素与公司创业关系的研究目前总体上还处于早期阶段[32]。考虑到环境和组织因素均通过企业家认知的"过滤"而影响公司创业决策，因而认知视角对于理解公司创业的生成极为关键[9, 33]。本书通过探讨企业家注意力、体制内烙印、创业心智以及长期导向等对公司创业的影响，为未来研究从创业认知视角剖析公司创业的生成机制提供了示范。

第三，为佐证注意力基础观的基本命题提供了多重经验证据。首先，注意力基础观的第一原则是选择性关注原则，即由于有限理性的存在导致个体无法关注所有的环境刺激[34]，只能根据认知条件选择自身感兴趣的因素，而行为者采取的行动通常又取决于其注意力所关注的焦点。本书多个章节的研究结果也表明公司创业决策受到企业家注意力分配的影响，从实证角度充分支持了这一观点。其次，注意力基础观的第二原则是情境化的原则，即决策者注意力分配的异质性源于该决策者所处的背景。换言之，决策者如何分配其注意力，进而将要采取何种行动，取决于其所处的特定环境。我们分析了环境的一个重要方面（制度环境）对注意力分配的重要影响，检验了制度因素是如何促进或抑制企业家在焦点问题上注意力的分配，为这一命题提供了有力的经验证据。

除了上述三方面总体性的理论价值外，本书相应章节还在如下方面做出了理论贡献。

（1）通过拓展"环境"的范畴在一定程度上完善了战略选择理论。战略选择理论的基本逻辑为企业所处的环境会影响企业家的认知进而决定组织的战略决策，这里的环境更多地是指任务环境的特征（环境的复杂性和动态性等）。第四章将环境拓展到一般环境，尤其是基于制度理论，探讨在不同制度环境下"环境–认知–组织战略"的逻辑关系，从而拓展了环境的范畴，勾勒了企业家在制度和商业双重快变情境约束下战略抉择的基本过程，对战略选择理论的未来发展具有启示意义。

（2）通过具体探讨行为整合实现机制丰富了高阶梯队理论。目前，关于高阶梯队理论的重要研究趋势之一是通过增加调节机制来增加核心命题的预测力。例如，后续研究者提出了"管理者自由裁量权""管理者工作压力""行为整合"等调节变量，使得核心命题内涵更为丰富。然而，"行为整合"作为影响"高管团队总体特征–战略选择"这一对关系的重要情境因素，其具体的实现机制是什么？目前尚不清楚。第五章围绕行为整合的核心意义，选择并验证了董事会成员的交叉任期和董事长的职能背景广泛性两个具体的行为整合机制，从而丰富了高阶梯队理论。

（3）通过解释企业家烙印如何形成以及基于注意力基础观解释企业家烙印对政策性机会选择的影响，推动了烙印理论的发展。目前学界普遍认为组织烙印有三个来源：经济与技术环境、制度因素（包括规制、规范和文化认知因素）以及特殊的个体（如创始人）[35]。此前的相关研究大多关注环境因素是如何塑造企业烙印以及企业烙印对企业会产生怎样的影响[36]。然而，除企业之外，个体也会受到烙印的影响，包括对认知和行为两方面的影响。当下，有关创业的文献很少讨论企业家是如何被打上烙印的以及这些烙印是如何影响企业家的机会选择和战略决策的。第七章响应了Mathias等人的呼吁，证明了企业家烙印为什么以及何时会影响其对创业机会的选择，从而进一步加深了对企业家烙印是如何影响企业战略决策的理解。

（二）实践启示

除了上述理论贡献外，本书主要还有以下几点实践启示。

第一，对转型经济体的企业家而言，不仅要关注产品市场的机会，还要关注来自"政治市场"的机会。在转型经济体中，政府通常掌握着土地、银行贷款、项目审批权等大量关键资源[37-39]。更为重要的是，政府出台的促进经济发展的政策本身就蕴含着诸多创业机会[40]。那么，企业的管理者和决策者该如何识别、评价以及利用隐藏在政府政策背后的机会？这是我们需要思考和关注的问题。因此，对政策制定者来说，要重视客观政策与主观认知之间存在的"鸿沟"，要加强对于政策的解读，着力从认知层面影响企业决策者。而对企业家来说，应具备双重身份，既要成为一名成功的商务人士也要成为一名优秀的"政务人士"，能够对政府的新政策保持敏感并有效地利用制度规则来谋求企业的发展[41]。

第二，制度环境的完善程度对于私营企业开展创业活动至关重要，应加强对制度落后地区的政策供给和制度建设，增强私营企业长期发展的信心。本书的研究验证了由于地区间的制度发展水平不同，企业家政策注意力的作用会随之发生改变。因而，对地方政府而言，如何革故鼎新、改善营商环境以及提升市场化水平，建立发达的金融体系和完善的产权保护，构建清廉的政府和透明的法律和司法体系[42]，是其首要思考的议题。

第三，在转型经济体中，尤其在制度发展水平较低的地区，建立政治联系是有益的，但我们应对其负外部性保持警惕。有证据表明，政治联系有助于中国企业实现多元化，提升企业绩效，提高IPO绩效（即提高企业从资本市场融资的能力）以及增加人力资源投资[39, 43]。这点不仅对私营企业是这样[38-39]，对外商投资企业而言也是如此[44-45]。然而值得注意的是，诸如构建政治联系等企业政治行为可能导致非生产性的创业活动，如寻租[46]。尤其是在中国特定的政治环境下，讲求"关系"的现象依然存在。因此，企业应对其负外部性保持警惕。此外，值得政策制定者注意的是，由于正式和非正式制度是相互替代的[38, 47]，减少非正式制度安排的有效方法是促进国家和区域层面的正式制度的发展。

第四，研究特定行为整合机制下董事会断裂带与公司创业之间的关系具有重要的指导意义。首先，基于认知差异所造成的董事会的分裂在一定程度上降低了董事会成员间信息沟通的频率和质量，影响董事会对战略资源的有效整合，进而降低了公司创业的意愿。因此，对企业管理者来说，在提名董事会成员时不仅要考虑候选人的能力，还要关注他们的职业背景、经历、认知方式等，以期在获得董事会成员多元化正面效应的同时最大化地形成董事会作为一个整体的凝聚力。其次，当董事会的分裂对企业的经营造成重大影响时，可以利用一些行为整合机制来消弭断裂带的不良影响。比如，保持董事会的稳定性或任命具有多种职能背景的董事长来充当不同子群体间的"黏合剂"。

第二章 相关研究领域文献综述

一、创业认知领域以往研究梳理

(一) 创业认知研究背景

围绕创业者和非创业者之间的差异这一核心问题[48-49]，创业领域的研究重点经历了两次转变[27]。第一次转变发生于20世纪80年代，该领域的研究重点从创业特质论研究转向了创业过程和行为的研究，而在随后的90年代，创业领域的研究重点又从创业过程和行为研究转向了创业认知的研究[27, 50-51]。创业认知研究是将心理学与创业研究相结合，利用心理学中有关的认知理论来解释创业行为背后的成因与机制，因而被称为"认知学派"[52]。创业认知学派的基本逻辑是个体特征决定个体的认知框架，后者决定了个体的创业态度。而个体的创业态度决定了个体的创业意图，进而决定了个体的创业行为[53]。

尽管创业认知研究自出现以来发展迅速，在极短的时间内就成长为创业领域主流的研究方向之一，但学界在界定创业认知的相关构念时存在一定的模糊性。目前，人们大多采用Mitchell与Busenitz等（2002）对创业认知的定义——创业认知是创业者在机会评价和创办企业、促进企业成长过程中用于做出评价、判断和决策的知识结构[50]。值得注意的是，有学者在研究中使用了类似但完全不同的构念来代替创业认知。例如，有学者提出脚本概念[54]。又如，Brigham等人采用Riding和Rayner（1998）所提出的"认知风格"构念，认为其是人们处理和组织信息、得出判断或结论的典型方式，这些风格具有稳定性并会导致个体在决策过程中的行为差异[29]。不同构念或"标签"的存在在一定程度上阻碍了创业认知研究的发展。

创业认知研究的基本假设是人们思考的方式决定其之后如何行动[55]，而人们如何思考则由有关自己、他人、事件以及环境的心理映射（即认知要素）决定[56]。根据这一基本假设，学者们展开了一系列富有成效的研究。Denis等人（2011）基于前人的研究指出创业认知领域研究的三个特征：心理主义，即该领域聚焦于人们行为背后的认知要素；过程导向，即该领域关注这些心理认知结构和要素的发展、转换和作用；动态观点，即在不同的分析层次运用认知动态的观点[56]。

创业认知领域的核心问题是"创业者是如何思考的"[50]。这一点，学界已达成共识。在此基础上，不同学者进一步提炼了基本的研究问题。Mitchell等人认为这一领域的基本研究问题如下：为什么有的人可以成为创业者而有的人则不能，为什么有的人可以识别出创业机会有的人无法做到，为什么有的人可以将自己的想法转变成为创业行为有的人则无法做到，为什么有的人在发明创新（创办企业）之后就会停止而有的人则不会，创业者是如何思考进而做出战略决策的，等等[55]。而Baron和Ward（2004）总结了创业认知领域所关注的三个基本研究问题[23]：创业者和非创业者的认知是否存在差异？认知偏见和错误在创业者的思考中扮演着什么样的角色？机会识别过程中涉及哪些认知过程？不同于以上Baron和Ward的观点，Mitchell和Busenitz等人认为除去上面所提到的研究问题之外，创业认知领域还应关注非实验室环境下的认知构念测量问题以及创业要素所引发的行为结果（如竞争优势或劣势）问题[24]（见表2-1）。

表2-1　创业认知研究的基本问题

序号	学者	创业认知基本问题
1	Mitchell和Busenitz等人（2004、2007）	1. 为什么有的人可以成为创业者而有的人则不能 2. 为什么有的人可以识别出创业机会有的人无法做到 3. 为什么有的人可以将自己的想法转变成为创业行为有的人则无法做到 4. 为什么有的人在发明创新（创办企业）之后就会停止而有的人则不会 5. 创业者是如何思考进而做出战略决策的？这些战略决策上的差异会给企业的竞争优势和劣势带来哪些影响 6. 创业者的思考和其他人（如管理者）的思考是否存在差异 7. "认知"构念如何测量
2	Baron和Ward（2004）	1. 创业者和非创业者的认知是否存在差异 2. 认知偏见和错误在创业者的思考中扮演着什么样的角色 3. 机会识别过程中涉及哪些认知过程

（二）创业认知的本质

经过30多年的发展，创业认知研究成为一个包括多个研究问题的庞杂领域[27]。但在众多的研究问题中，认知结构（要素）的研究和认知过程的研究是贯穿整个研究发展路径的主流研究[54]。基于Sánchez等人的观点[54]，作者认为创业认知的本质包括创业认知要素和创业认知过程两大方面。这是因为，这两者解释了创业行为的原因和组成这些行为的过程。

1. 创业认知要素

通过对相关文献的梳理，作者发现创业认知要素主要包括自我效能感（self-efficacy）、脚本（script）、认知风格（cognitive style）以及认知偏见。

（1）自我效能感。自我效能感指人们对自身能否利用所拥有的技能去完成某项工作行为的自信程度。Shane等（2003）认为自我效能感可以对某一活动中的个人行为结果做出有力预测，并强调自我效能感能够解释"技能相同的人为什么会表现出不同的行为"[57]。Chen（1998）认为，创业者的自我效能感有助于我们理解一个人为什么能够承担创业者的角色并成功地完成自身的任务。因此，对自我效能感的研究有助于区分创业者和非创业者[58-60]。同样地，自我效能感能将创业者和管理者区分开来，前者的自我效能感通常要高于后者[58]。

（2）脚本。脚本一般指关于特定领域的信念和标准的认知结构，能够为个体提供行动和决策指导。这种认知结构代表了一个人对特定概念所具备的知识，包括有关该概念的属性和属性之间关系的信息[61]。在创业领域，脚本指创业者用于对机会评估、企业创建和业务增长进行评估、判断和决策的知识结构。换言之，创业脚本是指创业者如何使用简化的心理模型来连接以前未连接的信息，以帮助他们识别或发明新的产品或服务以及获得企业所需的资源[50]。因此，创业领域的脚本是个人拥有的关于所要采取行动的知识结构[61]。

（3）认知风格。认知风格指人们感知环境刺激的方式以及如何利用环境信息来指导自己的行为。相关研究证实了创业者在认知风格上存在较大差异的观点，成功的创业者善于识别机会，喜欢承担风险。认知风格一般分为了解风格（knowing style）和创造风格（creative style）。了解风格的创业者依赖事实和依据，他们以任务为导向，寻求事情的确切情况。创造风格的创业者以整体思维和概念思维为特征，他们喜欢挑战并具有创造力，不喜欢被规则束缚，以成就为导向。

（4）认知偏见。认知偏见指涉及错误推理和假设的认知过程，而这些错误或偏见会影响我们的思维和行为[62]。在创业认知研究中，涉及较多的偏见包括过度乐观、过度自信、控制错觉、小数定律[26, 63-64]。过度乐观指倾向于期望积极的结果，即使这种期望没有合理的依据[65]。过度自信指人们的独断性，过度自信的决策者总是坚持自己的观点和决策，以自己的意愿代替实际客观事物发展的规律[64, 66-67]。Lange（1975）将控制错觉定义为人类系统地高估自己对事件的控制程度，而低估机运或不可控因素在事件发展过程及其结果上所扮演的角色[68]。控制错觉和过度自信以及过度乐观之间存在一定联系。由于过度自信与高估一个人对当前事实或信息的确定性有关，而控制错觉是指高估一个人应对和预测难以控制的未来事件的能力[67]，因此控制错觉可以被看作是过度自信和过度乐观的决定因素。因为有控制错觉倾向的人可能对事件的预期结果更加乐观（即过度乐观），同时对自己预测结果的能力更加自信（即过度自信）[64]。小数定律是指人们倾向于将从大样本中得到的结论错误地移植到小样本中[69]。小数定律认为人类行为本身并不总是理性的，在不确定性情况下，人的思维过程会系统性地偏离理性法则而走捷径。人的思维定式、表象思维和外界环境等因素会使人出现系统性偏见,从而导致非理性行为的出现。大多数人在判断不确定性事件发生的概率时,往往会违背概率理论中的大数定律,而不由自主地使用"小数定律",即滥用"典型事件"。

此外,少数创业认知研究还讨论了承诺升级[64]、计划谬误偏见[70-71]、现状偏见[72]、自我服务偏见[73-74]和后视偏见[75]等其他创业认知要素。承诺升级又称为"沉没成本偏见",是一种在过去决策的基础上不断增加承诺的现象[72]。研究证明了创业者在决策过程中深受承诺升级偏见的影响[76]。计划谬误偏见指对完成一项任务所花费的时间做出过乐观预测的倾向[77]。现状偏见是一种即使改变现状更有利,也不愿改变的心理[78]。这种偏见意味着人们倾向于坚持目前的状况,即使客观上有更好的选择。自我服务偏见指人们倾向于将积极的结果归因于自身,如自身技能,同时将消极的结果归因于外部,如运气和其他无法控制的因素等[73]。它是一种主观主义的表现,也是一种归因偏见。后视偏见指个体在面临不确定性事件新的信息时,往往对先前获得的信息有过高的估价,进而造成决策上发生偏差[75]。

2. 创业认知过程

在创业领域,创业行为指的是个人(无论是单独的个体还是组织内的个体)在特定市场上识别、开发和/或追求有关引入新产品、服务和商业模式的想法[31]。创业行为涉及个体对环境(以及环境内个体所处的位置和所拥有资源)的解释以及对可以做什么(即机会)、如何做(如调度能力、资源安排、知识等)、为什么做(如个体收益、社会绩效等)的判断与决策[79]。因此,很多学者都认为对创业行为的研究应该基于过程的视角[80],即他们认为创业行为是随着时间顺序展开的,这其中包括多种行为、动态和转折点。

由于创业是以创业机会的出现和追求为核心的动态过程[81-84],所以目前很多有关创业过程的模型都是围绕着创业机会构建的。例如,基于实际创业行为的出现是以在严格的机会过滤和优化过程后仍能感知到创业机会为前提的观点,Bhave(1994)提出了以"机会过滤""机会优化""对实物的创业承诺"为核心的三阶段创业过程模型[80]。又如,Shane 和 Venkataraman(2000)认为创业过程分为创业机会识别、创业机会评价和创业机会利用三个阶段[79]。而在之后的研究中,很多研究者都采用了 Shane 和 Venkataraman 的模型。尽管已有的创业过程模型提高了学界对创业过程的理解,但从认知过程的角度来解释创业过程的研究较少,这显然不利于学界充分理解创业过程[31]。这是因为创业过程的每一个步骤都与个体层次的认知有关,认知要素以及认知过程对于理解创业行为至关重要。

有关创业认知过程的研究大多也是围绕创业机会展开的,讨论在从识别创业机会到具体的创业行为转变之间所涉及的认知要素和具体的认知过程。基于 Shane 和 Venkataraman 的模型,有关创业认知过程的研究认为在创业机会识别阶段创业者的个人认知要素和过程将会影响到对第三人称机会(可以普遍被其他人所识别和利用的机会)的识别[85]、在创业机会评价阶段创业者的个人认知要素和过程会影响到第一人称机会(由于资源和动机的原因,这种机会仅是对识别到它的创业者而言）的形成[86-87]、在机会利用阶段创业者个人的认知要素和过程则会影响到创业意愿的形成和强度[31]。

已有的研究大多仅聚焦于某个（些）过程，且这些研究之间较为零散。在这一方面，Wood 等人（2012）的工作较为突出。Wood 等人在他们的模型中具体提出了每个创业阶段的创业认知过程：在机会识别阶段发挥作用的是关联认知过程，在机会评价阶段发挥作用的是以规则为基础的认知过程，在机会利用阶段（即创业意愿形成阶段）发挥作用的是意愿形成的认知过程[31]。更为重要的是，不同于此前大多数学者所关注的有关创业认知过程的三阶段模型，Wood 等人在三阶段模型之前还加了一个创业的前因阶段[31]。Wood 等人认为在创业者进行创业机会识别之前会选择所关注的领域和可能出现的信号和信息，会将自己有限的注意力分配到自己所感兴趣的特定领域。在这一过程中所发挥作用的认知机制是注意力认知过程。Wood 等人认为创业者的注意力认知过程使得其关注特定领域的信息和信号而忽视其他领域，这会导致创业者对特定领域的创业机会的思考，因而其构成了创业过程的起点。此外，他们还指出在创业过程的每个阶段并不会自动发生转变，创业不同阶段之间的转变也受到了创业者认知的影响，他们将这些认知称为"认知拐点"。创业警觉性（entrepreneurial alertness）和正念（mindfulness）促进了从注意力阶段向机会识别阶段的转变，正念促进了从机会识别阶段向机会评价阶段的转变，决心（determination）促进从机会评价阶段向创业机会利用阶段的转变。

（三）创业认知的前因

创业认知领域的一个共识是创业情境以相关数据和信息难以获得，以及不确定性和模糊性为特征，加之面临着高度的资源约束和时间压力，创业者往往会形成不同于常规的信息处理过程、思维方式以及独特的决策方式[66]。这一观点强调了环境要素和创业者个人对其自身创业认知的影响。有学者直接指出个体因素和环境因素是形成个体创业认知的两种因素[27, 88]。因此，作者通过梳理已有的文献来识别、整合导致创业认知形成的个体前因和环境前因。

1. 创业者的个人特征

很多学者认为，创业者个体所具有的特征决定了其自身的认知[31, 62, 64, 89]。第一，很多学者认为创业者自身的人口学背景特征会对其创业认知产生影响，如性别[90]、年龄[62]、教育[91]、经验[65, 92]。尽管如此，不同研究之间并未得到一致的结论。Fraser 和 Greene（2006）证明了创业者经验与过度自信之间存在负相关关系[92]，但是 Hmieleski 和 Baron（2009）发现经验与过度自信的消极影响之间存在正相关关系[65]。不同于以上两种观点，Chen 等人（2013）的研究却显示经验和过度自信之间并不存在显著关系。第二，有的学者认为创业者所拥有的心理特征也会影响到创业者的认知，如成就需求、信任倾向[30, 93]、激情[48, 94]、坚持[48]、动机[95]等。第三，还有学者认为创业者个体所拥有的资源和能力特征也影响了自身的创业认知。学者们识别出创业者所拥有的社会资本、关系网络等资源会影响到创业者的认知[96]。有学者指出相对于高效的、非个人的信息来源（如统计数据），创业者的个人信息来源会影响到创业者的认知偏见[97]。这个观点得到了其他学者的支持，比如Zacharakis 和Shepherd（2001）验证了信息的数量、类型与过度自信之间存在正相关关系[98]。

2. 创业者所处的环境

除了创业者个体特征外，学者们还聚焦于创业者所处的环境，认为环境因素及其特征是创业者形成特定认知的重要前因。创业者所处的环境根据范围来划分可以分为企业环境和外部环境（如行业、国家）。

第一，很多学者认为企业环境要素及其特征会影响创业者的认知。在企业环境要素方面，有学者认为企业的关键活动会对创业认知产生影响，而Simon等人则聚焦于更为具体的企业活动，认为企业的产品引进行为会与过度自信之间存在正相关关系[99-100]。在企业环境特征方面，学者聚焦于企业不同方面的特征，验证它们与创业者认知之间的关系。有学者认为企业规模、年龄和所有权会对创业者认知产生影响[52, 62]。还有学者认为创业者所面临的任务难度、工作环境、企业决策的全面性、战略匹配等战略、组织特征会影响到创业者的个人认知。定义为在决策时企业所进行扫描、分析和计划的广度的决策全面性[101]受到很多学者的关注，比如Forbes（2005）就证明了决策全面性与过度自信之间存在正相关关系[62]，又如Zhang等人认为决策全面性不仅会对过度自信产生影响，还会对过度乐观和自我服务归因产生影响[102]。Brigham等人（2007）基于个体－组织匹配框架检验了创业者所面临的任务环境的结构化对其自身创业认知的影响，并得到数据的支持[29]。有关任务难度的研究，Moore的工作最为突出，他验证了任务难度（或决策难度）会提高过度自信水平[103]。此外，学者们指出战略匹配是塑造创业者个人认知的重要因素[52]。

第二，学者们识别出了对创业者认知产生影响的许多外部环境因素及其特征。学者们认为宏观的国家制度因素会对创业者的认知产生影响，比如Grichnik（2008）以及Busenitz和Lau（1996）就认为国家文化会对创业者的认知偏见产生影响[61, 104]。而Stewart等人（2008）的研究也从实证的角度验证了国家（民族）因素会对创业者的认知产生影响，进而影响到创业者的行为[105]。除外部环境因素之外，学者们还指出外部环境所具有的特征也会对创业认知产生影响，包括外部环境的动态性、复杂性、敌对性和风险性，但相关研究并未得到一致结论。Hayward等人认为外部环境的动态性和复杂性与创业者的过度自信之间存在正相关关系[106]，但这一观点并未得到随后实证研究的支持[100]。而Simon和Shrader（2012）的研究指出环境动态性和过度自信之间存在显著的负相关关系[100]。

在有关学者积极识别影响创业者认知的创业者个人特征因素和创业者所处的环境因素的同时，有学者提出创业者与环境因素之间的匹配才是塑造创业者认知的原因。在这一方向，Stewart等人（2008）的研究最为突出。尽管Stewart等人的实证模型中并未明确提出创业认知构念，但他们基于创业认知的理论提出了创业者所感知到的环境不确定性以及动态性会对创业者的认知产生影响，进而对创业行为产生了影响[105]。

（四）创业认知的结果

在过去 30 年里，创业研究开始从关注创业过程中创业者的行为理性（如何行动）深化为研究创业者的认知理性（如何认知和决策），致力于归纳并识别具备共性规范和合理性的创业认知和决策特征进而探索其对创业行为的作用机制[24, 50, 55, 63]。在创业认知研究中，创业学者对各种认知现象进行了系统的理论描述，并在此基础上研究了各种创业认知要素对创业的影响。通过对国外相关研究文献的回顾和梳理，作者归纳创业认知要素对个体和企业两个层面的创业行为及其绩效的影响。

1. 创业认知对创业行为的影响

个体层面的创业行为包括创业机会的识别和评价（为什么有的人能够看到机会）、创业意愿（为什么有的人选择创业）和风险承担（为什么有的人选择承担更大的风险）等。

（1）创业机会的识别和评价。创业的本质是机会的识别和利用，创业机会是创业活动的核心和前提[79]。已有研究将创业机会识别理解为创意产生、机会识别与机会评价的思维过程，致力于挖掘创业者如何发现和选择创业机会[107]。Gaglio 等（2001）证明了创业者所具有的创业警觉性特征有助于创业者对机会的识别和利用[108]。他认为拥有创业警觉性特征的创业者倾向于关注变化以及市场不平衡，积极地对觉察到的信息做出回应（对计划做出相应的调整），而对精确性的追求使得其在特定行业和社会环境方面拥有更复杂的信息。因此，和低创业警觉性的创业者相比，高创业警觉性的创业者在机会识别方面敏感性更高。Shane（2000, 2001）的研究探讨了信息在机会识别方面的作用，结果表明拥有更多信息并能够很好地利用所掌握信息的创业者更有能力识别机会[109-110]。基于 Shane（2000）的研究，Gregoire 等（2012）进一步提出并论证了创业者主要依赖表面连接和结构连接两种推理逻辑来识别创业机会，并且发现依据不同推理逻辑识别到的创业机会在质量和创新性方面存在着显著差异，而创业者先前知识对此关系起到调节作用[28]。

（2）创业意愿。相关研究表明创业意愿在很大程度上会受到创业认知的影响，Lau 等（2001）的研究检验了在转型经济的背景下，中国小企业创业者的社会背景、个人因素和认知因素对企业增长意愿和扩张的影响。基于中国 2 878 家小型私营企业的实证研究发现，除了创业者承诺、成就需求和社会环境等因素，创业者对环境的理解对企业增长意愿也有着直接影响[111]。Barbosa 等（2010）的研究考察了创业者可得性偏差对其创业意愿的影响，结果表明以消极方式传递的可用性信息增加了与新企业有关的感知风险，进而降低了创业者创业的意愿[112]。

（3）风险承担。创业通常伴随着一定的冒险行为，而创业者比非创业者表现出更多的过度自信和过度乐观[54, 66, 104]。因此，学者试图利用认知偏见来解释创业者的冒险行为。部分学者认为创业者的认知偏见使其忽视了不确定性和潜在的负面结果，从而降低了创业者的风险认知，增加了其冒险行为[67, 113]。比如，McCarthy等（1993）发现过度自信增加了风险决策的可能性[114]。后续研究提出过度自信会降低风险认知，从而增加新的风险决策，并促进对机会的评价[71]，但这些研究并未得到数据的支持。Hayward等（2006）提出的傲慢理论认为过度自信的创业者会表现出更多的冒险行为，例如以更少的资源创业，但承诺自己有更多的资源；低估对关键资源的需求，但高估自己的能力[106]。Grichnik（2008）利用来自德国和美国的数据进行的一项国际创业研究证实创业认知偏见会降低风险感知，从而诱导创业者做出冒险的行为和决策[104]。

与过度自信和过度乐观等认知偏见相似，控制错觉、小数定律等认知偏见同样会降低创业者的风险认知，增加其冒险行为。Simon等（2000）发现控制错觉和小数定律认知偏见会降低创业者对新企业所面临风险的感知，进而增加了新企业的决策风险[67]。基于Simon等（2000）的研究，Keh等（2002）探讨了创业者的控制错觉对机会评价的影响，实证研究发现风险感知调节了控制错觉与机会评价之间的关系。同时，在没有风险感知调节的作用下，小数定律对机会评价有着直接的影响[71]。

企业层面的创业行为包括创办新企业和决策制定。相关研究既考察了创业认知对创办新企业的影响，也考察了创业认知对企业各种决策制定的影响，包括团队组成、任务委派、财务决策以及与产品有关的决策等。

一是创办新企业。相关研究表明创业认知对创办新企业有着直接的影响[64, 115]。Cooper等（1988）的研究发现过度乐观对创办新企业的影响在很大程度上被认为是负面的。相对于非创业者而言，创业者认为自己成功的机会更大，并倾向于根据主观因素做出判断和决策[116]。同时，他们倾向于低估创办新企业所面临的风险[70]，而高估他们识别的机会的价值[117]。同样，也有部分学者认为过度乐观对创办新企业是有利的，因为在面临不确定的情况和挫折时，乐观的心态会起到积极的作用[66, 118]。此外，拥有控制错觉特征的创业者认为他们可以预测影响企业结果的事件，并可以防止负面事件的发生，这可能会导致创业者低估企业所面临的风险[97]。Simon等（2000）发现控制错觉会间接影响创办新企业的决定，因为它降低了对风险行为的感知，从而有利于创业者做出创办新企业的决策。

二是决策制定。决策制定同样受到诸多创业认知因素的影响，比如创业认知风格和创业认知偏见等。Lindblom等（2008）认为不同类型创业者的认知风格存在差异，研究结果表明创业认知风格会对企业营销决策产生重要影响[119]。Gudmundsson等（2013）发现过度乐观与机会取向呈正向关系，如新产品的创造、新市场的发现等[30]。Carr等（2010）的实证研究发现创业者的控制错觉偏见会导致其在决策过程中考虑有限的替代方案，并做出不太全面的决策，从而降低决策质量。此外，他们发现时间压力和以往经验等背景因素会增强两者之间的负向关系。部分研究还探讨了在位企业的创业者和管理者在认知偏见方面存在的差异[66]，研究结果表明，创业者在决策中更加依赖小数定律认知偏见。原因在于大型随机样本在创业环境中很难获取，创业者倾向于使用小的非随机样本，而管理者通常可以更好地获取历史数据并利用它们进行分析。

2. 创业认知对绩效的影响

相关研究发现创业认知会影响企业层面的绩效，如企业利润、销售额和增长率等。Cassar（2010）表明美国创业者高估了企业未来的预期销售额和员工数量[120]。同样地，Parker（2006）的研究发现尽管市场在不断地变化，但创业者过度依赖之前的经验，对业绩的预期几乎没有任何变化。也有研究发现创业认知偏见对公司的收入和就业增长产生了负面影响[30]。比如，Lowe 等（2006）分析了新创企业的财务数据，发现过度乐观与低收入和低就业水平正相关[76]。Camerer 等（1999）进行的实验研究发现过度自信的创业者表现出对公司业绩的过高估计，对自己企业的发展持乐观态度[121]。此外，Carr 等（2010）的研究表明拥有控制错觉特征的银行家交易结果都比较糟糕，这证实了控制错觉降低了创业者决策绩效的假设[122]。

此外，少数学者还探讨了创业认知对个体层面绩效的影响。Cooper 等（1995）认为对创业者而言，工作满意度是衡量其创业绩效的一个基本指标[123]。基于这一观点，Brigham 等人（2007）通过对 159 家小型高科技公司的调查，利用个人－组织匹配框架证明了体现创业认知的决策风格与其工作满意度、离职意愿以及实际的离职行为之间存在显著关系[29]。

（五）创业认知和注意力

为什么企业的管理者通常难以识别或应对具有重要战略意义的非连续性变化？学者们探讨了诸多原因，如经济激励[124]、惯例的僵化[125]以及缺乏竞争机制[126]等。然而，值得学者注意的是，管理者的注意力也是一个不容忽视的关键因素。注意力是指管理者选择性地关注某些信息而忽略其他部分的过程[127]。什么样的环境刺激会使个体选择关注创业行为？在决策过程中，管理者如何配置其有限的注意力，提高自己的信息处理能力，从而做出正确的决策？认知过程又如何影响决策过程中创业者的注意力分配？这些都是需要思考且亟待解决的问题。

1. 注意力基础观

注意力本身就是一个认知过程，包含对获取新知识和新信息的关注、理解以及付出的时间和努力[128]，当创业团队进行知识和信息搜寻时，便会对一些既定领域倾注相对较多的注意力。对注意力最开始的研究始于 Simon，他认为在现实世界中的决策并非所有备选方案都是已知的，也并非所有结果都能被完全考虑到，管理者的注意力只能集中在某个或某几个方面，决策的关键是决策者如何有效地配置其有限的注意力[127]。与 Simon 只强调决策者个人注意力配置对决策的影响不同，Ocasio（1997）认为，要理解决策者的决策行为，除了关注决策者的注意力特征外，还必须了解决策者所处的组织环境以及他们对环境的理解[129]。换言之，尽管注意力配置是决策者的个人行为，但决策者总是处于一定的环境之中，环境会影响决策者的注意力配置进而影响其决策行为。

注意力基础观的基础是三个相互关联的基本原则：第一，选择性关注原则。由于有限理性的存在导致个体无法关注所有的环境刺激[34]，只能根据认知条件选择自身感兴趣的因素，而行为者采取的行动通常又取决于其注意力所关注的焦点。通俗地说，决策者做出什么决策，取决于他们把自己的注意力聚焦在哪些方面。第二，注意力情境原则。决策者注意力分配的异质性源于该决策者所处的背景。换言之，决策者如何分配其注意力，进而将要采取何种行动，取决于其所处的特定环境。而现有研究忽视了注意力分配的差异：即使是在相同或相似情境下，不同个体所关注的情境刺激也是不同的[25]。为了更好地解释这一问题，需要我们检验个体特征和环境因素之间的相互作用以及这种相互作用会对决策者的行为产生何种影响。第三，注意力配置原则。决策者如何理解自己所处的特定环境和背景，取决于企业的规则、资源及社会关系如何控制决策者注意力在特定的活动、沟通和程序中的分布与配置。Gifford（1998）的研究表明，创业者有限的注意力需要在保证现有创业活动和开辟崭新创业活动之间进行有效配置[130]。由此可知，在高度不确定性的环境中注意力配置对创业机会的识别以及创业活动的开展发挥着关键作用。

2. 注意力配置

对管理者而言，其时间和精力都是有限的，不可能关注事情的方方面面。因此，如何对其有限的注意力进行合理的配置就显得格外重要。注意力配置是一个过程性概念。随着时间的推移，管理者必须不断把自己的注意力配置给环境中不同的刺激因素[131]，这些刺激因素可能源自社会、经济以及文化环境的诸多方面。

目前，关于影响注意力配置的因素到底有哪些这一问题，学界并未达成共识。但随着注意力研究的不断深入，学者逐渐发现，除组织行为之外，社会结构、企业环境、个体认知等多种因素都会制约管理者的注意力配置。更为重要的是，注意力配置与决策环境之间存在着一定的相关性[132]。注意力配置受到管理者所处环境的制约。D'Aveni等（1990）的研究结果表明，一般情况下，管理者会对企业的外部环境和内部环境施加等量的注意力，但当企业陷入危机时，管理者便会更多地关注与危机相关的外部环境[133]。由此可见，管理者所处的特定环境会影响其注意力配置。换言之，管理者的注意力配置取决于其所处环境的规则、拥有的资源和社会关系等。

3. 管理者注意力的元认知

注意和适应不确定的能力是成功管理者的关键技能[134-135]。认知适应性的发生过程可以概括为管理者动态感知和处理环境特征与变化，根据元认知知识和经验来灵活制定和选择决策框架，最终获得认知理解或行动结果，并根据有关结果评估反向决定决策框架的产生和选择的自我调节过程[86]。换言之，管理者的动机影响个人感知和解释语境的方式[136]，而环境又可以定义个体的动机,这种关系是元认知策略发展和使用的基础。我们可以进一步地将管理者注意力的元认知看成是一个高阶认知过程,是管理者通过反思、理解和控制个人学习,认识情境环境并有效适应的认知过程[137]。由于元认知往往发生在社会情境下,因此也常称其为元认知意识。

要正确理解和把握管理者注意力的元认知,需要明确元认知知识、元认知体验和元认知选择三个重要概念。元认知知识是管理者将注意力聚焦于动态环境中,在建立多个决策框架来规划和实施目标时对自身储备的人员、任务和策略知识的依赖程度[138]。而元认知体验是在知识依赖的基础上,管理者进一步对自身独特体验、情绪和直觉的依赖,由此作为帮助管理者选择决策框架的一种重要渠道[139]。简言之,元认知体验促进管理者更容易理解他们所处的社会性世界。最终,管理者在目标取向的背景下,选择和使用最适合的特定决策框架以计划和实施"管理"动态环境的目标。具有良好元知识选择能力的管理者往往将注意力放在合适的决策上,从而有效实现目标[140]。

4. 管理者注意力与创业行为的关系

管理者注意力的配置与管理对预测和解释组织创业行为具有重要作用,特别是组织创业机会识别和利用过程中的管理者注意力的配置机制是组织行为成功的关键。前人的研究指出,真正的创业行为始于企业家对创业机会的发现,企业家同时作为管理者通过识别并发掘具有潜在竞争优势的创业机会进行一系列创业和管理活动,由此获得卓越的企业绩效[109,135]。鉴于创业环境的复杂性和快速变化特征,以及创业行为的高度不确定性等特点,管理者特别是中高层管理者的注意力是影响企业创业行为成败的重要因素。

目前,学术界对管理者注意力与创业行为的关系总体上呈现以下三种观点。首先,在企业识别、发掘和利用创业机会的过程中,高层管理者的创业注意力有利于企业快速洞察外部环境中的创业机会,并有效识别和决策部署,将企业有限的资源迅速集中于开发和利用创业机会[130]。因此,管理者的创业注意力能在一定程度上促进企业把握创业机会,落实部署创业活动,高效实施创业行为。其次,面对第四次工业革命时代复杂动荡、灵活易变的外部环境,企业的高层管理者需要将有限的注意力用于企业的生存与发展,聚焦于对环境权变因素的识别与适应,从而促进企业业绩的持续增长。因而,从这个角度来考虑,企业的管理者可能会将注意力更多地放在维持企业现有的创业活动上,对开拓式的外部创业行为持谨慎对待态度。最后,有效的管理者注意力配置对创业行为的开展具有关键作用。综合考虑企业现阶段发展目标与未来战略发展规划,企业管理者要将有限的注意力在维持现有创业活动与开展新创业活动之间进行有效配置,从而形成一种良性的动态平衡状态[141]。

(六) 未来研究展望

通过对创业认知研究的相关文献进行回顾和整合,基于前人的观点,作者提出了创业认知研究的综合框架（见图 2-1）。创业认知研究从早期探索创业意图成因开始，到后来立足于创业情境独特性并在此基础上通过比较创业者和管理者来概括和归纳创业认知独特性，系统关注认知、决策和行为的内在联系，创业认知研究在创业领域内已经取得了较为卓越的研究成果。然而，仍然存在很多有价值的研究议题值得未来学者们进行深入探究。

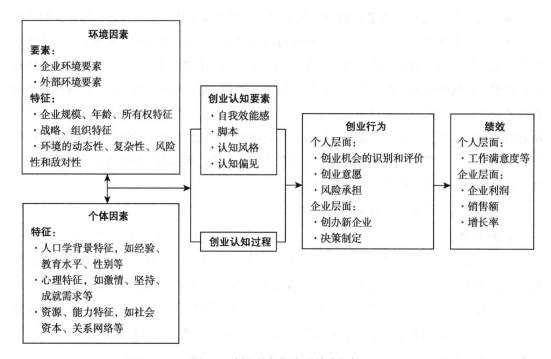

图 2-1　创业认知研究的综合框架

第一，未来研究应该界定清楚创业认知的相关构念与测量方法。有学者指出实证研究结果的不一致是由认知变量的测量造成的[71]。例如，先前的研究并没有明确地区分过度自信和过度乐观等认知偏见，经常混淆这两个概念。因此，未来的研究应确保认知要素构念和测量方法的精确性，这不仅有助于解决之前研究存在争议的问题，还可以推进创业认知研究走向精细化。

第二，在创业认知过程的研究中，未来的研究应更多地考虑情境因素。创业行为的有效性来自特定情境下认知过程的有效性，成功创业者的行为表现往往差异巨大，但表现出了更善于利用和应对风险与模糊性等创业情境来创造价值的特定认知和思维能力[417]。此外，在探索创业情境对创业认知以及创业行为影响的过程中，未来的研究除了关注创业情境的风险性外，还应更多地关注环境的不确定性对决策制定的影响。在面临风险的环境下，决策者对所有方案结果的概率是了解的；而当面对不确定性时，概率是未知的，这更恰当地反映了创业决策行为[66, 73]。

第三，现有研究集中探讨了少数创业认知变量，如认知偏见，未来研究应关注更多个体层面和团队层面的认知变量。个体层面的认知变量，如脚本、计划谬误偏见、自我服务偏见等认知变量都与特定的创业情境相关，但很少有研究关注这类认知要素。未来的研究应进一步地探讨这类要素本身以及它们之间的相互关系会对创业行为产生哪些影响。此外，未来的研究应更多地关注团队层面的认知变量[30]，因为许多创业决策都是基于团队做出的，然而关于创业认知的研究大多是基于个体层面进行的。未来的研究可以探讨团队层面的认知如何影响创业行为的发生以及个人认知是否会受到团队认知的影响，例如，个人在团队中做决定时是否会表现出不同的或不同程度的认知偏见。

第四，未来研究应该从其他领域借鉴更多的理论来解释创业认知领域的相关现象并运用创业认知的相关结论来解释其他领域的现象。比如，在经济学领域，经济学家已经开始关注知识、信息和想象力对经济增长的影响[86, 142]。因此，创业认知成为解释企业家如何改变一个经济体资源交换价值的关键因素。在社会学领域，相关研究借鉴制度理论探讨了认知合法性问题[143-144]以及基于社会网络研究探讨了社会资本的认知基础问题[22, 93]。此外，社会学家认为社会文化规范以及信仰等也会对创业行为产生重要影响。基于此，未来研究可以更多地关注创业认知在经济学、社会学、心理学以及组织行为学等领域的发展，并通过吸收借鉴来丰富管理学领域的创业认知研究。

二、公司创业领域以往研究归纳

竞争优势是可持续的观点在20世纪末开始受到质疑，技术变革和全球化的双重力量加剧了竞争态势，侵蚀了企业原有竞争优势的基础[145]。随着新技术和新产品等在全球范围内爆炸式增长，在位企业要么积极进行创新，要么成为创新的牺牲品。然而，组织要想在其员工中发起创新活动，就必须采取适当的战略[146]。由于认识到需要变革，管理人员和管理学者开始考虑如何在在位企业内制定创业过程，以实现和保持竞争优势。因此，学术界对公司创业产生了浓厚的兴趣。公司创业（corporate entrepreneurship，CE）致力于在企业内部发起更新，并借此提高自身的生存能力和竞争力。

公司创业作为一个重要的术语，用来描述在位企业的创业行为[147]，其他相关的术语包括再投资、创业导向和战略创业[148]。无论企业决定从事公司创业的原因是什么，它已经成为所有类型组织的主要战略[149]。公司创业是企业在市场中保持优势的指路明灯和激励力量。

（一）公司创业的重要性

作为企业的一项重大战略，公司创业意味着企业的战略意图是不断地、有意地利用创业机会[79]，以实现增长和竞争优势。Covin和Miles（1999）认为创新是所有公司创业形式的共同主题[5]。在经济全球化的大背景下，人们认识到公司创业可能是实现高水平组织绩效的最有效方法[150]。经过多年的研究沉淀，学者们已经证实在位企业追求CE的目标包括盈利[145]、战略更新[151]、创新[152]、获取知识以开发未来收入流[153]、国际化[154]，以及有效配置资源作为发展竞争优势的途径[155]。因此，有学者指出，不管企业决定从事公司创业的原因是什么，它已经成为所有类型组织的主要战略[156]。

虽然公司创业的内在价值已经得到证明[157]，但对于在组织中如何更好地实施公司创业，仍然存在很大的研究空间。幸运的是，公司创业领域的知识积累一直在迅速发展，现已确定多个研究主题[158]。然而，尽管近年来公司创业研究领域不断扩大，但有关公司创业领域的理论和经验知识以及创业行为仍是需要更深入理解的关键问题[146, 159]。正如下文中所展示的，关于公司创业的研究在过去的40年里不断演化，并且变得越来越重要。

（二）公司创业研究的演化

公司创业的概念在过去40年里不断演变，其定义随着时间的推移也发生了很大的变化。20世纪70年代早期的研究主要关注创业团队以及如何在现有组织中发展创业精神[160-161]。

20世纪80年代，研究人员将公司创业定义为一种创业行为，通过组织支持和资源承诺来开发不同类型的价值创造创新[2]。换句话说，早期的公司创业研究关注的是通过创新扩展企业的能力范围及其所创造的机会[162-163]。总的来说，公司创业一般被定义为组织更新的过程。

20世纪90年代，人们对创业行为价值创造的潜力有了更深的了解。这使企业重新定义它们的业务，思考如何最有效地运用人力资源和学习，通过创业行动度过全球经济竞争的时期[164]。20世纪90年代，研究者将公司创业作为激励和增强企业发展创新技能的能力的重点[165-166]。同一时期，对公司创业更全面的定义开始形成。Guth和Ginsberg（1990）强调公司创业包括两种主要的现象：在现有组织内创建新的业务单元，以及通过战略更新对组织进行改造[167]。Zahra(1991)指出，公司创业可以是正式的或非正式的活动，目的是通过产品、过程创新和市场发展在现有公司中创造新的业务。这些活动可能发生在企业、职能部门或项目各级，其统一的目标是提高企业的竞争地位和财务绩效[165]。Sharma和Chrisman（1999）认为公司创业是个人或一组个人与现有组织联合创建一个新组织或在该组织内促进更新或创新的过程[4]。

到21世纪初，公司创业已被相对明确地定义为一个研究领域，这在很大程度上要归功于学者们将过去的研究调和成一个整体的观点。Ahuja和Lampert（2001）使用了来自化工行业的经验证据，提出了一个模型，解释了大型在位企业是如何创造突破的[168]。Schildt、Maula和Keil（2005）研究了企业冒险中探索性和开发性学习的相互作用，表明这些外部冒险的治理结构是决定所发生的学习类型的关键[169]。由于所有这些不同视角都提供了新的见解，公司创业变得更加复杂，可以采用多种不同的形式。因此，现有研究认为可以将这些公司创业活动分为一些特定的主题。

目前可以确定的诸多主题对于构建公司创业理论至关重要。基于 Kuratko 和 Audretsch（2013）和 Morris（2011）的工作，公司创业可以通过战略创业、创业导向和再投资等形式表现在企业中[148, 158]。

战略创业最初被描述为战略管理和创业之间的成功整合——从战略角度采取创业行动，或以创业心态采取战略行动[157]。更具体地说，战略创业被认为是企业结合有效的机会寻求行为（即创业）和优势寻求行为（即战略管理）以创造可持续竞争优势[135]。战略创业可以给企业带来公司战略、产品供应、服务市场、内部组织以及业务模型五个方面的创新[158]。这些创新可以构成一个企业与其行业竞争对手的根本区别。学者确定了战略创业的五种形式，包括战略更新（采用新战略）、持续更新（将新产品或服务引入现有类别）、领域重新定义（现有产品或市场类别的重新配置）、组织复兴（内部聚焦创新）以及商业模式重构（对现有业务模型进行重新设计）[150, 170]。

与这些不同的活动和领域相关的问题是，一个组织的创业倾向如何？创业导向（entrepreneurial orientation，EO）的概念是由 Miller（1983）率先引入，并由 Covin 和 Slevin（1991）在创业文献中正式提出的。通过创业导向这个概念，学者们将企业的战略行为倾向视为从保守到创新的连续统一体[171]。随后，许多学者研究了创业导向对绩效的影响[171]。其他学者则质疑创业导向的潜在维度以及测量方式[172]。多年来，关于企业层面的创业战略倾向的研究领域已经提出了许多不同的观点。尽管如此，正如最近的两项元分析所指出的，Miller（1983）以及 Covin 和 Slevin（1991）的概念化是目前创业导向文献中占主导地位的观点[147, 173]。最近，Anderson 等（2015）从测量理论中提出了一个创业导向的形成结构，包括管理态度（风险承担性）和创业行为（主动性和先动性）作为共同必要的维度，构成更高阶的创业导向构念[174]。

再投资被定义为在位企业将税后利润中的一部分投入新业务或现有业务，是企业层面创业行为的又一重要表现形式[40, 44, 175-177]。包括再投资在内的创业投资是创业进程的核心，在很大程度上影响到企业的生存和增长。由于直接影响到企业的扩张或萎缩，对企业进行再投资是企业重要的创业决策[40]。对企业再投资的关注对于转型经济背景下的创业研究很重要，利润的再投资通常被认为是外部股权的替代[175]，企业尤其是中小企业的增长对于其从需求驱动的创业转向机会驱动的创业至关重要[40]。

（三）公司创业研究现状

1. 公司创业的前因研究

Miller（1983）在其开创性研究中，将公司划分为简单、计划以及有机三种类型，基于三类公司的性质及形态差异分析了公司创业的影响因素[21]。对简单型公司而言，公司创业主要取决于领导者的个人特质与知识结构。对计划型公司而言，公司创业与明确的产品市场战略高度相关，CEO 的个人特质也会对这类公司的创业活动产生影响。对有机型公司而言，环境与组织行为和架构对公司创业的影响最为显著，这类公司以创新及创业回应环境的变化。由此，Miller 的公司三分法整合了环境、创业者或创业团队、组织行为、能力与结构等公司创业要素。

许多学者依托 Miller（1983）的研究，构建了对公司创业研究影响较大的分析框架。其中，Guth 和 Ginsberg（1990）基于战略管理视角提出了一个公司创业模型（见图 2-2），认为环境、战略领导者、组织行为/形态与企业绩效是影响公司创业的关键要素[167]。基于这两项研究的分析框架，我们从环境、企业特质和管理者角色三个角度提炼出先前文献中影响公司创业的主要因素。

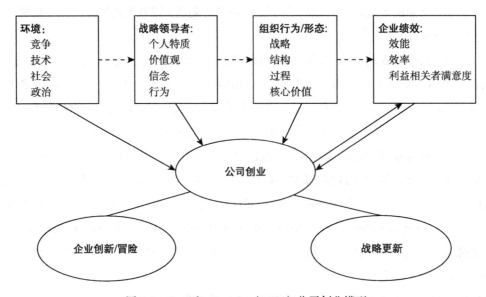

图 2-2　Guth 和 Ginsberg（1990）公司创业模型

（1）环境层面因素。企业所处制度环境的变化，以非随机的方式影响企业的战略，使组织从一种一般性战略转向其他战略。Cho 和 Hambrick（2006）的研究发现，当美国航空业放松管制时，企业管理注意力很可能从工程问题转向创业焦点。航空公司必须积极转换战略重点，通过创新活动满足新的市场需求。除制度因素这一特殊环境的影响以外，某些日益普遍的外部环境条件可能促使企业采取公司创业战略[178]。Zahra（1991）认为，处于有更多敌意的、动态性和异质性环境中的企业会更多从事公司创业活动[165]。同样，Lumpkin 和 Dess（1996）认为，企业面临快速变化、快节奏的竞争环境时，最好实施公司创业战略[179]。基于对公司创业和组织创新领域文献的回顾，Schindehutte 等（2000）确定了不少于 40 个公司创业活动的关键触发因素，其中大约一半被认为是来自外部环境[180]。

（2）企业内部因素。公司创业的五个内部影响因素包含在"公司创业评估量表"工具中，为公司创业研究学者提供了一种分析公司内部环境的方法。这五个前因条件被认为是培育公司创业行为所必需的内部环境，它们分别是：管理支持（最高管理者支持、促进个人和集体的创业行为的程度），工作自主权（较低级别员工决策自由、免受过度监督以及权力和责任），奖励制度（基于创业活动的奖励员工的程度），时间可用性（根据员工的角色和职责，在重要任务上投入时间的程度）以及组织边界（组织结构在多大程度上增强了外部环境与组织及其部门之间的信息流动）。

学者将这五个影响因素置于不同的情境当中。其中，管理支持、工作自主权和奖励制度这些创业活动的先决条件已得到经验支持[181]。但目前仍缺乏对时间可用性维度的支持证据，而组织边界维度则存在测量问题[159]。组织可获得的资源的级别和类型以及各维度之间可能的相互作用也没有得到关注。最近的一项研究表明，在新兴国家的背景下，这些来自西方的成熟经验或许并不能很好地解释非西方国家企业的公司创业行为[182]。因此，需要进一步考虑其他有意义的维度以及该维度的适用情境。

（3）不同层次的管理者角色。Dess 等（2003）强调了组织中不同层次管理者对公司创业的关键作用[183]。一方面，高层管理者在公司创业活动中有多个关键角色。这些管理者负责阐明创业战略愿景，并构建一种支持创业的组织架构。Burgelman（1984）的研究指出，高层管理者参与战略制定过程，并设置创业行为可以发生的战略和结构背景[162]。Ling 等（2008）研究了152家公司"变革型"CEO对公司创业的影响[184]。这项研究强调了高层管理者的"指导性"角色，并指出高层管理者在阐明企业战略愿景和促进有利于创业活动的组织氛围方面具有关键作用。

另一方面，中层管理者是大多数组织知识流动的中心。通过与高层和基层管理者的互动，处于组织领导中间层级的管理者影响并塑造了公司创业的可操作性。与这一观点相一致，Kuratko 等（2005）认为中层管理者在企业中扮演着变革推动者和创新推动者的角色。作者认为，中层管理者认可、改进和指导创业计划，并确定、获取和部署实施这些计划所需的资源[185]。Hornsby 等（2009）进一步研究了企业中不同层次管理者的创业行为。他们发现，上述组织内部因素与公司创业之间的关系，因管理水平而异。例如，管理支持对高层和中层管理者创业行为的积极影响比对较低一级管理者的更为强烈[159]。

2. 公司创业的后果研究

公司创业包括企业层面的正式和非正式活动，其重点是通过战略更新、创新和企业冒险来发现和追求新的商业机会[4, 167]。大量的文献考察了公司创业作为大型和老牌跨国企业振兴其业务的重要手段[186]和对公司环境的变化做出适当反应[165]。最新的研究也表明公司创业是中小企业自我更新的有效手段[155]。

以往的文献表明，公司创业在企业绩效中起着重要的作用。因为企业可以出于财务或战略目标从事公司创业[187]，在考虑绩效结果时，文献区分了公司创业活动背后的不同动机。为此，有一组文献研究了公司创业对客观绩效的影响，包括财务绩效，如销售回报率（ROS）、资产回报率（ROA）和盈利能力[145]，以及财务增长，如销售增长和利润增长[188]。

其他研究关注主观绩效，包括感知的非财务绩效（如客户满意度）[189]或财务绩效感知（例如，与主要竞争对手相比，公司的盈利能力感知）[153]。在一项关于公司创业和企业绩效的元分析中，Bierwerth 等（2015）综合前人对包括 13 237 家企业在内的 43 个独立样本的公司创业与绩效关系的实证研究结果，其结果在很大程度上揭示了公司创业对企业整体、主观和客观绩效的积极影响[6]。

此外，知识等无形资源对 21 世纪的组织至关重要，知识可以通过有效的公司创业创建[190]。事实上，Zahra 等（1999）认为，正式和非正式的公司创业活动可以创造新知识，作为建立新能力或振兴现有能力的基础，从而丰富公司的业绩[166]。考虑到知识在形成竞争优势方面的中心地位，而竞争优势往往是公司超越竞争对手的必经之路[191]，企业通过促进知识储备的开发和管理以及人员与组织单位之间的流动而获益。Dess 等（2003）认为公司创业最重要的结果之一是学习[183]。

（四）战略创业研究现状

Ireland 等（2003）将战略创业（strategic entrepreneurship，SE）描述为一个同时包含机会和优势寻求行为的过程系统，由创业心智、创业文化和创业领导、战略性资源管理和运用创造力发展创新四个维度支撑[135]。他们的这项工作表明，战略创业既是一个过程，也是一个构念，从而进一步推动了对战略创业的研究。在此基础上，Hitt 等（2011）开发了一个更广泛、更多层次的模型（见图 2-3），提供了对战略创业过程更全面、更准确的描述。随后的学者通过各种概念[192]、理论[13]和实证[193]方式研究了战略创业的价值创造和竞争优势贡献，丰富了战略创业的研究方法和吸引力。

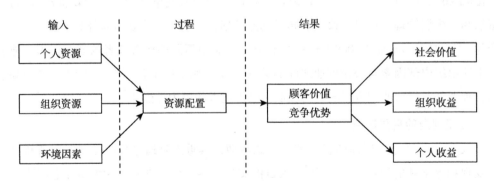

图 2-3 Hitt 等（2011）战略创业过程模型

1. 战略创业的前因研究

组织因素，如规模、高层管理者特征、结构和文化因素，是早期企业层面创业工作确定的关键影响因素[179]，也可作为总结战略创业的影响因素的适当指导。先前研究已经证实企业规模对创业活动的影响，由于规模较小的企业能够快速地做出改变，通过开发或探索而扩大创新行为[147]。领导者往往能够左右企业的重大战略，具有企业家精神和培养创业文化的领导者是战略创业的重要先驱[135]。例如，大量研究表明，高层和中层管理者在发起和培育战略创业方面都扮演着不可或缺的角色[2]。从战略角度来看，通过企业的战略方向和历史行为模式所形成的特定身份和形象，可以在组织内延续或抑制创新[194]，并且可能在战略创业的成败中也扮演关键角色。

除了内部因素，战略创业还受到企业外部环境的影响。长期以来，环境一直与企业层面的创新和创业联系在一起[195]，并作为战略创业的影响因素。实证研究证实动态性、包容性和复杂性环境对战略创业产生影响[173]。竞争强度、技术变革以及新兴产品市场等更具体的因素也被证实对战略创业产生影响[196]。其他影响因素，包括内部事件（如绩效下降、高层管理者变更）和外部事件（如竞争对手的行动、客户需求的变化），也可能导致公司追求战略创业的环境[180]。然而，在这些可能的影响因素中，许多尚未得到探索。

2. 战略创业的绩效结果

正如最初提出此构念的学者所言，战略创业的预期结果包括竞争优势的改善，以及更长远的财富创造[135, 197]。其他学者更明确地将竞争能力和战略重新定位作为战略创业的成果[198]。学者们将研究重点置于理论和概念发展方面，但缺乏经验证据支持。大多数关于企业绩效的实证研究都考察了战略创业对财务绩效的正向影响[199]。

除了简单地验证与财务绩效相关的典型结果外，一些学者还探讨了其他组织层次的结果。例如，Monsen 和 Boss（2009）考察了个体层面的结果，战略创业对角色模糊和离职意愿的影响[200]。Hitt 等（2011）进一步论证了战略创业的多层次影响，在之前对企业和个人层面所确定的影响之上增加了战略创业的社会影响[197]。其他学者也加入进来，研究战略创业在经济增长、生活质量和人类发展需求以及解决环境问题方面的贡献[201]。

（五）创业导向研究现状

被称为"为组织提供创业决策与行动基础的战略决策过程"的创业导向（entrepreneurial orientation，EO）[147]，指的是一种组织战略姿态，描述企业通过参与创业行为而创造价值的某一实践[179]，是组织本质上具有创业精神的战略决策实践、管理理念和战略行为[149]。

1. 创业导向的前因研究

创业领域的学者将创业导向作为因变量进行研究，以解释为何某类特定企业会更加具有创业精神。如图 2-4 所示，创业导向前因的大量研究重点是 CEO 和高管团队（TMT）的各个方面，以及各种战略导向、战略过程和环境因素的影响。此外，相关研究也涉及领导、治理、人力资源管理和组织资源等方面。本节将从三个主要的维度来阐明企业如何表现创业导向：垂直维度（组织内管理层级）、水平维度（组织子单位及组织间）以及时间维度（战略改变和组织发展）。

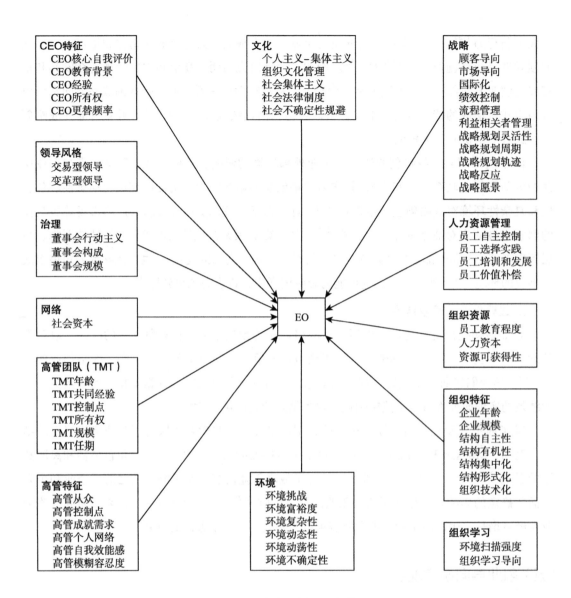

图 2-4 既有研究中的创业导向前因变量

（1）垂直维度：创业导向在组织层级和管理群体间的差异。

高层管理者与创业导向。既有研究通常赋予高层管理者在提升组织创业导向上的特殊作用。与高阶梯队理论一致，Covin 和 Slevin（1991）将创业导向定义为企业的创业行为模式，"反映了高层管理者关于有效管理实践的总体战略理念"。大量创业导向研究认为高层管理者的思想代表着组织价值观[202-203]。从这个角度来看，对新机会的追求是由高层管理团队推动的，并反映在组织成员的行动上。

然而，自上而下的观点忽略了一个关键的事实，即除了管理层促进的创业态度和行为外，创业举措也可能在企业内部自主出现。自主性（autonomy）是创业导向构念中的重要组成部分[172, 179]，许多研究者承认，高层管理者并非总是企业战略导向的主要推动力量。管层下级出现"基层"战略，企业内部较低级别的行为者（如中层管理者和非管理者）也可以独立地表现出创业态度和行为，长期可指导整个组织的行为。

中层管理者与创业导向。对中层管理者在战略决策和实施中的作用的研究，多将这些组织行为者描述为高层决策者与实施战略的员工之间的桥梁[204]。既有研究认为，中层管理者在制定创业举措和成果方面发挥着重要作用[185]。个体对组织战略体现的看法可能会受到其参与制定战略的程度、战略传达的准确程度以及其在这些过程中的被动或主动程度的影响[205]。

非管理者与创业导向。除其他职责外，组织员工的任务是实施高层管理者的战略、识别新机会、推动企业绩效增长，他们是组织战略与绩效之间因果关系的一个关键要素，因此也得到创业导向研究者的关注。与中层管理者相比，非管理者更注重企业日常运营事务，对创业导向的影响差异甚至大于中高层管理者间的差异[205]。Kemelgor（2002）对英国、荷兰管理者和员工的研究表明，在8家受访企业中，有6家的员工报告的创业导向水平低于管理层[206]。Monsen和Boss（2009）在对多元化医疗组织110个部门的1 975位管理者和员工的研究发现，非管理者的风险承担水平、创新性和先动性都低于其管理者[200]。从代理理论的角度而言，无法减轻或多样化创业相关风险的组织成员将比那些能够减轻风险的成员更规避风险，因此个体在组织层级中的地位越低，其分散风险的选择就越少，越会对上级制定的风险承担战略产生负面的认识和反应[207]。

（2）水平维度：各组织部门和领域的创业导向差异。

环境和创业导向的横向差异。业务单位基于其行业和地理位置的差异会面临不同的环境和市场突发事件，进而会造成创业导向表现的差异[179]。Covin和Slevin（1989）认为，面对不同程度的环境敌对性，企业需要不同程度的创业导向才能获得卓越的绩效[202]。之后的研究也表明，不同业务单位的任务环境会引发创业导向的不同表现[208]。对不同企业而言，环境动态性会对创业导向产生影响[209]，环境扰动和民族文化会直接影响企业的创业导向[210]。Van Doorn等（2017）从高管团队建议的寻求和吸收能力方面探究在动态环境中提高企业创业导向表现的方式[14]。诸如环境动态性、技术机遇、产业增长等企业外部因素是创业导向的重要预测变量[211]。

战略和创业导向的横向差异。企业国际化战略范围会对创业导向的三个维度，即创新性、先动性、风险承担性产生异质性影响[212]。战略规划会提高企业的创业导向表现[213]。中小企业情境下，对外国市场的战略扫描和规划能够对企业的国际创业导向产生正向影响[214]。家族企业情境下，长期导向与企业创业导向的创新性、先动性、自主性维度正相关[215]。组织战略与业务单位特征之间的匹配是战略和创业导向横向差异的另一个潜在来源。Miles和Covin（2002）探讨企业内外部应如何与核心业务相关，以及对新企业的直接或间接控制应如何基于企业战略目标与业务单位管理者需求和偏好进行匹配[216]。

结构和创业导向的横向差异。Monsen和Boss（2009）认为，医疗保健组织的不同业务单位和职能领域的创业导向维度，在程度和组成方面均表现出显著差异[200]。此外，随着任务变得更加正式化和机械化，由于收益日益减少，业务单位表现出更高程度创业导向的动力会减少[217]。对瑞士339家企业的实证研究从小企业治理角度出发，认为CEO持股结构会对企业的创业导向产生负面影响[218]。企业交互记忆系统会对创业导向的表现产生促进作用，组织结构的有机性会强化二者间的正向关系[219]。

（3）时间维度：创业导向在不同发展时间和发展状态下的差异。

一个企业的创业导向可能会随着企业的发展水平和成长阶段而改变[205]。企业的创业导向最好适应不断变化的内部和外部需求以保持长期的发展。企业组织结构与其创业导向间关系的实证研究，比如随着组织状态的变化，非正式有机结构与创业导向的正向关系，会带来潜在的挑战[205]。

企业的状态可能决定了与创业导向相关的企业特定增长方式（如收购、有机或混合增长方式）[220]。Delmar等（2003）认为不同类型的企业（如具有年龄和规模差异）遵循不同的战略方向，并作为其资源和创业导向运用的基础[221]。此外，对于创业导向在企业中的分布和表现程度为何以及如何随着时间的推移而改变的问题，Stopford和Baden-Fuller（1994）进行了研究，此研究解释了创业导向如何从企业内的单一业务单位开始，以自下而上的方式随着时间的推移而渗透，并最终改变整个企业的战略方向[222]。同时，创业导向的表现形式的变化可以是紧急的，也可以是对组织和市场因素的反映[223]。无论何种情况，组织结构的改变都会影响创业导向随着时间的推移在企业中的表现[205]。

2. 创业导向的后果研究

对于创业导向的后果研究，Rauch等（2009）通过梳理发现，许多研究将企业绩效作为因变量[224-226]。组织研究者主张区分企业绩效的效率和效果测量，既有研究中，效率指标（盈利能力和资产回报率）和效果指标（企业增长和市场份额增长）都得到了大量的研究，结合了不同元素的绩效指标，比如结合企业增长和盈利能力的相关研究也较为普遍[225, 227-230]。

虽然企业间往往在绩效方面进行比较，创业导向对绩效的作用固然引起诸多学者的关注，但企业通常具有多重目标，其中有些企业目标并不反映在绩效底线上，对创业导向与企业非绩效因素的关系的研究逐渐兴起。创业导向后果研究中普遍的非绩效变量包括市场导向、创新、员工承诺、环境不确定性和组织学习的各种措施。例如，许多基于案例的研究表明，创业导向可能会减少家族企业内部的惯性倾向[231]。对非绩效因变量的关注反映了这样一种观点，即创业导向不仅仅是一个与优异绩效相关的工具变量，其与企业运作的诸多方面也有关，这一观点为今后的各种研究方向提供了启示。现有创业导向后果研究涉及的因素如图2-5所示。

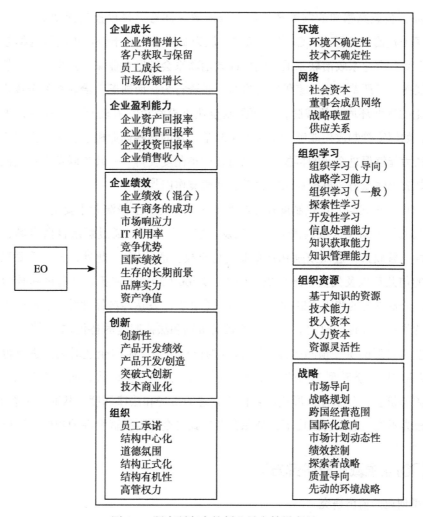

图 2-5　既有研究中的创业导向结果变量

（六）再投资研究现状

目前的企业层面创业研究日益关注特殊情境下的研究问题。长期以来，制度和创业研究普遍认为，有效的商业环境能为创业提供积极的激励，薄弱的环境则会产生负面影响。而经验观察结果显示，尽管正式制度发展不完善，但在以中国为代表的一些转型经济体中，企业仍表现出较高的创业率和再投资水平。正是基于这一有趣的悖论，近年来涌现出许多探索转型经济情境下，制度环境与再投资之间关系的研究。

现有的再投资研究主要集中于了解是何种因素引发或制约了某些特殊情境下，如转型经济体中，在位企业做出再投资决策的动机，并强调产权薄弱会阻碍企业进行利润的再投资[175]，而低征用风险和强合同执行方面的产权保护是企业再投资的重要预测因素[44]。以往的研究还发现，获得外部资金（如银行贷款）[44]、政治联系[176]、感知的制度环境[40]以及公私合营的企业形式[177]等均与企业再投资有关。

一方面，企业家感知的制度环境以及政府政策注意力是再投资活动的重要预测变量。具体地，基于政治权变思想，Ge 等（2017）认为制度恶化对于企业再投资的抑制作用在很大程度上会受到企业家政治联系的影响，即政治联系会鼓励企业家注意机会，尽管制度环境对企业发展而言很严苛，企业家仍愿意进行再投资行为，而缺乏政治联系的企业家则主要关注不断恶化的制度环境中的威胁，从而限制企业再投资[40]。在转型经济体中，正式制度的不断完善，如国家管制放松能够为企业带来政治市场的某些创业机会，企业家对于这类政府政策的注意力能够促进企业的再投资，同时，两类制度安排——政治联系和地区制度发展水平会对管制放松注意力与再投资间的关系起到调节作用[232]。

另一方面，正式与非正式制度在影响企业再投资行为上扮演着重要角色。Zhou（2011）强调区域放松管制对于区域内的创业增长发挥着重要作用，通过刺激自由市场、取消掠夺性和歧视性监管政策，进而鼓励私营企业进行再投资活动[233]。此外，这一重要积极作用在放松管制的前几年以及欠发达地区更为强烈。Zhou（2013）在新制度理论和政治联系研究的基础上，分析重要的非正式制度——政治联系在较不发达经济体和转型经济体下对中小企业再投资的作用，并证明政治联系对于正式的市场和法律制度的替代作用[176]。此外，产权保护是企业再投资的重要预测指标[44]，薄弱的产权保护会阻碍企业对利润进行再投资的行为[175]。聚焦中国经济转型时期的一种组织安排，即公私合营形式，通过产权保护和便于获得关键资源与机会，公私合营形式可替代不完善的市场和法律制度，从而促进企业再投资，同时，在较为不发达的政府制度下，公私合营形式对企业再投资发挥的积极作用更大[177]。

（七）公司创业领域重要研究方向

1. 公司创业的前因研究

经济全球化和信息技术的发展催生了大量的创业机会，许多大企业也越来越倾向于通过公司创业来捕捉和利用发展机会。虽然公司创业的价值创造潜力已经得到充分验证，但在现实中依然可见各种类型的企业在公司创业战略上的投入存在差异。而对于如何成功地开展一项公司创业举措，现有的研究尚无定论。因此，公司创业的驱动因素和内在机理已经成为创业管理研究的一个重要方面。例如，Timmons 在 1990 年构建了一个以机会、资源与创业者为主要驱动因素的概念框架，对于理解公司创业的展开过程具有深远影响[234]。Timmons 认为，成功的创业离不开创业者的领导与指挥，创业者必须在机会、资源与团队三者之间保持均衡，并且在创业计划中反映机会、资源和团队这三种主要创业驱动因素的特点[234]。Ireland 等（2009）对前人的研究工作进行了汇总，并且提出一个公司创业整合模型。该模型从创业战略愿景、支持性创业组织架构以及创业过程与行为三个方面对公司创业进行了分析，并且首次把员工、高管等组织层面的因素纳入模型中[149]。上述公司创业整合模型为理解公司创业的关键驱动因素提供了很好的理论指导，未来的研究可以在先前的工作基础之上进一步深化，并不断拓展其适用边界。此外，未来的研究还可以继续探讨不同公司创业驱动因素之间的互动关系，从不同的观点和视角解释公司创业的内在机理，以完整体现公司创业的发生和展开过程，丰富公司创业的前因研究。

2. 企业家视角下的公司创业研究

战略管理的根源在于关注最高管理者在指导组织执行当前和未来战略方向中的重要作用。随着战略、创新和创业研究的不断交织，公司创业研究所要求的对企业行为的关注使我们重新回顾此领域的源头，以及重视个体对所有形式的公司创业的影响[197]。企业的管理者即支持创业想法和行动的个体的作用不容忽视，对个体的关注是公司创业领域研究取得进展的重要方面[9]，而了解企业家/创业者的心理过程能为系统地解释个体在创业过程中的作用奠定坚实基础，即从企业家认知角度思考创业心智与公司创业间的关系[32, 235-236]。

面对日益动荡的外部环境，企业需要不断适应、调整和重新定义其价值主张。因此，创业研究的中心议题包括决定企业内部个体识别创业机会的因素，以及驱动其参与创业行为的因素[159]。在这方面，管理认知研究能够提供一些洞察，说明随着环境的变化，企业家如何对外部刺激进行回应并引发创业行为[237]。同样，De Carolis 和 Saparito（2006）认为，个体认知对于理解创业行为至关重要[93]。Phan 等（2009）也呼吁公司创业领域学者重视认知因素在企业创业行为中的作用[187]。认知视角适用于创业行为研究的核心前提在于，创业行为是紧急的，并且是企业家潜在认知过程的结果[50]。

在公司创业这一具有研究前景的议题上，未来学者可以从以下角度考虑企业家认知对企业创业行为的作用。不同群体的认知可能会有所不同[238]，比如，小企业所有者的风险承担倾向可能与那些有高成长愿景的人不同。此外，经历过成功的企业家可能不太愿意冒险，因为其可能会面临更大的损失[238]，认知还可能会因为不同类型的经验而发生改变[239]。

3. 情境化的公司创业研究

公司创业对处于动荡、动态以及高度不稳定环境中的企业的重要性不言而喻，在这种环境中需要通过战略灵活性和创新性来保持竞争优势并应对环境压力。新兴经济体代表着这样一种以竞争性为特征的情境：市场和制度差异制约着管理者和员工如何对公司创业做出判断，并感知此情境下何种条件和行动具有合法性[240-241]。公司创业领域的研究目前大多仍以传统西方经济体为背景，正是由于上述这些关键差异的存在，未能正确对待企业所处的环境是公司创业研究当下重要的局限之处[182]。与起源于西方经济体的传统公司创业研究相比，新兴经济体情境具有截然不同的制度特征。制度差异以及具体的制度条件也会直接影响新兴经济体背景下企业的战略决策[242]，因此在西方经济体中基于在位企业情境得出的研究经验是否能转移到不同的经济和制度环境中，还远不能确定。企业层面的创业研究需要响应对于"理论情境化"的呼吁[243]，可以结合制度理论相关思想，关注正式和非正式制度环境对企业层面创业活动的重要影响[244]，可以思考制度环境如何影响新兴经济体情境下企业的公司创业行为[182]，关注政府政策等正式制度对公司创业的影响，以及探讨特殊的文化、价值观特征等非正式制度与公司创业间的关系[245]。此外，资源挑战等不同的企业外部环境和行业特征的存在同样需要研究者重新思考如何实施公司创业。

第三章　企业家政策注意力与再投资

有关制度与创业关系的研究达成了一个普遍共识：制度完善的环境对创业具有促进作用，而制度薄弱的环境不利于创业活动的开展[40, 176-177, 246]。然而，最近的研究发现，类似于中国这样的转型经济体保持着较高的创业率[175-177, 247]。在过去20年里，中国是世界上创业率最高的国家之一[40, 248]。这与主流的观点相矛盾，中国的创业现象被认为是一种悖论[40, 176-177]。

有两个研究流派研究探索了这一悖论背后的原因。其中一个，我们称之为"非正式制度"方法研究流派，强调了非正式制度安排的作用，如政治联系[38, 176, 249]和公私伙伴关系[177]作为正式制度的替代品对私营企业创业的影响。相关研究表明，尽管转型经济体的正式制度不完善，但企业家可通过与政府部门建立密切联系来获得产权保护和关键资源[38, 177]，因此，有政治联系的企业更有可能从事创业活动[8, 250]。然而，之前的学者仅仅将政治联系视为获得关键资源的重要渠道。虽然资源对创业活动至关重要，但资源并不是创业活动的全部。正如Shane和Venkataraman（2000）所强调的，创业的本质是识别和利用机会[79]。为了更加全面地描绘转型经济体的创业情况，研究人员有必要解释企业家如何在某种独特的情境下识别创业机会[251]。

另一个我们称之为"正式制度"或"管制放松"方法研究流派，强调的是正式制度（如管制放松）对创业的影响[233]。管制放松指政府减少对经济活动的干预，营造促进创业创新的商业氛围，引导私营企业更好地发展[176]。由于中国依然处于计划经济向市场经济转型时期，政府和国有企业控制着大量关键资源和机会，放松管制是政府在正式制度方面做出的关键改变。在中国，管制放松通常由党中央或政府以政策的形式宣布，其中涉及新创企业和在位私营企业的进入机会[40]。研究表明，随着政府放松对其管辖范围内经济活动的管制，创业率会不断上升[233]。

虽然这些主流研究具有突破性的意义，但依旧存在着三个研究缺口。第一，在中国，全国范围内的管制放松政策普遍存在，先前却少有关注管制放松与创业之间的关系的研究[233]。第二，由于不同的企业家对国家（中央政府）颁布的管制放松政策有不同的反应，因此有必要研究企业家对国家管制放松政策变化反应不同的背后原因。学者可以从企业家对国家层面的管制放松政策的感知角度来解释他们反应的差异，并为管制放松和创业之间的关系奠定微观基础。第三，之前的研究重点关注的是管制放松和创业之间主效应，很少有研究探讨影响两者关系的边界条件。

近些年来，一些学者整合了两方面的研究，并讨论了正式制度和非正式制度的相互作用对创业的影响。例如，Zhou（2017）表明许多创业型企业会和政府建立伙伴关系，创造新的组织形式（公私合营企业）以此来应对不利的制度环境[177]。通过获得产权保护、关键资源以及机会，公私合营的组织形式很好地弥补了市场和法律制度的缺陷，并最终促进了企业再投资。此外，在区域制度（即正式制度）不完善的地区，非正式制度与企业再投资率之间的关系更显著。Ge等（2017）的研究表明对拥有政治联系（即非正式制度）的企业而言，正式制度环境的恶化对其创业的影响较小[40]。对中国这样的大型转型经济体而言，制度是复杂的。除了有正式和非正式制度之分，还有其他多种分类方法，如国家和区域制度。因此，目前关于制度与创业之间关系的研究并不全面。为了更好地理解管制放松在创业中的作用，我们认为有必要整合更多的制度分类，并讨论这些不同类别的制度如何相互作用来影响创业活动。

为此，我们关注的是管制放松与创业之间的关系以及制度作为边界条件对两者关系的影响。具体而言，我们研究了公司层面的一种关键的创业类型——再投资。再投资指在位企业在新业务或现有业务上的投资额，一般用投资额与税后利润的比例来表示[40, 44, 175-177, 233]。

首先，我们研究了企业家对管制放松的"感知"对再投资的影响。注意力基础观表明企业家一般将注意力集中于他们的直接行动上[129]。机会信念注意力模型提出创业活动的机会信念形成经历两个阶段，且受到企业家短暂和持续注意力的影响[25]。因此，我们推测注意到管制放松的企业家更有可能形成机会信念，并通过将其利润再投资于现有或新的业务来利用管制放松带来的机会。

其次，我们探讨了影响企业家对管制放松的注意力与再投资之间关系的两个调节变量：企业家的政治联系（即非正式制度）和区域制度发展（即区域层面的正式制度）。由于政治联系为企业家寻求优惠待遇，获得关键资源以及合法性提供了机会[38, 176]，我们认为政治联系通过将创业机会与创业过程中所需的资源相结合，增强了企业家对管制放松的注意力和再投资之间的关系。此外，由于中国等转型经济体各地区的制度发展水平存在较大差异[252-254]，私营企业所处地区面临着不同水平的正式制度。不同水平的区域制度不仅决定了市场机制在多大程度上实现对关键资源的分配，而且决定了区域一级对全国政策的执行程度，从而影响中央政府对民营企业再投资决策实施的管制放松的有效性。因此，我们认为区域制度发展调节了企业家对管制放松的注意力与再投资之间的关系。

最后，我们检验了政治联系与区域制度发展的交互作用是如何调节"企业家对管制放松的注意力 – 企业再投资"这对关系的。基于正式和非正式制度是相互替代的观点[38]，我们认为在制度发展水平较高的区域，政治联系的调节作用会减弱。因此，政治联系与区域制度发展的交互作用负向调节主效应。综上所述，我们提出以下研究模型，如图 3-1 所示：

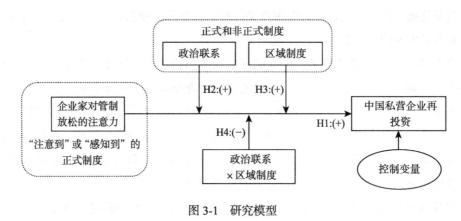

图 3-1　研究模型

一、注意力基础观、制度与创业

（一）注意力基础观研究的简要回顾

在组织理论和战略管理的文献中，注意力基础观是常用的理论基础。最早可以追溯到 1947 年，Simon 强调了人类的有限理性并提出两个相关主张：有限理性限制了人们对有限目标的关注，而注意力是我们最宝贵的资源之一。Ocasio（1997）将 Simon 关于注意力的概念引入到管理领域，并将注意力基础观视为一种企业行为理论，强调注意力在决策制定中的突出作用以及社会结构对塑造决策者注意力的影响[129]。具体而言，在 Ocasio 的注意力和企业行为模型中，他强调了注意力基础观的三个原则：第一，选择性注意力。选择性注意力意味着企业行为由决策者注意力分配决定，即决策者思考什么企业就会做什么。第二，情境注意力。情境注意力指注意力分配的异质性取决于决策者所处的环境或者决策者的背景决定了他们注意力的焦点。第三，注意力的结构分布。注意力的结构分布指组织关注的重点取决于它如何引导和分配其成员的注意力。

注意力基础观的三个原则已经被广泛用来解释战略管理[126, 255-257]、创业[25, 258]、创新[259-260]、国际商务[261-263]等研究领域的一系列现象。

(二) 制度和创业关系研究回顾

创业活动是经济和社会发展的关键动力[264-265]，这促使许多来自不同学科的学者研究如何营造适当的制度环境，以促进创业活动的开展[47]。基于 Bruton 等（2010）的研究[266]，关于制度与创业的关系有三个主流研究。一是基于制度经济学的观点[47]，强调正式和非正式制度在促进或抑制创业活动方面的重要性。二是基于组织社会学的制度观点[267-268]，强调企业家或创业型企业需要遵守法律、法规和社会规范，以此获得合法性。三是关注企业家如何变革阻碍创业发展的制度框架[269-270]，即制度创业方面的研究。我们的目的是探讨制度如何增强或抑制中国私营企业的再投资活动。

关于制度环境对创业影响的研究可追溯到 20 世纪 90 年代，研究成果丰硕。正式制度不仅包括政府颁布的法律和法规，还包括区域制度发展、资本制度和其他市场支持制度（如产权保护、法律制度的有效性、新企业的注册等），这些制度或多或少会对创业产生积极或消极影响[271-272]。非正式制度，如社会规范、文化和与政府官员建立的非正式关系等，对创业活动也至关重要[38, 273]。

尽管之前关于制度和创业之间关系的研究很具启发性，但依然存在一些缺陷。首先，现存的关于制度和创业之间关系的研究主要集中于国家或地区层面[153]，研究表明制度完善的环境对创业具有促进作用，制度薄弱的环境不利于创业活动的开展。完善的制度环境为什么有利于鼓励创业以及如何促进创业活动的？更确切地说，国家或区域层面的制度与创业之间关系的微观机制是什么？目前尚不清楚。其次，先前的实证研究用创业率代表创业活动[274]，却忽视了在位企业的创业，如公司创业，这是一种不可忽视的创业形式[8, 250, 275]。未来研究除了可以使用创业率还应多考虑公司创业强度，并检验制度对于它们的重要性[274]。最后，先前的研究主要从制度的某一方面探讨制度与创业之间的关系，如正式制度和非正式制度、硬制度与软制度等，缺乏采用综合方法探索各类制度如何同时影响创业活动的研究。

二、企业家注意力、制度与再投资的关系

（一）企业家对管制放松的注意力与再投资

管制放松是一个复杂的构念。从狭义上看，管制放松是指政府取消或减少进入某些行业限制的过程。从广义上看，管制放松的概念不仅限于取消进入某些行业的禁令，还包括另外两个重要组成部分[233, 276]。一是刺激自由市场，二是通过减轻企业负担，特别是掠夺性和歧视性监管活动，来促进企业从事创业活动[233]。由于中国正在经历从计划经济向市场经济转型，与此同时政府部门希望通过降低进入壁垒来促进私营企业的发展，我们采用广义的管制放松概念来适应中国市场自由化的各种因素。

在之前关于中国经济的研究中，一系列研究将中国私营企业的崛起归因于自 20 世纪 80 年代以来实行的放松管制 [233, 277]。这一系列研究将私营部门视为经济发展的支柱，并强调由政府发起的渐进式和自愿性改革（即管制放松）促进了市场制度环境的发展，从而促进了经济增长。虽然这些研究很有见地，但是除了少数研究，大部分都没有解释为什么管制放松会导致私营部门的快速发展。Zhou（2011）表明区域管制放松政策通过刺激自由市场在鼓励中国私营企业进行再投资方面起着重要作用 [233]。Sun 等（2014）基于实物期权投资组合理论，将管制放松和公司创业联系起来，强调中国企业通过公司创业活动来应对管制放松，从而提高实物期权的投资组合价值 [277]。显然，这一系列研究将私营企业的发展归因于管制放松和公司创业的积极联系。

我们认为探讨管制放松所带来的机会在鼓励中国私营企业再投资方面的作用至关重要。创业的核心是机会，本质是机会的识别和利用 [79]。Ge（2017）强调创业机会不仅来源于产品市场，还来源于"政治市场" [40]。因此，在政治市场中占主导地位的在位企业更有可能从优惠政策和管制放松中受益。在中国等转型经济体中，由于制度环境从计划经济向市场经济的急剧转变，来自政治市场的创业机会是普遍存在的。表 3-1 列举了自 1978 年中国改革开放以来典型的管制放松政策，这些管制放松政策提供了一系列可以被在位企业利用的创业机会。例如，2012 年，中国私营企业被允许进入以前由国有银行主导的银行业。2014 年，中国银行业监督管理委员会（现为中国银行保险监督管理委员会）批准了深圳微众银行、温州民商银行、天津金城银行、浙江网商银行和上海华瑞银行开展私人银行服务试点的申请，旨在打破国有银行的垄断地位。

表 3-1　自 1978 年中国改革开放以来典型的管制放松政策

	年份	事件	中国共产党	全国人民代表大会	国务院
1	1982	1982 年，中国共产党第十二次全国代表大会首次承认个体户是公有制经济的必要和有益的补充	√		
2	1987	1987 年，中国共产党第十三次全国代表大会承认私营企业或私营经济也是对公有经济的必要和有益的补充	√		
3	1992 年邓小平南方谈话后	承认社会主义市场经济；一些先前的监管限制，比如对公司规模的限制，被取消，其他许多限制也放松了	√		
4	1997	中国共产党第十五次全国代表大会首次提出"非公有制经济是社会主义市场经济的重要组成部分"，从而正式消除了对民营企业的意识形态歧视	√		
5	2002	2002 年，中国共产党第十六次全国代表大会上，民营经济的地位得到充分肯定，从而为私营企业家确立了社会主义建设者的科学定位	√		
6	2003	2003 年，《中华人民共和国中小企业促进法》颁布，首次要求政府发展支援系统，为中小企业提供开办和发展所需的资源和投入		√	
7	2004	2004 年，第十届全国人民代表大会第二次会议通过了宪法修正案，规定公民的合法私有财产权不受侵犯		√	
8	2005	国务院颁布了《非公有制经济三十六项原则》，认真解决对私营企业的歧视问题			√
9	2010	国务院发布《关于鼓励和引导民间投资健康发展的意见》			√

(续)

	年份	事件	中国人民共产党	全国人民代表大会	国务院
10	2015	中国共产党第十八届中央委员会第五次全体会议强调，要鼓励民营企业依法进入更多行业，引导非国有资本参与国有企业改革，更好地激发非公有制经济的活力和创造力	√		
11	2017	国务院办公厅印发《关于进一步鼓励社会投资的意见》，鼓励各类投资者从事养老等社会服务			√

我们进一步认为企业家的注意力分配会导致他们对管制放松所提供的机会做出不同的回应。现存的关于管制放松与创业关系的研究主要集中在区域或省级层面，探究区域制度对公司创业率的影响[233, 277]。它们忽视了不同行为者之间的差异，无法解释特定的企业家和企业是否会利用管制放松带来的机会从事公司创业活动。为了阐明这个问题，我们强调的是企业家对管制放松的注意力，这是预测创业活动十分合适的指标之一。注意力基础观认为企业家做何决策取决于他们的注意力聚焦于何处。在机会信念的注意力模型中，Shepherd等（2017）运用信息处理理论，提出企业家对战略决策的信念通过两个阶段形成[25]。一是企业家通过短暂的注意力来感知环境的变化，二是评估感知到的环境变化是否被企业家的持续注意力所利用。该模型解释了企业家如何将注意力分配给潜在的机会，强调了企业家根据短暂和持续的注意力分配形成机会信念。基于Ocasio（1997）和Shepherd（2017）等的研究，我们认为"注意"和"感知"到管制放松的企业家更有可能意识到创业机会并形成机会信念[25, 129]。

总的来说，管制放松是制度环境的积极变化。就私营企业而言，若它们能够对这些变化保持警惕并适应这些变化，它们就更有可能抓住管制放松所带来的机会并积极从事公司创业活动[43]。将利润再投资于现有或新业务是在位企业公司创业的一种重要形式[40, 44, 176-177]。因此，我们假设企业家对管制放松的注意力有助于企业进行再投资。

假设1：企业家对管制放松的关注越多，企业再投资的可能性越大。

（二）政治联系的调节效应

政治联系通常是由企业家或公司高层管理者与政府部门之间建立的一种个人联系[278-280]。基于North（1990）的观点[47]，Xin和Pearce（1996）以及Peng和Luo（2000）认为正式和非正式制度相互替代，正式制度薄弱的社会往往非正式制度较为完善，这种非正式制度同样可以约束人类行为[38, 249]。

虽然先前的研究表明政治联系在转型经济体的背景下具有负面影响，例如阻碍了国际化进程[283]，但也有研究认为政治联系具有积极影响。有证据表明，政治联系有助于中国企业实现多元化业务[284]，提升企业绩效[39, 43]，提高IPO绩效（即提高企业从资本市场融资的能力）[285]，增加人力资源开发投资[286]以及提高进入国外市场的机会[287]。

政治联系的重要意义在于它增强了企业家管制放松注意力对创业的正向影响。从本质上讲，创业是一个汇集和组织各种资源并利用机会的过程[288-289]。就再投资而言，企业持有可观的税后利润，因此并不缺乏资金资源。在发达经济体中，这些企业可以更容易地获得其他类别的资源，如土地和人力资本。然而，在转型经济体中，政府通常掌握着大量关键资源。更为重要的是，政府拥有批准公司新项目的权力。因此，企业即使拥有充足的资金资源，如果没有政府批准，也不能开展新的创业项目。企业若想获得出现在政治市场上的机会，赢得政府的支持极其重要。在这种情形下，政治联系的作用尤为突出。除了从政府部门获得创业所需的物质资源外，政治联系还有助于企业家获得政府的批准和支持，这对利用创业机会也是不可或缺的。综上所述，企业家对管制放松的注意力使其能够从政治市场识别机会，同时通过政治联系获得该机会，将企业所拥有的资源与从政治市场获得的机会结合起来，从而进行新的创业活动。因此，对有政治联系的企业而言，企业家对管制放松的注意力与创业之间的正向关系将得到增强。

假设2：企业家的政治联系对管制放松注意力与企业再投资之间的关系具有正向调节作用。

（三）区域制度的调节效应

先前的研究考察了国家层面的制度水平差异如何制约企业的行为与绩效[252]。近来，学者开始关注国家内部制度以及区域制度的差异对创业有何影响[252, 290]。例如，Shi 等（2012，2014）表明在制度较为发达的地区，外国企业更倾向于选择具有高网络中心地位的当地企业作为国际合资（IJV）合伙人[253-254]；在制度较不发达的地区，具有经纪职位的企业更有可能被选为IJV合伙人。Nguyen 等（2013）发现区域层面的制度因素对出口战略和企业绩效之间的关系具有调节作用[291]。Kafouros 等（2015）表明区域制度发展水平的差异对学术合作和企业创新绩效产生了深远影响[292]。Sun 等（2017）认为，CEO的国际经验与企业国际多元化战略之间的关系取决于这些公司总部是否设在经济自由度较高的地区[293]。

区域制度指地方政府建立和执行的正式制度[283]。对转型经济体而言，不同区域的正式制度存在显著差异[253, 291, 293-294]。中国作为最大的转型经济体，由于政治、经济、历史和文化的原因，30多个省级行政区的制度发展水平存在较大差异，这为我们研究区域制度发展水平的差异如何影响企业家对管制放松的注意力与再投资之间的关系提供了契机[252]。

我们认为企业家对管制放松的注意力与再投资之间的关系受到企业所在地区的制度发展水平的影响。在制度发展水平较高的区域，两者之间的关系会增强，反之亦然。一般而言，区域制度的发展在一定程度上弥补了资本市场融资困难、执法不力和缺乏金融中介机构等制度缺陷，这些制度缺陷严重阻碍了企业的经营和发展，限制了企业投资的意愿[177]。具体而言，有三种机制可以解释。第一，随着区域层面的市场支持制度的发展，市场机制分配资源的比例会增加[295]。因此，私营企业有机会从市场中获得更多的资源[177, 296]。例如，资本市场的发展使企业能够通过其他来源获得资金资源，而不是仅仅依赖国有银行[297]。第二，制度水平的提高意味着私营企业的利益可以得到更好的法律保护,这是中国企业家关注的首要问题[281]。区域制度的发展为企业家提供了一个稳定的环境,提高了企业家通过再投资将管制放松所提供的机会转化为创业活动的意愿[233, 298]。第三,在制度发展水平较高的地区,地方政府的执法效率通常高于制度发展水平较低的地区[292, 299]。因此,制度发达区域的企业家对管制放松政策的可执行性有更大的信心。毫无疑问,这种信心是企业家对管制放松的注意力与再投资之间关系的"催化剂"。基于此,我们认为区域制度发展水平调节了企业家对管制放松的注意力与再投资之间的关系。

假设3:高区域制度发展水平对企业家管制放松注意力与再投资之间的关系具有正向调节作用。

(四)政治联系与区域制度的共同调节效应

我们认为政治联系与区域制度的相互作用也会对主效应产生影响。如前所述,在制度发达的地区,市场机制在资源分配中起着主导作用。因此,政治联系并不能保证企业获得创业所需的关键资源。随着政治联系作用的削弱,它对主效应的调节作用也会降低。相反,在制度不发达的地区,政府对企业的干预活动是普遍存在的,政治联系是私营企业获取资源的关键渠道。因此,政治联系对主效应的调节作用会增强。

假设4:当企业位于制度发达的地区时,政治联系对企业家管制放松注意力与再投资之间关系的正向调节作用会减弱。

三、实证研究样本、变量测量和统计结果

(一)样本和数据

我们选择中国私营企业代替国有企业作为样本,因为国有企业的再投资决策通常反映了其最大股东——国家或省级政府的意愿,并受到经济、政治和社会因素的驱动。更为重要的是,国有企业进入各个行业并不受限制。因此,管制放松政策对国有企业几乎没有任何积极影响。

我们主要有两个数据来源。第一份数据来源于2012年的全国私营企业调查,它由中共中央统战部、中华全国工商业联合会、国家工商行政管理总局和中国民(私)营经济研究会共同主持调查。该调查的目的是收集中国私营企业的基本信息,并为中央政府的决策提供信息[282]。为了确保样本能够代表中国私营企业,首先,研究人员使用多阶段分层抽样技术在所有省份和行业中随机抽取全国私营企业样本。然后,研究人员对样本中包含的私营企业的企业家(创始人)进行了访谈。目前这份数据已广泛应用于各项研究中[282, 300-303]。

2012年全国私营企业调查数据适用于本研究,原因有三。第一,它提供了有关中国私营企业的诸多有用信息。第二,该项调查最初的目的并不是调查企业家管制放松注意力对再投资的影响,而是收集有关中国私营企业现状的信息,这避免了选择性偏差问题[304]。第三,

在私营企业中，企业家在战略决策中扮演着至关重要的角色[282]。由于企业家管制放松注意力是个体层面的构念，所以该数据很适用于检验企业家管制放松注意力对私营企业再投资决策的影响。基于 Barnett 和 Lewis（1994）的研究[305]，我们对所有连续变量在1%水平上进行了缩尾处理，最终样本包含 3 284 个观测值。

我们的第二份数据来源于国民经济研究所（NERI）发布的《中国分省份市场化指数报告》，该报告遵循世界经济自由的方法，并根据市场、监管、法律制度等的发展水平对中国各省进行排名[233]。目前，市场化指数已广泛用来代表中国区域制度的发展水平[253, 282, 294]。

由于样本企业只能在省级层面进行识别，因此我们的数据包含省级企业的观测结果，样本数据的描述性信息见表 3-2。

表 3-2 各省（自治区、直辖市）研究样本分布

省（自治区、直辖市）	样本数	占比（%）	省（自治区、直辖市）	样本数	占比（%）
安徽	123	3.75	江苏	412	12.55
北京	126	3.84	江西	35	1.07
重庆	113	3.44	辽宁	137	4.17
福建	94	2.86	宁夏	22	0.67
甘肃	49	1.49	青海	28	0.85
广东	224	6.82	山东	232	7.06
广西	47	1.43	山西	60	1.83
贵州	65	1.98	陕西	76	2.31
海南	68	2.07	上海	182	5.54
河北	105	3.2	四川	108	3.29
河南	80	2.44	天津	83	2.53
黑龙江	116	3.53	西藏	5	0.15
湖北	152	4.63	新疆	50	1.52
湖南	35	1.07	云南	47	1.43
内蒙古	42	1.28	浙江	234	7.13
吉林	134	4.08	总计	3 284	100

注：表中占比数字为四舍五入的结果。

（二）测量

再投资率（*Reinvestment*）：基于 Cull 和 Xu（2005），Johnson 等（2002），Zhou（2011，2013，2017）以及 Ge 等（2017）的研究[44, 175-177, 233]，我们用私营企业在现有业务和新业务上的投资额与税后利润的比例来衡量。

企业家对管制放松的注意力（*Attention*）：指企业家对与管制放松有关的政策和规定变化敏感的程度。在中国这样的转型经济体中，中央或地方政府会不断推出管制放松的政策和法规来促进经济增长[233]。我们采用企业家对有关私营企业最新的政府政策的熟悉程度来衡量企业家管制放松注意力。在 2012 年进行的全国私营企业调查中，受访者被要求回答对以下五项与管制放松有关的政府政策的熟悉程度：国务院发布的《关于进一步促进中小企业发

展的若干意见》；国务院发布的《关于鼓励和引导民间投资健康发展的若干指导意见》；中国人民银行、中国证监会银行业监督管理委员会和中国保险监督管理委员会（后两者合并为中国银行保险监督管理委员会）等八部门联合发布的《关于进一步强化中小微企业金融服务的指导意见》；工业和信息化部发布的《"十二五"中小企业成长规划》；国务院发布的关于支持小微企业发展的九项政策措施。

政治联系（Pltcties）：政治联系反映了企业家与各级政府和政府官员建立联系的能力[275, 306]。与先前对中国企业政治资本的研究一致[282]，我们用企业家是不是人大代表和政协委员来衡量政治联系。

区域制度（Institution）：我们采用国民经济研究所（NERI）发布的市场化指数来衡量省级层面的制度发展水平。市场化指数从以下五个方面对各省的制度发展水平进行全面评估：政府与市场的关系，即政府对市场活动的干预程度；非国有经济的发展；产品市场的发展水平；要素市场的发展水平；市场中介组织和法律制度的发展水平[253]。目前，市场化指数被广泛应用于管理文献中[253, 282, 307]。

控制变量：为了排除其他解释，我们选取了一些关键的控制变量。个人层面的控制变量包括企业家的社会地位、教育水平以及企业家创业前体制内经历。企业家的社会地位（$Soclss$）代表他们所拥有的社会资本，这会影响他们的战略决策[308]。我们采用10分制来衡量企业家的社会地位。企业家的教育水平（Edu）也可能影响到他们的决策[309]，我们采用虚拟变量来衡量教育水平，其中"1"代表企业家具有大学文凭，"0"代表企业家没有大学文凭。企业家创业前体制内经历（$Prexpr\_gov$）可以帮助企业家与政府官员建立联系[39]，我们采用企业家是否具有政府部门的工作经历来衡量（1=是，0=否）。

企业层面的控制变量包括企业年龄（His）、企业规模（$Size$ 和 $Lnemploy$）、家族所有权（$Famown$）、正式结构（$Formalstc$）、财务杠杆（Lev）、企业绩效（ROE）、企业创新（$Firminnov$）、企业出口（$Export$）和企业对外直接投资（$Frinvst$）。企业规模对企业战略行为有重要影响[310]，我们采用员工数和资产的自然对数来衡量企业规模。企业年龄也与企业的战略行为有关，我们采用自公司成立以来的年数来衡量[311]。正式结构代指公司治理制度的健全程度，我们采用企业是否拥有股东会、董事会和监事会来衡量。同时，我们采用创始人以及家族成员的股权百分比来衡量家族所有权，用企业当年的银行贷款额占营业收入的比例来衡量财务杠杆。企业绩效用权益收益率（ROE）衡量，企业创新用研发支出与总收入的比率衡量，企业出口用出口额在总销售额的比率衡量，以及企业对外直接投资用直接对外投资额与收入的比率衡量。

（三）统计方法

我们的数据是横截面数据，并采用分层线性模型（HLM）来分析数据[312]。这种方法不仅允许各省的回归系数和截距变化，而且还能够更准确地检验跨层次调节效应。我们的回归模型如下[313]：

$$Reinvestment_{ij} = \gamma_{00} + \sum_{j=1}^{n} \begin{pmatrix} \gamma_{01}Institutions_j + \gamma_{10}Prexpr\_gov_{ij} + \gamma_{20}Soclss_{ij} + \gamma_{30}Edu_{ij} \\ + \gamma_{40}Famown_{ij} + \gamma_{50}Formalstc_{ij} + \gamma_{60}Lnemploy_{ij} + \gamma_{70}His_{ij} \\ + \gamma_{80}Size_{ij} + \gamma_{90}ROE_{ij} + \gamma_{10,0}Lev_{ij} + \gamma_{11,0}Firminnov_{ij} \\ + \gamma_{12,0}Export_{ij} + \gamma_{13,0}Frinvst_{ij} + \gamma_{14,0}Attention_{ij} + \gamma_{15,0}Pltcties_{ij} \\ + \gamma_{16,0}Attention_{ij} \times Pltcties_{ij} + \gamma_{11}Attention_{ij} \times Institutions_j \\ + \delta_{0j} + \delta_{1j}x_{ij} + \varepsilon_{ij} \end{pmatrix}$$

我们的最终目标是检验跨层次调节效应，为了实现该目标，采取了三个步骤：第一，验证了数据的组间差异。第二，检验了随机系数回归模型，以确定截距和斜率是否存在显著差异，这是运用分层线性模型的关键前提条件。第三，用斜率-结果模型检验跨层次调节效应。

（四）结果分析

表 3-3 列出了主要变量的描述性统计特征，表 3-4 列出了这些变量的相关系数。在运用分层线性模型之前，首先，检验了因变量是否存在显著的组间差异[314-317]。方差分析的结果表明数据的组间差异显著（χ^2(31) = 1 238，$p < 0.000$）。组内相关性（ICC）显示，数据总方差的 16.9% 存在于组间，属于正常范围（5%～20%），这表明省级层面的差异是显著的。

表 3-3　研究变量的均值和标准差

变量	N	均值	标准差	最小值	p25	p50	p75	最大值
Reinvestment	3 284	0.01	0.05	0.00	0.00	0.00	0.00	0.33
Attention	3 284	5.04	3.28	0.00	3.00	5.00	7.00	10.00
Pltcties	3 284	0.66	0.47	0.00	0.00	1.00	1.00	1.00
Prexpr_gov	3 284	0.54	0.50	0.00	0.00	1.00	1.00	1.00
Soclss	3 284	5.50	1.77	1.00	4.33	5.67	6.67	10.00
Edu	3 284	0.31	0.46	0.00	0.00	0.00	1.00	1.00
Famown	3 284	0.67	0.36	0.00	0.45	0.80	1.00	1.00
Formalstc	3 284	0.50	0.32	0.00	0.33	0.33	0.67	1.00
Lnemploy	3 284	4.24	1.30	2.30	3.14	4.09	5.14	7.75
His	3 284	8.02	5.42	0.00	3.00	8.00	12.00	22.00
Size	3 284	6.97	2.43	0.69	5.30	7.21	8.70	12.01
ROE	3 284	0.25	0.71	−0.34	0.00	0.03	0.18	4.15
Lev	3 284	0.48	1.39	0.00	0.00	0.00	0.33	10.12
Firminnov	3 284	0.02	0.08	0.00	0.00	0.00	0.01	0.57
Export	3 284	0.01	0.03	0.00	0.00	0.00	0.00	0.17
Frinvst	3 284	0.05	0.21	0.00	0.00	0.00	0.00	1.00
Institution	3 284	7.18	1.83	0.00	6.10	6.89	8.67	9.95

其次，检验了随机系数 GLS 模型，仅使用一级变量作为预测变量。分析结果表明各省（直辖市、自治区）的截距存在显著差异（$\chi^2(13) = 1\,986.6$，$p < 0.000$）。此外，LR 检验结果也表明斜率的组间差异显著。

基于以上分析，运用分层线性模型（HLM）对数据进行分析，表 3-5 和表 3-6 列出了分层线性模型分析的结果。假设 1 提出企业家对管制放松的关注越多，企业再投资的可能性越大。表 3-5 模型 2 的结果表明企业家对管制放松的注意力（Attention）的系数是正的且是显著的（$\gamma = 0.006$，$p < 0.01$）。因此，假设 1 得到支持。

假设 2 认为政治联系正向调节企业家对管制放松的注意力与再投资之间的关系，表 3-5 模型 4 的结果表明企业家对管制放松的注意力和政治联系的交互项（Attention × Pltcties）系数是正的且是显著的（$\gamma = 0.008$，$p < 0.01$）。因此，假设 2 得到支持。

假设 3 认为区域制度发展正向调节企业家对管制放松的注意力与再投资之间的关系，表 3-5 模型 6 的结果表明企业家对管制放松的注意力和区域制度的交互项（Attention × Institution）系数是正的且是显著的（$\gamma = 0.001$，$p < 0.01$）。因此，假设 3 得到支持。

假设 4 认为政治联系和区域制度发展的交互作用负向调节企业家对管制放松的注意力与再投资之间的关系，表 3-5 模型 7 的结果表明企业家对管制放松的注意力、政治联系和区域制度发展的交互项（Attention × Pltcties × Institution）系数是负的且是显著的（$\gamma = -0.001$，$p < 0.01$）。因此，假设 4 也得到支持。

（五）稳健性检验

为了检验研究结果的稳健性，我们删除了再投资率为零的所有样本，并使用分层线性模型重新检验了表 3-5 的研究结果。如表 3-6 所示，显著性没有发生较大变化。因此，稳健性检验结果也验证了原假设。

四、注意力、制度以及再投资关系研究的意义

为了进一步探讨制度与创业之间的关系，我们强调了管制放松是转型经济体创业机会的重要来源，并基于注意力基础观和制度理论研究了企业家对管制放松的注意力（即感知到的正式制度变革）是如何影响再投资的。此外，我们还探讨了企业家政治联系（即非正式制度）、区域制度发展（正式制度）以及两者交互作用对"企业家对管制放松的注意力－再投资"这对关系的权变影响。基于 3 284 家中国私营企业的实证研究结果支持了我们的假设，研究结果对理论和实践都具有重要的意义。

表 3-4 研究变量之间的相关性

	1	2	3	4	5	6	7	8	9	10	11	12	13	14	15	16
1. Reinvestment	1															
2. Attention	0.142***	1														
3. Plicties	0.077***	0.298***	1													
4. Prexpr_gov	0.028	0.088***	0.163***	1												
5. Soclss	0.067***	0.237***	0.274***	0.128***	1											
6. Edu	−0.011	0.077***	0.065***	0.109***	0.073***	1										
7. Famown	0.036***	−0.003	0.043***	−0.044**	0.030*	−0.074***	1									
8. Formalstc	−0.012	0.065***	0.036**	0.058***	0.100***	0.070***	−0.147***	1								
9. Lnemploy	0.031*	0.316***	0.298***	0.133***	0.224***	0.115***	−0.035***	0.193***	1							
10. His	0.003	0.178***	0.339***	0.163***	0.212***	0.02	0.042**	−0.005	0.253***	1						
11. Size	−0.052***	0.293***	0.278***	0.154***	0.229***	0.144***	−0.039***	0.200***	0.239***	0.278***	1					
12. ROE	0.164***	0.260***	0.100***	0.022	0.091***	0.025	0.045***	0.006	0.111***	0.045***	0.066***	1				
13. Lev	0.002	0.101***	0.103***	0.040**	0.091***	−0.026	0.036***	0.026	0.153***	0.095***	0.179***	0.258***	1			
14. Firminnov	0.214***	0.161***	0.062***	0.048***	0.069***	0.012	0.029*	0.007	0.051***	−0.024	−0.056***	0.303***	0.025	1		
15. Export	0.003	0.059***	0.083***	0.011	0.112***	−0.024	−0.016	0.008	0.204***	0.100***	0.151***	0.033	0.097***	0.039**	1	
16. Frinvst	0.019	0.034**	0.060***	0.017	0.067***	0.012	−0.047***	0.02	0.108***	0.056***	0.067***	0.043**	0.015	0.02	0.108***	1
17. Institution	−0.049***	0.064***	0.159***	0.051***	0.106***	0.017	0.095***	−0.041**	0.137***	0.187***	0.216***	0.038***	0.067***	−0.015	0.180***	−0.009

注：*$p < 0.10$，**$p < 0.05$，***$p < 0.01$。

表 3-5 管制放松注意力、政治联系、区域制度和再投资（用 HLM 分析）

	模型 1	模型 2	模型 3	模型 4	模型 5	模型 6	模型 7
Prexpr_gov	0.004**	0.003*	0.003*	0.003**	0.003*	0.002**	0.002*
	(2.03)	(1.77)	(1.66)	(2.19)	(1.71)	(2.48)	(1.87)
Soclss	0.002***	0.001**	0.001**	0.001**	0.001**	0.001**	0.000***
	(3.46)	(2.53)	(2.28)	(2.13)	(2.55)	(2.03)	(3.10)
Edu	-0.001	-0.002	-0.002	-0.002	-0.002	-0.002	-0.000
	(-0.41)	(-1.08)	(-1.06)	(-1.04)	(-1.13)	(-1.36)	(-0.19)
Famown	0.003	0.004*	0.004	0.004*	0.004*	0.003	0.002
	(1.37)	(1.68)	(1.60)	(1.75)	(1.75)	(1.32)	(1.09)
Formalstc	-0.001	-0.000	-0.000	-0.000	-0.001	-0.001	-0.001
	(-0.21)	(-0.12)	(-0.03)	(-0.04)	(-0.20)	(-0.43)	(-0.66)
Lnemploy	0.004***	0.001	0.001***	0.001**	0.001	0.001*	0.002*
	(3.60)	(1.15)	(2.85)	(2.30)	(1.16)	(1.77)	(1.86)
His	0.000	-0.000	-0.000	-0.000	-0.000	-0.000	-0.000
	(0.60)	(-0.10)	(-0.32)	(-0.51)	(-0.01)	(-0.37)	(-0.56)
Size	-0.003***	-0.003***	-0.003***	-0.003***	-0.003***	-0.003***	-0.003***
	(-5.29)	(-5.98)	(-6.13)	(-6.42)	(-5.97)	(-6.39)	(-5.99)
ROE	0.006***	0.005***	0.005***	0.004***	0.005***	0.005***	0.003***
	(3.90)	(3.75)	(3.68)	(3.19)	(3.79)	(3.60)	(2.72)
Lev	-0.001	-0.001	-0.001	-0.001	-0.001	-0.001	-0.001
	(-1.07)	(-1.16)	(-1.15)	(-1.29)	(-1.16)	(-1.29)	(-1.62)
Firminnov	0.125***	0.101***	0.101***	0.093***	0.101***	0.089***	0.076***
	(11.28)	(9.80)	(9.71)	(9.46)	(9.77)	(8.79)	(8.67)
Export	-0.014	-0.010	-0.008	0.000	-0.006	0.001	-0.009
	(-0.46)	(-0.34)	(-0.27)	(0.01)	(-0.21)	(0.02)	(-0.35)
Frinvst	0.002	-0.000	-0.000	-0.001	-0.000	0.000	-0.002
	(0.43)	(-0.04)	(-0.05)	(-0.24)	(-0.04)	(0.13)	(-0.56)
Attention		0.006***	0.006***	0.001	0.006***	0.004***	-0.001**
		(6.69)	(5.41)	(1.32)	(2.57)	(5.56)	(-2.25)

（续）

	模型 1	模型 2	模型 3	模型 4	模型 5	模型 6	模型 7
Pltcties		−0.010**	0.003**	−0.028***			−0.035***
		(−2.54)	(2.44)	(−3.06)			(−5.71)
Attention×Pltcties				0.008***			0.008***
				(8.76)			(10.79)
Institution					−0.001	−0.003***	−0.001
					(−1.29)	(−2.88)	(−0.62)
Attention×Institution						0.001***	0.001***
						(7.03)	(6.01)
Pltcties×Institution							0.003***
							(3.25)
Attention×Pltcties×Institution							−0.001***
							(−5.35)
_cons	0.002		−0.009**	0.012***	−0.002	0.008	0.012
	(0.47)		(−2.23)	(3.07)	(−0.29)	(1.06)	(1.31)
LR test (χ^2)	7.61***	37.26***	37.38***	34.08***	37.72***	40.69***	145.18***
N	3 284	3 284	3 284	3 284	3 284	3 284	3 284
Number of groups	31	31	31	31	31	31	31
Obs per group: min	5	5	5	5	5	5	5
avg	105.9	105.9	105.9	105.9	105.9	105.9	105.9
max	412	412	412	412	412	412	412
χ^2	219.02	765.96	768.92	1 202.37	763.52	1 002.52	2 414.62
Logrestricted-likelihood	−5 274.72	−5 512.80	−5 513.99	−5 681.04	−5 515.52	−5 609.95	−6 072.63

注：*$p < 0.10$，**$p < 0.05$，***$p < 0.01$。

表 3-6 稳健性检验（用 HLM 分析）

	模型 1	模型 2	模型 3	模型 4	模型 5	模型 6	模型 7
Prexpr_gov	0.034***	0.029***	0.029***	0.026***	0.030***	0.023***	0.007**
	(4.10)	(3.86)	(3.85)	(3.49)	(3.97)	(3.25)	(2.24)
Soclss	0.003	−0.001	−0.001	−0.002	−0.001	−0.000	−0.001
	(0.96)	(−0.36)	(−0.35)	(−0.60)	(−0.34)	(−0.07)	(−0.61)
Edu	0.000	−0.001	−0.001	−0.004	−0.001	−0.002	0.000
	(0.01)	(−0.15)	(−0.15)	(−0.51)	(−0.13)	(−0.32)	(0.06)
Famown	0.011	0.008	0.008	0.008	0.006	0.004	0.005
	(0.94)	(0.70)	(0.69)	(0.71)	(0.56)	(0.35)	(0.61)
Formalstc	0.007	0.009	0.009	0.010	0.009	0.015	0.003
	(0.59)	(0.81)	(0.81)	(0.93)	(0.83)	(1.45)	(0.39)
Lnemploy	0.001	−0.002	−0.002	−0.003	−0.002	−0.003	−0.001
	(0.15)	(−0.63)	(−0.63)	(−0.66)	(−0.48)	(−0.76)	(−0.18)
His	−0.001	−0.001	−0.001	−0.001	−0.001	−0.001**	−0.001*
	(−1.52)	(−1.43)	(−1.42)	(−1.46)	(−1.42)	(−2.11)	(−1.73)
Size	−0.010***	−0.007***	−0.007***	−0.008***	−0.008***	−0.008***	−0.004*
	(−3.28)	(−2.77)	(−2.76)	(−2.94)	(−2.94)	(−3.17)	(−1.89)
ROE	0.017***	0.014**	0.014**	0.012**	0.014**	0.013**	0.009***
	(2.65)	(2.40)	(2.40)	(2.15)	(2.43)	(2.44)	(2.15)
Lev	−0.002	−0.003	−0.003	−0.003	−0.003	−0.003	−0.003
	(−0.89)	(−1.34)	(−1.33)	(−1.25)	(−1.34)	(−1.38)	(−1.49)
Firminnov	0.178***	0.136***	0.136***	0.132***	0.136***	0.088**	0.072**
	(3.67)	(3.07)	(3.07)	(3.05)	(3.08)	(2.12)	(2.16)
Export	−0.195	−0.251**	−0.251**	−0.248**	−0.281**	−0.252**	−0.192**
	(−1.48)	(−2.09)	(−2.09)	(−2.11)	(−2.30)	(−2.21)	(−2.08)
Frinvst	−0.016	−0.018	−0.018	−0.013	−0.018	−0.018	−0.003
	(−1.19)	(−1.40)	(−1.39)	(−1.02)	(−1.44)	(−1.58)	(−0.29)

(续)

	模型 1	模型 2	模型 3	模型 4	模型 5	模型 6	模型 7
Attention	0.076***	0.010***	0.010***	0.004**	0.010***	0.005***	-0.000
	(3.34)	(8.19)	(8.19)	(2.16)	(8.13)	(3.44)	(-0.31)
Pltcties			0.000	-0.022			-0.100***
			(0.01)	(-1.64)			(-3.03)
Attention × Pltcties				0.007***			0.007***
				(3.95)			(4.88)
Institution					0.002	-0.001	-0.004
					(1.23)	(-0.42)	(-1.00)
Attention × Institution						0.001***	0.001***
						(6.86)	(6.59)
Pltcties × Institution							0.011**
							(2.30)
Attention × Pltcties × Institution							-0.001***
							(-8.54)
_cons	0.037*	0.037*	0.037*	0.058***	0.022	0.038*	0.104***
	(1.77)	(1.77)	(1.76)	(2.70)	(0.91)	(1.66)	(3.14)
LR test (χ^2)	9.76***	11.09***	12.74***	11.87***	14.93***	16.85***	19.68***
N	307	307	307	307	307	307	307
Number of groups	29	29	29	29	29	29	29
Obs per group: min	3	3	3	3	3	3	3
avg	10.6	10.6	10.6	10.6	10.6	10.6	10.6
max	29	29	29	29	29	29	29
χ^2	96.54	184.73	184.73	209.71	187.15	262.94	580.39
Log restricted-likelihood	-380.96	-411.30	-411.30	-418.91	-412.05	-433.96	-502.39

注：$p < 0.10$, **$p < 0.05$, ***$p < 0.01$。

(一) 理论意义

本研究的理论贡献如下：第一，不仅探讨了正式和非正式制度对再投资的影响，而且考察了国家和区域制度对创业的影响，这有助于我们更好地理解制度对创业的重要性，丰富了制度与创业之间关系的研究。随着中国从计划经济向市场经济的过渡，中央和地方政府在不断地实施新的政策和法规，而先前的研究并没有太多关注国家和区域层面的正式制度对创业的影响。本研究预测并证实了管制放松政策（国家层面的正式制度）能够促进私营企业的再投资活动，并且在制度发展水平较高的地区，两者之间的关系会增强。

第二，通过强调企业家对管制放松感知的重要性，为解释"管制放松如何影响创业活动"奠定了微观基础。先前的研究关注的是区域层面的管制放松对创业率的影响，但并没有考虑到个体公司之间的差异[233, 277]。本研究通过研究企业家对制度变革的关注及其对创业活动的影响试图来解决这个问题。企业家对管制放松的注意力在促进创业方面的作用表明，未来的研究应该更多地关注企业家注意力分配的影响因素以及企业家对来自政治市场的机会的关注。

第三，为注意力基础观做出了相应的理论贡献。Shepherd 等（2017）认为创业的本质是识别机会，企业家的注意力对识别创业机会至关重要[25]。然而，他们强调的是来自产品市场（如消费者、供应商和竞争对手）的机会，本研究认为来自政治市场的机会同样值得关注。

第四，对再投资的研究也做出了相应的贡献。先前的研究关注的是在转型经济体中，促进或限制在位企业进行再投资决策的因素，强调产权制度对再投资的重要性[44]。相关研究同样发现获得外部资本（如银行贷款）[44]、政治联系[176]、感知到的制度环境[40]以及公私合营企业[177]都会对再投资产生影响。本研究通过研究企业家对管制放松的注意力对私营企业再投资的影响，并探讨企业家的政治联系（即非正式制度）和区域制度发展（即区域层面的正式制度）以及两者交互作用对"企业家对管制放松的注意力－再投资"这对关系的权变影响，从而丰富了再投资的文献。

(二) 实践启示

本研究的实践意义有三个方面：第一，对转型经济体的企业家而言，不仅要关注来自产品市场的机会，还要关注来自"政治市场"的机会。实际上，在转型经济体中，中央和地方政府仍然掌控着大量的资源和机会[38-39, 250]。因此，正如 Yang（2004）所言，中国的企业家应该具有双重身份，既是商人又是政治家，能够对政府的新政策保持敏感并有效地利用制度规则[318]。

第二，本研究的结果表明在转型经济体中，尤其在制度发展水平较低的地区，建立政治联系是有益的。鉴于国家政策对私营企业发展的重要性，建立和经营企业与政府的关系已经成为在中国开展业务的关键[38, 44-45, 306]。值得注意的是，这种行为可能导致个体私营企业以牺牲整个社会为代价获得利益，从而出现非生产性的创业活动，如寻租行为[272]。因此，我们应该对其负外部性保持谨慎。由于正式和非正式制度是相互替代的[38,47]，减少非正式制度安排的有效方法是促进国家和区域层面的正式制度的发展。

第三，本研究的结果还表明企业家对管制放松的注意力和政治联系在促进创业方面的作用因区域制度发展水平而异。因此，中国的私营企业家需要根据所处地区的制度发展水平来努力建立和维系与政府的关系。

（三）局限性和未来研究展望

本研究存在的局限性为未来的研究提供了方向。第一，在探讨"企业家对管制放松的注意力–再投资"这一关系的边界条件时，我们基于制度理论验证了政治联系和区域制度发展的作用。未来的研究还应考虑其他制度因素对创业的影响。第二，本研究是在中国情境下进行的，采用中国企业的经验数据。因此，研究结果的外部有效性需要在未来研究中得到证实。未来的研究应特别关注转型经济体中不同的文化环境和制度因素，这可能会改变管制放松注意力和企业再投资之间的关系。第三，本研究关注的是企业家对管制放松的注意力的结果变量，未来的研究可以探讨企业家注意力的前因变量。学者们可以运用高阶梯队理论和烙印理论等来研究这一问题，并将企业家的背景和经验与他们的注意力分配模式联系起来。

第四章 企业家新政感知与创业导向

技术的不断更新、竞争的全球化以及新兴商业模式的涌现，使得经营环境日益动态化。在此情境下，企业难以"一劳永逸"地获取和保持长期竞争优势。通过不断探索，企业发现通过公司创业能有效地增加新活力，构建竞争优势。同时，中央政府也不断出台新政试图激发企业创业意愿，如国务院颁布的《关于进一步促进中小企业发展的若干意见》等。那么，在现实中企业家是如何看待这些政策的？这些政策是否对企业的创业行为具有激励意义以及相应的情境条件是什么？这些问题尚未得到解答。

研究者用"创业导向"构念来刻画在位企业从事创业活动的强度。Wiklund（1999）指出创业导向是企业开创新事业、参与组织或市场变革、响应环境变化的行为倾向，包含先动性、风险承担性和创新性三个维度[319]。以往研究对创业导向的前因进行了较为深入的探索，其中一个流派从微观视角研究组织和管理层因素的影响。Bachmann 等（2016）研究了高管团队的战略计划对创业导向的影响[213]。总体而言，这一流派的研究并未深入考察企业家特别是其主观认知的影响。但在中国，不少私营企业家拥有企业的绝对控制权，通常是企业的核心决策者。加之，既有研究表明高层管理者对环境的主观认知会影响企业的创业导向[165]。因此，超越既有研究中仅用代理变量考察诸如管理者年龄、职业经历、身份地位等特征对创业导向的影响[320]，直接考察管理者主观认知对创业导向的影响是极有必要的。另一个流派从宏观视角研究任务环境、民族文化特征对创业导向的影响[173, 210]。Rosenbusch 等（2012）运用元分析，研究环境的不同维度如动态性对创业导向的影响[173]。Engelen 等（2015）考察了民族文化与创业导向的关系[224]。从宏观视角看，既有研究对制度环境的关注较为缺乏。对中国这样的转型经济体来说，民族文化的影响较为突出[321]，因而也不容忽视。

基于以上理论缺口，我们整合战略选择和制度理论，分析在不同制度环境下企业家主观认知对创业导向的影响。一方面，企业是否采用创业导向，是企业家战略选择的结果。根据 Child（1972）的战略选择理论，组织当权者对环境的主观认知是战略选择的最直接决定因素[322]。基于此，我们首先探索企业家政策感知对创业导向的影响。另一方面，不同于战略选择理论的微观研究视角，制度理论从宏观角度，提出企业战略选择会受到制度环境的约束。因而，我们调用制度理论进一步研究在不同制度环境下企业的战略选择，从而更好地理解中国情境下的创业导向现象。总之，我们整合战略选择和制度理论，既从微观层面考察战略选择，又将其置于特定制度情境下，考察制度环境如何塑造两者关系，希冀形成对创业导向更为完整的理解。

一、新政感知影响创业导向的理论分析

（一）战略选择与创业导向

公司创业作为动态环境下企业获取持续竞争优势的有效路径已得到许多研究者的认同[323]。基于此，企业在多大程度上介入公司创业，即创业导向的高低成为企业重要的战略选择。"环境决定论"强调组织特征和行为由外部环境和技术等情境因素决定，而 Child（1972）提出的"战略选择理论"则认为企业在进行战略决策时要考虑三个关键因素：战略选择代理人与选择的本质、环境的本质以及战略选择代理人与环境关系的本质[322]。其中，战略选择代理人通常是指组织内部权力持有者。由于环境因素需经战略选择代理人的"主观过滤与释义"后才对组织决策产生影响，因而权力持有者是决定战略选择的直接因素[7]。基于此，作为战略选择结果的创业导向，在分析其影响因素时忽略权力持有者是不恰当的。我们据此将企业家及其主观认知作为重要因素。

在国家"非公经济36条"颁布前，私营企业的发展受到诸多制约。例如，对私营企业扶持和鼓励政策的不充分，使其受到歧视，难以获得发展所需资源。Johnson、Mcmillan 和 Woodruff（2002）的研究也表明，在转型经济中，由于私有产权保护水平低，私营企业的发展面临着高风险和不确定性，进而引发企业家对自身财产安全和未来发展的忧虑[175]。在这种情况下，私营企业对于环境的态度消极，感知到的创业失败风险高，往往采取避让的态度和保守的战略来规避风险。但"非公经济36条"从私有财产保护、融资和市场准入等七大方面为非公有制企业提供了政策支持，改善其所处的政策环境。"非公经济36条"经过企业家的主观评价和解读，能使企业家感知到政策环境的"利好"，进而降低知觉到的创业风险，有效激发企业家从事创业活动的勇气。据此，我们提出：

假设1：私营企业家越是感到政策环境有所改善，企业越可能采用积极的创业导向。

（二）正式与非正式制度的调节作用

要深入理解企业家新政感知与创业导向的关系，还需考察其所嵌入的制度的影响。制度是约束经济主体的博弈规则，影响着企业在市场交易中的风险与不确定性。而我国各地制度发展水平不一，客观上使得处于不同地区的私营企业家面临异质的决策情境。制度发展水平与企业家对新政的感知交织，共同作用于创业导向决策。North（1990）指出制度由正式和非正式制度构成[47]。下面分别加以分析。

正式制度对市场经济的发展有着重要的影响。正式制度越完善，市场对资源的配置作用越明显，因此市场化水平在很大程度上反映了正式制度的完善程度。我们参照何轩等（2014）的做法，用市场化水平刻画正式制度[324]。在我国改革开放和市场经济体制变革过程中，一些地区尤其是东部沿海地区利用自身在经济基础、地理位置和交通等方面的优势，获得了丰富的制度供给。而中西部地区在制度供给的数量和获取速度上低于东部地区，由此造成各地制度发展的不均衡。在制度发展水平较高的地区，长期形成的开放环境和积极的价值观有效地促进了该地区对新政的接纳，进而在新政的落实和执行上具有较大的优势。因此，制度发展水平较高的地区，新政的颁布往往能更有效降低企业家的风险感知，增强其信心，最终推动创业活动。据此，我们提出：

假设2：在地区制度发展水平较高的地区，企业家新政感知对创业导向的促进作用更显著。

鉴于财税金融发展状况和私有财产保护水平能有效地反映市场发挥作用的程度，我们进一步选取两者来代表正式制度，讨论在信贷分配市场化水平和私有财产保护水平不同的地区，企业家新政感知对创业导向的异质影响。

在我国信贷分配市场化水平较低的地区，以国有银行为主体的金融体系长期以来"重公轻私""重大轻小"的观念根深蒂固，对私营企业存在信贷歧视。私营企业为获得这些金融机构的贷款不得不接受苛刻的贷款条件和承担高额成本。在这种情况下，私营企业"融资难"问题突出，企业家缺乏创业发展的信心。尽管新政可以给企业家带来一丝新鲜感，然而地区所固有的制度缺陷，难以使其产生足够乐观的情绪，进而新政对创业活动的激发作用是有限的。反之，在信贷分配市场化水平较高的地区，私营企业家能相对公平地获得创业发展所需资金，且对未来发展的信心较充足。在此情境下，新政所带来的种种利好与固有的信心结合，能在更大程度上激发创新创业的活力。据此，我们提出：

假设2a：在信贷分配市场化水平较高的地区，企业家新政感知对创业导向的促进作用更显著。

鉴于我国私营企业特殊的成长背景和地位，私有财产受保护程度往往会对企业的投资和再投资的意愿产生重要的影响。在私有财产受保护程度较低的地区，有关制度落实不到位，私有财产无法得到充分保障，私营企业通常面临较大的盘剥风险。因而，私营企业家对企业长期发展缺乏信心。而在私有财产受保护程度较高的地区，开放的市场观念和环境使得新政的落实和执行更加到位，为私营企业营造了更良好的成长环境，并增强了企业对外部环境的信心。这种固有的信心与新政所带来的利好相结合，将在更大程度上推动企业家从事创业创新活动。基于此，我们提出：

假设2b： 在私有财产受保护水平较高的地区，企业家新政感知对创业导向的促进作用更显著。

非正式制度作为正式制度的补充，对战略选择同样具有重要影响。一方面，从历史角度看，以人情关系为主导的非正式制度在我国一直有着重要的影响。另一方面，我国目前处于转型期，新旧制度并存，统一、完整的制度体系还未充分形成，经济活动中各种关系未被明确定义。因而，人们会借助人际关系、政治关系等非正式制度来弥补正式制度的不足，最终降低风险。例如，企业家会通过与政府建立政治联系来降低制度不完善和环境不确定所带来的经营风险[175]。因而，非正式制度特别是政治联系是考察我国制度环境时的重要因素。

具有政治联系的私营企业，可以通过其获取所需资源，如银行贷款[42]。在我国，虽然市场对资源分配的影响越来越突出，但企业资源获取在很大程度上依然受到包括政府在内的非市场因素的影响[325]。企业通过与政府建立密切的关系，能有效地获得政府支持，进而获取稀缺资源。另外，企业也可以通过政治联系获取更多市场不对称信息和利好政策，从而提高企业在市场预测和产权保护方面的能力，降低风险。因此，政治联系作为正式制度的替代机制，降低了企业对外部正式制度的依赖。而当企业没有政治联系时，由于缺乏获取外部资源的非正式渠道，私营企业通常会更加依赖和寄希望于新政的出台。综上，"非公经济36条"的颁布虽使许多企业感觉到政策环境的改进，但对具有政治联系的企业而言，由于其通过政治联系已获得了所需的资源，所以这种积极感知对他们的激励作用实则有限。基于此，我们提出：

假设3： 对存在政治联系的企业来说，企业家新政感知与创业导向的正向关系较弱。

二、研究取样、测量和统计结果

(一) 取样

本研究样本来自中共中央统战部、中华全国工商业联合会、国家工商行政管理总局（现为国家市场监督管理总局）、中国民（私）营经济研究会2006年组织的"国私营企业家调查"。该次调查共收回3 837份数据。参照何轩等（2014）的做法[324]，我们先是剔除了数据严重缺失的样本，然后对连续变量进行了缩尾处理，最终得到941个样本观测值。

(二)测量

创业导向(EO)：依据 Miller(1983)的"三维度"创业导向观点[21]，借鉴 Miller 和 Le Breton-Miller(2011)的做法[320]，将创新性、先动性和风险承担性三个维度的标准化得分之和作为创业导向测量指标。具体而言，借鉴以往研究的做法，用企业的研发费用/企业的销售额来衡量创新性。先动性是指企业积极预测未来需求、寻找创业机会，取得领先优势的倾向。企业的先动性在财务上主要表现为企业的大量投资。Miller 和 Le Breton-Miller(2011)通过企业内部年度收益再投资百分比来衡量企业的先动性。因此，我们用纯利润中用于投资的百分比来加以测量。风险承担性是指企业对结果未知的决策所愿做出的最大投入。在环境未知的状态下，企业用于发展的资金投入越大，表明愿意承担的风险越大。我们据此采用企业发展资金需求量/企业净资产的方式来加以衡量。

企业家新政感知(Penp)：指的是私营企业家对新政有效性的看法，即新政策是否促进了政策环境的改善。变量测量基于《关于鼓励支持和引导个体私营等非公有制经济发展的若干意见》出台后，私营企业家对 9 个环境指标改善情况的评价。我们参考何轩等(2014)的处理方法[324]，对政策环境感知采用平均值和主成分提取两种计算方式，其中主成分法用于稳健性检验。为使统计结果更易解读，我们对问卷中企业家新政感知部分的题项进行了反向赋值，即 1 表示"倒退"，4 表示"明显改进"。

地区制度发展水平(Institution)：依据 2006 年度市场化相对进程年度报告中的市场化指数进行测量[326]。

信贷分配市场化水平(Mdocd)：根据 2006 年度市场化相对进程年度报告中的信贷资金分配的市场化水平指数进行测量[326]。

私有财产保护水平(Popr)：根据 2006 年度市场化相对进程年度报告中的对生产者合法权益保护指数进行测量[326]。

政治联系(Pltcties)：根据余明桂和潘红波(2008)提出的依据企业家是否为人大代表或政协委员来衡量企业是否存在政治联系[42]。若企业家为人大代表或政协委员，则表明企业有政治联系，赋值 1，反之，赋值 0。

为排除其他可能解释，我们控制了企业家年龄(Age)和教育水平(Edu)这两个个体层面的变量。相关研究发现企业家的年龄越大，其创业热情越低[327]，我们用 2005 减去企业家出生年份来测量。企业家的教育水平(Edu)也会影响其行为[311]，因此使用虚拟变量判断企业家是否有大学以上学历(1=有，0=没有)并加以控制。在企业层面，控制了企业年龄(His)、企业规模(Lnemploy)、企业绩效(ROE)、财务杠杆(Lev)和家族成员持股比例(Famown)等变量。企业年龄(His)影响企业获得资源和机会的多寡[328]，进而影响创业。因此，以公司成立的年数进行测量。企业规模(Lnemploy)对战略行为具有重要影响，因而采用对数的方式测量企业规模并加以控制。企业绩效(ROE)通过增加冗余资源的数量促进企业创新和创业活动[329]，据此通过测量企业的权益收益率来对其进行控制。财务杠杆（Lev）影响企业获取外部资源的能力，因此也对其进行控制，并以企业年度银行贷款额除以销售收入进行测量[330]。我们用企业家及其家人的持股比例来衡量家族成员持股比例（Famown）并加以控制。

（三）统计结果

表 4-1 报告了主要变量的描述性统计量，表 4-2 显示了各变量之间的相关系数。

表 4-1　描述性统计量

	N	最小值	最大值	均值	标准差
EO	941	−0.45	0.04	−0.212 2	0.081 89
Penp	941	1.89	4.00	2.931 5	0.452 65
Institution	941	3.84	10.41	8.194 4	1.734 14
Mdocd	941	2.69	12.22	9.574 0	2.120 54
Popr	941	0.21	8.80	5.380 2	2.179 21
Pltcties	941	0	1	0.41	0.493
Edu	941	0	1	0.15	0.354
Age	941	24	80	44.997 9	7.887 10
His	941	1	21	7.17	4.223
Lnemploy	941	0.00	9.16	3.994 8	1.597 38
ROE	941	−1.08	19.00	0.295 0	0.776 30
Lev	941	0.00	50.00	0.200 7	1.688 25
Famown	941	0.00	100.00	69.138 2	26.387 78

表 4-3 模型 1 为仅纳入控制变量的基准模型回归结果，模型 2 为放入自变量新政感知后的回归结果。模型 2 的结果显示新政感知与创业导向的回归系数为 0.077，二者在 5% 水平上显著，因而假设 1 得到支持。模型 3、4、5、6 检验了地区制度发展水平、信贷分配市场化水平、私有财产保护水平对新政感知与创业导向关系的调节作用。模型 3 显示新政感知与地区制度发展水平的交互项与创业导向的回归系数是 0.054，在 0.1 水平上显著，假设 2 得到支持。模型 4 显示新政感知与信贷分配市场化水平的交互项与创业导向的回归系数为 0.076，在 0.05 上显著，假设 2a 得到支持。模型 5 表示新政感知与私有财产保护水平的交互项与创业导向的相关系数为 0.082，二者在 0.05 上显著，假设 2b 得到支持。模型 6 则显示新政感知与政治联系的交互项与创业导向的回归系数为 −0.637，二者在 0.01 上显著，因而假设 3 成立。

为检验表 4-3 结果的稳健性，我们对创业导向和新政感知这两个构念提取主成分。创业导向构念的第一个主成分的特征值为 1.3，解释了 42.753% 的总方差，而其他成分特征值小于 1，因此选取第一个主成分作为创业导向的替代测量。同样地，在新政感知的主成分提取中，第一个主成分的特征值为 4.834，解释了 53.707% 的变异，其他成分特征值均小于 1，因而第一个主成分也作为新政感知的替代测量。之后，重新进行回归分析。如表 4-4 和表 4-5 所示，对创业导向和新政感知采用不同测量方式，回归结果与原结论一致，表明表 4-3 的结果具有稳健性。

表 4-2 相关性分析

	EO	Penp	Pltcties	Institution	Mdocd	Popr	Edu	Age	His	Lnemploy	ROE	Lev	Famown
EO	1												
Penp	0.081*	1											
Pltcties	0.117**	0.044	1										
Institution	−0.019	−0.034	−0.136**	1									
Mdocd	−0.018	−0.053	−0.090**	0.708**	1								
Popr	−0.001	−0.045	−0.149**	0.914**	0.664**	1							
Edu	0.022	0.046	0.102**	−0.047	−0.143**	−0.037	1						
Age	0.036	−0.027	0.171**	0.040	0.000	0.060	−0.097**	1					
His	0.151**	−0.026	0.283**	0.069*	0.071*	0.067*	−0.028	0.194**	1				
Lnemploy	0.199**	0.037	0.414**	−0.032	0.014	−0.040	0.166**	0.140**	0.267**	1			
ROE	−0.034	−0.011	0.034	0.053	0.022	0.038	0.025	−0.022	−0.013	0.058	1		
Lev	0.050	−0.023	−0.022	−0.005	0.009	0.001	−0.007	−0.035	0.001	−0.006	−0.013	1	
Famown	0.054	−0.003	−0.021	0.090**	0.103**	0.074*	−0.143**	−0.057	0.106**	−0.191**	0.029	−0.004	1

注：*$p < 0.05$，**$p < 0.01$，***$p < 0.001$。

表 4-3 新政感知与创业导向回归结果

	模型 1 EO	模型 2 EO	模型 3 EO	模型 4 EO	模型 5 EO	模型 6 EO
Penp		0.077**	0.082***	0.082***	0.085***	0.151***
		(2.440)	(2.576)	(2.590)	(2.682)	(3.757)
Institution			−0.023			
			(−0.729)			
Mdocd				−0.041		
				(−1.263)		
Popr					−0.003	
					(−0.090)	
Pltcties						0.639***
						(3.022)
Penp×Institution			0.054*			
			(1.673)			
Penp×Mdocd				0.076**		
				(2.347)		
Penp×Popr					0.082**	
					(2.551)	
Penp×Pltcties						−0.637***
						(−2.988)
Edu	0.006	0.003	0.003	−0.004	0.005	0.001
	(0.187)	(0.101)	(0.089)	(−0.107)	(0.158)	(0.029)
Age	−0.002	0.001	0.001	−0.003	0.001	0.008
	(−0.069)	(0.017)	(0.029)	(−0.100)	(0.033)	(0.234)
His	0.090***	0.093***	0.091***	0.092***	0.088***	0.091***
	(2.659)	(2.741)	(2.690)	(2.733)	(2.594)	(2.654)
Lnemploy	0.193***	0.189***	0.185***	0.185***	0.182***	0.182***
	(5.595)	(5.501)	(5.385)	(5.357)	(5.283)	(4.997)
ROE	−0.046	−0.045	−0.041	−0.044	−0.041	0.045
	(−1.450)	(−1.413)	(−1.304)	(−1.393)	(−1.300)	(1.429)
Lev	0.051	0.053*	0.052	0.053*	0.052	0.052*
	(1.596)	(1.658)	(1.636)	(1.664)	(1.642)	(1.651)
Famown	0.084**	0.083**	0.087***	0.088***	0.085***	0.081**
	(2.535)	(2.506)	(2.637)	(2.666)	(2.584)	(2.461)
adj. R^2	0.054	0.059	0.060	0.063	0.063	0.066
F	8.603	8.312	6.987	7.327	7.333	7.614
N	941	941	941	941	941	941

注：*$p<0.10$，**$p<0.05$，***$p<0.01$。

表 4-4 创业导向采用主成分法的回归

	模型 1 EO（主成分法）	模型 2 EO（主成分法）	模型 3 EO（主成分法）	模型 4 EO（主成分法）	模型 5 EO（主成分法）	模型 6 EO（主成分法）
Penp		0.085***	0.091***	0.090***	0.092***	0.159***
		(2.702)	(2.876)	(2.848)	(2.918)	(4.001)

（续）

	模型1	模型2	模型3	模型4	模型5	模型6
	EO（主成分法）	EO（主成分法）	EO（主成分法）	EO（主成分法）	EO（主成分法）	EO（主成分法）
Institution			−0.019			
			(−0.589)			
Mdocd				−0.031		
				(−0.979)		
Popr					−0.024	
					(−0.775)	
Pltcties						0.719***
						(3.447)
Penp × Institution			0.064**			
			(2.013)			
Penp × Mdocd				0.069**		
				(2.183)		
Penp × Popr					0.081***	
					(2.576)	
Penp × Pltcties						−0.656***
						(−3.126)
Edu	0.024	0.021	0.021	0.016	0.023	0.015
	(0.753)	(0.658)	(0.653)	(0.488)	(0.711)	(0.471)
Age	0.009	0.011	0.012	0.009	0.014	−0.002
	(0.277)	(0.339)	(0.381)	(0.264)	(0.424)	(−0.073)
His	0.084**	0.087***	0.085**	0.087***	0.084**	0.075**
	(2.513)	(2.608)	(2.530)	(2.587)	(2.498)	(2.226)
Lnemploy	0.245***	0.241***	0.236***	0.236***	0.232***	0.213***
	(7.174)	(7.076)	(6.951)	(6.928)	(6.824)	(5.911)
ROE	−0.052	−0.050	−0.047	−0.050	−0.046	−0.052*
	(−1.640)	(−1.602)	(−1.485)	(−1.585)	(−1.460)	(−1.652)
Lev	0.022	0.024	0.023	0.024	0.023	0.024
	(0.699)	(0.765)	(0.740)	(0.768)	(0.748)	(0.785)
Famown	0.055*	0.054*	0.059*	0.058*	0.058*	0.049
	(1.683)	(1.652)	(1.791)	(1.782)	(1.768)	(1.526)
adj. R^2	0.074	0.081	0.083	0.084	0.086	0.093
F	11.795	11.302	9.500	9.600	9.802	10.612
N	941	941	941	941	941	941

注：$*p<0.10$，$**p<0.05$，$***p<0.01$。

表4-5 新政感知采用主成分法的回归

	模型1	模型2	模型3	模型4	模型5	模型6
	EO	EO	EO	EO	EO	EO
Penp（主成分法）		0.079***	0.083***	0.084**	0.087***	0.153***
		(2.484)	(2.619)	(2.632)	(2.721)	(3.808)
Institution			−0.023			
			(−0.724)			

(续)

	模型1 EO	模型2 EO	模型3 EO	模型4 EO	模型5 EO	模型6 EO
Mdocd				−0.041 (−1.252)		
Popr					−0.003 (−0.082)	
Pltcties						0.019 (0.540)
Penp × Institution			0.054* (1.686)			
Penp × Mdocd				0.076** (2.354)		
Penp × Popr					0.082*** (2.558)	
Penp × Pltcties						−0.121*** (−3.014)
Edu	0.006 (0.187)	0.003 (0.095)	0.003 (0.086)	−0.004 (−0.107)	0.005 (0.155)	0.001 (0.026)
Age	−0.002 (−0.069)	0.000 (−0.012)	0.001 (0.029)	−0.003 (−0.099)	0.001 (0.032)	−0.008 (−0.236)
His	0.090*** (2.659)	0.093*** (2.746)	0.091*** (2.692)	0.093*** (2.736)	0.088*** (2.597)	0.091*** (2.658)
Lnemploy	0.193*** (5.595)	0.189*** (5.495)	0.185*** (5.383)	0.185*** (5.358)	0.182*** (5.286)	0.182*** (4.991)
ROE	−0.046 (−1.450)	−0.045 (−1.412)	−0.041 (−1.301)	−0.044 (−1.390)	−0.041 (−1.297)	−0.045 (−1.428)
Lev	0.051 (1.596)	0.053 (1.659)	0.052 (1.635)	0.053* (1.664)	0.052 (1.641)	0.052* (1.651)
Famown	0.084** (2.535)	0.083** (2.507)	0.087*** (2.635)	0.088*** (2.664)	0.085*** (2.583)	0.081** (2.458)
adj. R^2	0.054	0.059	0.060	0.063	0.063	0.066
F	8.603	8.341	7.014	7.353	7.360	7.653
N	941	941	941	941	941	941

注：*$p<0.10$，**$p<0.05$，***$p<0.01$。

三、感知、制度与创业导向关系研究的价值

本研究结合战略选择和制度理论研究私营企业的创业导向，发现企业家对新政的积极感知有利于提升创业导向水平，地区制度发展水平强化了两者的关系，而政治联系弱化了两者的关系。首先，囿于截面数据的限制，本研究无法准确地推断因果关系，需要未来研究通过纵向研究设计加以检验。其次，本研究的制度环境主要考虑的是信贷分配市场化水平、私

有财产保护水平和企业政治联系等正式或非正式制度因素，其他可能会对企业战略选择起到调节作用的制度因素未在本研究提及，有待后续研究进一步探索。最后，后续研究可在 Miller 和 Le Breton-Miller（2011）研究的基础上[320]，进一步完善基于二手数据的创业导向测量方法。尽管如此，本研究并不缺乏理论和实践意义。

（一）理论意义

本研究的理论意义有四。第一，从新的理论视角——战略选择理论——探讨私营企业家的主观认知与创业导向前因的关系。鉴于目前创业导向前因研究中对企业家主观认知影响的考察还不充分[331]，本研究的结果是对既有文献的重要补充。

第二，将制度作为情境因素，探讨了企业家政策感知与创业导向关系的边界条件。以往研究虽对情境因素有所考虑，但基本上是将民族文化特征、环境动荡性以及技术变动性作为情境变量。考虑到中国情境下制度因素的重要性，基于不同的制度环境分析企业家政策环境感知对创业导向的影响，有助于更全面地认识二者的关系。

第三，通过拓展"环境"的范畴在一定程度上完善了战略选择理论。战略选择理论的基本逻辑为：环境–认知–组织战略，其中环境更多是指任务环境的特征（如复杂性和动态性等）[322]。本研究通过整合制度理论强调了一般环境的影响，具体探讨在不同制度环境下，环境–认知–组织战略的逻辑关系，拓展了环境的范畴，对战略选择理论的未来发展具有启示意义。

第四，为探索政策的影响效应提供了新的思路。以往研究通常直接考察政府新政对创业行为的影响，如 George 和 Prabhu（2003）研究了针对公共开发金融机构的技术支持政策对技术创业的影响，鲜有研究考察企业家对这些政策的感知及其影响效应[332]。而本研究通过研究"非公经济36条"颁布后企业家的"感知"来剖析这一关系，强调了政府政策对创业行为的影响需经创业者的"主观释义"后发挥作用，为评估政策影响效应提供了一个新的思路。

（二）实践启示

本研究的实践启示有二。第一，政策制定者要重视客观政策与主观认知之间存在的"鸿沟"，要加强对于政策的解读，着力从认知层面影响企业决策者。第二，应加强对制度落后地区的政策供给和制度建设，尤其要在融资和产权保护等方面有所建树，增强私营企业长期发展的信心，进而充分释放新政的实际效用。

第五章 董事会断裂带对创业导向的影响

在当今迅速变化的市场环境中,公司创业是在位企业保持并增强自身竞争力的关键手段[333-334]。尽管如此,在新一轮技术革命开启进而新的创业机会不断涌现的背景下,一些企业仍表现出极其强烈的创业导向,而一些企业却安于现状。那么,在位企业为何在创业导向上表现出极大的异质性?以往研究从多个视角探索创业导向前置因素,包括公司治理[335]、资源[223]与 CEO 的个人特征[336-337]等。值得强调的是,创业导向作为一种战略姿态,是企业战略决策的重要内容,因而不可忽略对其决策主体——董事会或高管团队——的考察。高阶梯队理论指出,高管人员的认知和价值观对企业的战略决策具有重要的影响,而人口统计学变量可作为高管认知和价值观的代理变量[37, 338]。因此,有必要考察董事会或高管团队人口统计学方面的异质性对创业导向的影响。然而,沿着这一思路展开的相关讨论还不多见。进一步地,在为数不多的、有关高管团队异质性与企业创业创新关系的研究得出了迥然不同的结论。例如,有研究结果表明高管团队职业背景异质性与公司创业战略负相关[339],也有研究发现董事会成员职能背景异质性与企业创新战略正相关[340]。

上述情况或与以往文献选择单一的、有差异的高管团队特征维度有关。正如以往群体多样性研究表明的那样,忽视群体不同维度之间的相互影响,仅从某一多样性特征出发考察群体效能将形成不一致的结果,使研究陷入困境[341-342]。研究者有必要考察群体成员的多重特征及其协同作用,从而对群体成员特征与群体过程和产出间的关系做出更为准确的解释[343-344]。基于此,Lau 和 Murnighan(1998)提出了"群体断裂带"概念[341]。所谓群体断裂带就是通常以多种成员属性为基础，潜在的、能将一个群体划分成多个子群体的虚拟的分割线。考虑到董事会是群体的具体形态，而群体断裂带概念考虑了群体多重特征之间的相互作用且更具有预测力，因此我们首先探讨董事会断裂带对创业导向的影响。从实践看，董事会的确不总是"铁板一块"。众多知名企业的董事会曾曝出严重分歧。这些分歧甚至是争斗在很大程度上削弱了董事会决策的有效性，进而影响了包括公司创业在内的企业战略选择。正如一些学者指出的，群体断裂带内生性地存在于董事会中[345-346]。作为董事会分裂的前瞻性因素，董事会断裂带对董事会行为及其效能产生重要影响。

基于高阶梯队理论的后续研究表明，群体的行为整合（behavioral integration）是调节高管团队特征和企业战略行为与绩效间关系的重要变量[338]。所谓行为整合，就是在多大程度上高管团队从事相互间和集体间的互动。Hambrick（1995，2007）指出，很多高管团队并不是真正意义上的团队，而是由几个"巨头"领导的"准自治小组"的集合[338, 347]。每个小组与CEO进行双向沟通与联系，但相互间几乎没有联系。而在行为上整合的团队，成员之间分享信息、资源并共同决策。以往研究发现，行为整合对组织绩效具有直接的正向影响。但就高阶梯队理论而言，行为整合最重要的意义在于增强高管团队特征与企业战略选择之间的关系。那么，行为整合的具体实现机制是什么？行为整合对董事会断裂带与创业导向关系起到了何种作用？这些问题亟待探讨。为此，本研究提出董事会成员的交叉任期以及董事长的职能背景广泛性是董事会"行为整合"的重要机制，建构并检验两者对断裂带和创业导向关系的调节效应。

基于信息传输、软件和信息技术服务业A股上市公司2012～2016年的面板数据分析，本研究发现董事会断裂带对创业导向具有显著的负向影响。同时，董事会成员的交叉任期以及董事长的职能背景广泛性作为董事会行为整合的具体形式，正向调节前述两者的关系。作为首个从董事会断裂带视角出发探索创业导向前因的研究，上述发现不仅有助于创业学者更好地理解董事会构成上的异质性与行为整合因素的交互对创业导向的影响，而且还通过识别和验证董事会成员的交叉任期和董事长的职能背景广泛性这两个具体的行为整合机制而丰富高阶梯队理论。本研究对于在位企业通过加强董事会建设提升创业导向亦具有重要的实践启示。

一、高阶梯队理论与群体断裂带研究

（一）高阶梯队理论

自Hambrick和Mason（1984）提出高阶梯队理论以来，学术界已将其运用于解释价值创造[348]、组织创新[349]和产品多元化[350]等诸多管理现象中。高阶梯队理论的主要命题有二：第一，高管人员基于其认知、经验和价值观等进行战略选择并采取行动。要想了解一个组织的运作方式及其内在逻辑，首先应了解其高管人员。第二，人口统计学变量可作为管理人员认知和价值观的代理变量。综合前述两点，战略决策者的性别、年龄、任期等易于观察和量化的人口统计学特征，可作为其认知方式和价值观等难以测量的个人特质的代理变量，并预测企业的战略选择与绩效。这是高阶梯队理论的核心命题。或是由于这一命题在操作化方面具有优势，后续研究如雨后春笋般涌现。目前，高阶梯队理论呈现出三个重要趋势。第一，更多聚焦于高管团队而非首席执行官等个体。研究者普遍认为高管团队的总体特征较之个别代表人物的特征更能预测企业的行为与结果。第二，通过影响力加权等策略精确量化高管团队不同成员的人口统计学特征，并用其更为准确地预测企业行为与结果。第三，通过增加调节变量来增加核心命题的预测力。例如，后续研究者提出了"管理者自由裁量权""管理者工作压力""行为整合"等调节变量，使得核心命题的内涵更为丰富。总体而言，30多年来高阶梯队理论已成为组织和战略研究中一个不可或缺的重要理论。然而，未来研究在三个趋势方向上仍有待进一步深入。特别是，"行为整合"作为影响"高管团队总体特征-战略选择"这一对关系的重要情境因素，其具体的实现机制是什么？这不仅关乎高阶梯队理论的完善，更影响其实践指导意义，有待未来研究探索。

（二）群体断裂带

群体断裂带研究起源于群体多样性研究。后者聚焦的是群体多样性对群体过程和效能以及群体成员情感回应和需求所产生的影响。以往的文献大多考察各种不同的多样性特征（如性别、年龄、任期等因素）对个体或群体结果变量的影响[351]。随着相关研究的深入，这种研究范式的不足逐渐显露：单独考察一种属性的做法使得研究者忽略了其他属性以及多种属性间交互作用的可能性[341]。一些学者认为这正是群体多样性研究结论分化严重的关键原因[342]。为此，Lau和Murnighan（1998）借鉴地理学中"断裂带"的概念，提出"群体断裂带"理论试图弥合既有研究范式的不足[341]。

Lau和Murnighan（1998）将群体断裂带概念化为整合多个特征维度而将一个群体划分成多个子群体的"虚拟分割线"[341]。后者在特定环境下被激活，其作用结果是一个群体内生成内部同质、彼此异质的多个子群体。由于彼此存在明显的身份特征差异，子群体相互间容易产生激烈的冲突和严重的沟通障碍，从而对群体绩效产生消极影响[352]。最初的群体断裂带研究主要聚焦于实验环境下的群体，探索断裂带如何影响实验中临时组建的团队。随着时间的推移和研究的深入，越来越多的学者开始运用断裂带理论解释企业的战略决策行为。尤其是，考虑到董事会和高管团队在企业决策中的关键性作用，一些学者围绕董事会断裂带做了一些具有启发性的研究。Barkema和Shvyrkov（2007）发现，高管团队断裂带强度与企业投资地点的新颖性负相关[353]。Johnson等（2011）发现，较之较强的董事会断裂带，较弱的董事会断裂带更能促进董事对于创业问题的讨论[354]。目前，有关董事会断裂带与公司创业领域重要构念——创业导向——的关系，还未有专门研究，更遑论影响上述关系的权变因素。

二、董事会断裂带影响创业导向的理论分析

(一) 董事会断裂带与创业导向

国内外研究者对创业导向有多种定义，代表性观点有三：一是将其定义为企业在进行战略选择时所秉持的倾向或态度[21]；二是界定为新进入的过程、实践及决策活动[179]；三是理解为一种嵌入企业日常运营的、能为组织提供持续竞争优势的组织文化体系[166]。虽表述不尽相同，但研究者同意创业导向在本质上刻画了企业对于创业活动的偏好与倾向。

董事会的战略任务包括向高管团队提供建议、保证公司获取关键资源、参与公司战略的制定与执行以及评价和监督战略决策过程[355]。作为公司治理机制的核心，董事会对企业的战略决策具有决定性的作用。然而，当董事会由于成员间任务相关属性的高度聚合而形成高强度的断裂带时，董事会成员很可能分裂为内部同质而相互异质的子群体。这种分裂本质上就是社会分类过程，将导致一系列不良后果——个体将对自己所在的子群体产生社会认同并给予其较为正面的评价，而将负面的评价强加于其他群体。子群体成员将会以一种"圈内人－圈外人"的视角看待其他成员，随之而来的是日益严重的刻板印象、歧视、群体凝聚力的降低、沟通不畅和冲突的加剧。

具体到公司创业情境中，由强断裂带引致的子群体对立至少以下列三种方式影响创业决策：降低董事会成员间信息沟通的频率和质量，从而不利于企业对创新创业机会的搜寻和捕捉[356]；无法有效地获取、配置和使用个体董事所拥有的资源，破坏董事会对战略资源的整合过程，从而不利于企业开展公司创业活动[357]；基于认知方式的巨大差异和对其他子群体的偏见，董事会难以就具有冒险倾向的行动方案达成共识，使得企业更为保守。总之，董事会断裂带以上述具体方式对创业导向的三个维度——创新、先动性和风险承担性产生负面影响，进而降低创业导向。基于以上分析，本研究提出：

假设 1：董事会断裂带与创业导向负相关。

(二) 董事会成员交叉任期的调节作用

基于高阶梯队理论的后续研究表明，群体的行为整合是提升高管团队特征和企业战略行为与绩效间关系的重要权变因素[338]。所谓行为整合，就是在多大程度上高管团队从事相互间和集体间的互动。Hambrick（1995，2007）指出，很多高管团队并不是真正意义上的团队，而是由几个"巨头"领导的"准自治小组"的松散集合[338, 347]。每个小组与 CEO 进行双向沟通与联系，但相互间几乎没有联系。而在行为上进行整合的团队，成员之间分享信息、资源并共同决策。

董事会成员的交叉任期是董事会行为整合的重要机制，因而影响董事会断裂带与创业

导向的关系。具体而言，随着共事时间的增加，董事会成员间互动趋于频繁，对彼此各方面情况的了解更加深入，由断裂带引起的刻板印象和情感冲突将逐渐消解[358]。一些在开始时将董事分成不同子群体的个体属性此时已不受关注，"圈内人－圈外人"的界限将逐渐模糊，原属不同子群体的成员之间也可以做到相互接纳。董事会成员将更充分地认识到其他人所拥有的信息、资源和技能的价值，并给予其他成员更为客观的评价。另外，共事时间较长的董事也能更好地相互磨合，对彼此的思维方式、沟通方式、问题解决方式都有一定的了解，从而避免不必要的冲突；曾经的良好合作体验也会对后续合作产生积极影响。因此，随着任期重合时间的增加，断裂带及其对团队沟通、意见交换和战略创新的负面影响将逐渐减少，企业将更有可能呈现出较强的创业导向[353]。总之，共同的工作经历促进董事会成员间的相互了解，有助于消弭断裂带引发的偏见和冲突，因而董事会成员交叉任期是一个不容忽视的调节变量。基于以上分析，我们提出以下假设：

假设2：董事会成员交叉任期对于董事会断裂带和创业导向之间的关系具有正向调节作用。也即，董事会成员交叉任期越长，董事会断裂带对创业导向的负向影响越弱。

（三）董事长职能背景广泛性的调节作用

高阶梯队理论认为，高管的背景特征在一定程度上决定了他们的认知方式、问题解决方式甚至是所做出的战略决策[359]。而在众多高管背景特征当中，职能背景的重要性尤为突出，因为它是高管认知与职业技能的主要来源[360]，影响着高管对问题的定义、信息的处理以及如何做出战略选择。考虑到董事长在董事会中的特殊地位及其职能背景对董事会断裂带形成和作用发挥的重要影响，本研究认为董事长职能背景的广泛性也是董事会行为整合的重要机制。特别是在中国的公司治理实践中，董事长往往是企业决策层的核心人物，握有重大事务的最终决策权。因此，董事长的职能背景是否广泛，会影响董事会断裂带与创业导向之间的关系。具体而言，若职能背景较为单一，董事长的认知方式更可能与具有相似职业经历的董事相近，从而对他们产生较强的社会认同，也更容易接受他们提出的意见。其他与董事长职能背景差异较大的董事则可能与董事长之间存在一定程度的沟通障碍，并预期自己的建议得不到有力支持和采纳，进而在工作中表现出较为消极的态度。这一情形导致创业事项难以在董事会中获得充分的讨论和论证，掌握在不同董事手中的创业资源也难以得到有效利用。相反，当职能背景较为多元时，董事长将具有较高的经验开放性，不会对不同职能背景的董事产生偏见，也不会按职能背景将自己归类，而是会客观评价异质信息和资源的价值，从而增加捕捉创业机会的可能性，同时也会充当成员间的桥梁和纽带，促进不同意见的充分表达和融合，使董事会能就创新创业问题进行科学合理的决策。基于此，本研究提出以下假设：

假设3：董事长职能背景广泛性对于董事会断裂带和创业导向之间的关系具有正向调节作用。也即，董事长职能背景越广泛，董事会断裂带对创业导向的负向影响越弱。

三、实证研究的思路、方法与结果

(一) 样本与数据

为减少非观察异质性的影响,本研究依据《证监会行业分类标准(2012版)》选择了信息传输、软件和信息技术服务业的 A 股上市企业作为研究对象。随着互联网技术的发展,该行业呈现井喷态势,在竞争压力增大的同时企业迫切需要通过公司创业维持生存和发展,因而具备较强的创业导向[361]。为确保数据的可得性和完整性,本研究剔除了 2012 年之前上市的企业而以 2012~2016 年(5 年)为观察期。另外剔除了被 ST、*ST 及退市处理的企业、包含缺失值的企业和主营业务发生重大变更的企业。最终,进入样本的共有 125 家上市企业。

本研究相关财务数据来源于国泰安数据库和同花顺数据库。董事个人信息来源于 WIND 数据库、上市公司年报中的个人简历以及证券之星、新浪财经等网站,经人工整理而得。

(二) 变量测量

1. 因变量

创业导向。对于创业导向的维度划分存在"三维度"和"五维度"两种观点。Miller (1983) 认为创业导向包含创新性、先动性和风险承担性三个维度[21]。而以 Lumpkin 和 Dess (1996) 为代表的学者提出除上述三个维度外,还存在自治性和竞争侵略性两个维度[179]。从后续研究来看,三维度观点得到了更多的认可,相应的量表在实证研究中运用更多,且具有较高的信度和效度。因此,本研究也将创业导向划分为创新性、先动性和风险承担性三个维度。借鉴 Miller 和 Le Breton-Miller (2011) 的操作化方法[320],本研究将这三个维度的标准化得分之和作为创业导向的测量指标。三个维度的具体测量方法如下。

创新性。创新性指企业致力于开发新产品及开拓新市场的意愿,具体的措施包括企业投资产品研发,投建新的产品生产线和开拓新市场等。学术界多用研发强度,即研发费用与营业收入之比来测量创新性,本研究也采用这种操作化方式。

先动性。先动性是指公司根据自身及行业发展规律,预测未来机遇,超前于同行或整个社会采取行动的倾向,具体表现为率先更新设备,投建新的生产基地,攻占新的细分市场等。先动性是一种主动出击的战略,能够帮助企业获得先动者优势。在财务报表上,先动性表现为积极地进行大量投资。据此,Miller 和 Le Breton-Miller (2011) 指出测量先动性的方法是衡量企业收入用于再投资的比例[320]。由于企业用于再投资的自有资金主要来自留存收益,因此本研究以留存收益与营业收入的比值来测量企业的先动性。

风险承担性。风险承担性是指企业采取使其面临巨大财务风险和高不确定性的大胆行动的倾向性。由于更高的风险承担水平意味着企业未来现金流入的不确定性增加,企业盈利的波动性被最广泛地用于衡量风险承担水平。本研究也采用这种方式，即以 ROA 衡量企业的盈利能力，以企业近三年 ROA 的标准差衡量风险承担水平。其中，ROA 为企业的税息折旧及摊销前利润（Ebitda）与当年末资产总额（Assets）的比率。企业的风险承担水平可表示为以下公式：

$$\sqrt{\frac{1}{N-1}\sum_{n=1}^{N}\left(ROA_{in}-\frac{1}{N}\sum_{n=1}^{N}ROA_{in}\right)^{2}}$$

其中，$N=3$，为观测期长度，i 代表企业，n 代表在观测时段内的年度，取值 1～3。

2. 自变量

董事会断裂带。本研究借鉴 Barkema 和 Shvyrkov（2007）以及 Kaczmarek 等（2012）的做法[345, 353]，将董事类型、职能背景、任期和教育程度四个与战略任务高度相关的人员特征作为断裂带的构成属性。⊖ 具体而言，董事类型是指董事会成员是独立董事还是执行董事，用 0-1 变量来表示（1 为独立董事，0 为执行董事）。董事会成员职能背景分为生产运营、会计财务、营销、研发、政府官员、法务、一般管理、学者和其他九类，分别赋值 1～9。任期用董事任职的月数来衡量。董事会成员教育程度分为博士、硕士、本科、专科及其他五个等级，分别赋值为 5、4、3、2、1。

本研究按照 Thatcher 等（2003）开发的 Fau 指数计算董事会的断裂带强度[362]，其公式如下：

$$Fau_{g}=\frac{\sum_{i=1}^{q}\sum_{k=1}^{2}n_{k}^{g}(\overline{x}_{ik}-\overline{x}_{i})^{2}}{\sum_{i=1}^{q}\sum_{k=1}^{2}\sum_{j=1}^{n_{k}^{g}}(x_{jik}-\overline{x}_{i})^{2}}$$

其中，x_{jik} 表示子群 k 中第 j 个成员的第 i 个特征的值；$\overline{x}_i$ 表示整个高管团队在第 i 个特征的均值；$\overline{x}_{ik}$ 表示子群 k 在特征 i 上的平均值；n_k^g 表示第 g 种可能的分裂方式第 k 个子群中成员的数量；Fau 为各种断裂带强度中的最大值。另外，该算法设定了两个前提条件：只考虑群体分裂成两个子群体的情况；每个子群体中至少有两个成员。

另外，考虑到一些企业董事会规模较大（10 人以上），只允许董事会被划分为两个子群体的测量方法可能无法准确刻画这类董事会的分裂情况。因此，在稳健型检验部分，我们运用 Meyer 和 Glenz（2013）开发的平均轮廓宽度算法（average silhouette width，ASW）重新测量了各样本的断裂带强度[363]。该方法的突出优点就是能够探查群体分裂成多个可能的子群体的情况。它的计算分为两步：首先，按照两种不同的聚类分析算法得到 $2 \times n$ 种划分方式（n 为群体人数）；其次，计算每一种划分方式下的 ASW 值，取最大的 ASW 值作为该群体的断

⊖ 由于在计算断裂带和判定董事长职能背景是否具有广泛性时都需要确定董事长的职能背景，且两种情况下可能存在冲突，因此在计算断裂带时将董事长的个人信息排除在外。这里作者对提出相关意见的匿名审稿人表示衷心感谢。

裂带强度值。ASW 值为所有群体成员的个人轮廓宽度值的平均值。个人轮廓宽度值测量的是在一种特定的划分方式下，相对于子群 B，一个群体成员与子群 A 的匹配程度。计算公式为：

$$s(i) = \frac{b_i - a_i}{max(a_i, b_i)}$$

其中，a_i 表示成员 i 与子群 A 所有成员的差异程度，b_i 表示成员 i 与子群 B 所有成员的差异程度。

ASW 取值范围为 -1～1，取值为 1 划分出来的子群内部完全同质，即断裂带强度最大；取值为 0 表示不存在内部同质的子群，取值为负表示该分类方式下子群体内成员的差异性大于子群内成员与子群外成员间的差异性。

3. 调节变量

董事会成员交叉任期。借鉴 Barkema 和 Shvyrkov（2007）的做法[353]，本研究采用 TLAP 指数来衡量董事会成员的交叉任期[364]。该指数的计算公式为：

$$TLAP = \frac{1}{N} \sum_{i \neq j} min(u_i, u_j)$$

其中，N 为从团队中选出两人来比较任期的选取方式的总数，u_i、u_j 为团队中任意两人的任期。

董事长职能背景广泛性。本研究借鉴 Buyl 等（2011）的做法[365]，用哑变量来表示董事长职能背景广泛性。即当董事长同时涉猎两类以上职能背景时，用 1 表示，否则用 0 表示。职能背景的分类原则与前文所述一致。

4. 控制变量

两职状态。以往研究发现，董事长与总经理两职合一的情况下，企业会表现出更高的创业导向。因此，我们设置了 0-1 虚拟变量，若企业董事长兼任总经理，我们对其赋值为 1，否则赋值为 0。

独立董事比例。有研究发现，不同类型企业中独立董事的参与都能够增强创业强度[366]。因此，我们控制了独立董事人数占董事会总人数的比例。

企业所有制。在我国特殊的制度环境下，国有企业与民营企业的创业导向存在显著的差异[367]。因此，我们通过将国有企业赋值为 1、非国有企业赋值为 0 来控制所有制对创业导向的影响。

企业年限。建立更早的企业具备更丰富的创业经验，这些经验促进其后续创业活动[368]。在本研究中，企业年限等于截止统计日期企业成立的年数。

企业规模。企业规模对于创业导向的影响是正向还是负向虽没有定论，但有必要对其进行控制[369]。本研究以企业总资产的自然对数来表示。

董事会规模。董事会的规模在一定程度上反映了董事会履行职责的能力，进而对创业导向产生影响[370]。本研究以董事会总人数的自然对数来控制这一变量。

董事会持股比例。股权激励作为一种重要的公司治理手段在一些研究中被证明能影响创业导向[218]。本研究以年末董事会成员所持股份占公司总股份的比例来衡量董事会持股比例。

变量的定义与测量如表 5-1 所示。

表 5-1 变量的定义与测量

变量类型	变量名称	符号	测量
因变量	创业导向	EO	创新性、先动性和风险承担性三个指标标准化得分之和
	创新性		研发费用与营业收入之比
	先动性		留存收益与营业收入之比
	风险承担性		近三年 ROA 的标准差
自变量	董事会断裂带	Fau	Fau 指数
		ASW	ASW 值
调节变量	董事会成员交叉任期	Overlap	TLAP 指数
	董事长职能背景广泛性	Bcfunc	当董事长同时涉猎两类以上职能背景时，赋值为 1；否则赋值为 0
控制变量	两职状态	Dua	董事长兼任总经理赋值为 1，否则赋值为 0
	独立董事比例	Idratio	独立董事人数与董事会总人数之比
	企业所有制	Ownership	国企赋值为 1，非国企赋值为 0
	企业年限	Firmage	截至统计日期企业成立的年限
	企业规模	Lnassets	企业总资产的自然对数
	董事会规模	Lnbsize	董事会总人数的自然对数
	董事会持股比例	Bstock	年末董事会成员所持股份占公司总股份的比例

（三）实证研究结果

1. 描述性统计

表 5-2 和表 5-3 分别列示了各变量的主要统计指标和变量间的相关系数。

表 5-2 变量的描述性统计

变量	样本数量	均值	标准差	最小值	最大值
EO	625	1.45e−16	1.835	−3.750	9.595
Fau	625	0.805	0.154	0.342	0.998
Asw	625	0.666	0.161	0.146	0.977
Overlap	625	35.05	15.78	3	104.5
Bcfunc	625	0.362	0.481	0	1
Dua	625	0.570	0.496	0	1
Idratio	625	0.389	0.114	0.273	1.800
Ownership	625	0.802	0.399	0	1
Firmage	625	14.11	4.998	1	32
Lnassets	625	21.48	1.026	19.54	27.15
Lnbsize	625	2.117	0.215	1.609	2.833
Bstock	625	0.249	0.216	0	0.748

表 5-3　相关系数表

	模型 1	模型 2	模型 3	模型 4	模型 5	模型 6
1.EO	1					
2.Fau	−0.180***	1				
3.Asw	−0.138***	0.872***	1			
4.Overlap	0.096**	−0.029 0	0.022 0	1		
5.Bcfunc	0.022 0	0.065 0	0.029 0	−0.064 0	1	
6.Dua	−0.051 0	0.020 0	0.042 0	0.030 0	0.029 0	1
7.Idratio	−0.017 0	0	−0.017 0	0.028 0	−0.055 0	0.060 0
8.Ownership	0.259***	−0.012 0	0.002 00	0.132***	−0.035 0	−0.206***
9.Firmage	−0.203***	−0.006 00	−0.016 0	−0.023 0	0.025 0	0.032 0
10.Lnassets	−0.273***	0.188***	0.190***	−0.035 0	0.244***	0.042 0
11.Lnbsize	−0.070*	0.018 0	0.272***	0.055 0	−0.031 0	0.131***
12.Bstock	0.211***	−0.155***	−0.122***	0.142***	−0.068*	−0.187***
	模型 7	模型 8	模型 9	模型 10	模型 11	模型 12
7.Idratio	1					
8.Ownership	0.060 0	1				
9.Firmage	−0.086**	−0.194***	1			
10.Lnassets	0.003 00	−0.313***	0.307***	1		
11.Lnbsize	−0.045 0	−0.290***	0.081**	0.187***	1	
12.Bstock	0.035 0	0.548***	−0.341***	−0.379***	−0.214***	1

注：*** $p<0.01$，** $p<0.05$，* $p<0.1$。

2. 模型估计

对于"大 N 小 T 型"的短面板数据，研究者需要在混合 OLS 模型、固定效应模型和随机效应模型之间进行选择。首先，根据沃尔德 F 检验结果在混合 OLS 模型和固定效应模型之间进行选择；其次，根据 Hausman 检验的结果在固定效应与随机效应模型中进行选择；最后，根据拉格朗日乘子检验结果在随机效应模型与混合 OLS 模型间进行选择。

表 5-4 列示了对表 5-6 中各模型的三类检验结果。可以看到，六个模型均在 1% 的显著性水平上拒绝了 Wald 检验和 LM 检验的原假设，且均接受了 Hausman 检验的原假设。因此，本研究的计量模型以随机效应模型为基础进行估计。

表 5-4　模型筛选的检验结果

检验方法	检验值	模型 1	模型 2	模型 3	模型 4	模型 5	模型 6
Wald 检验	统计量	10.96	11.56	11.48	11.77	11.54	11.85
	P 值	0.000 0	0.000 0	0.000 0	0.000 0	0.000 0	0.000 0
LM 检验	统计量	543.32	560.29	542.37	547.68	542.74	549.32
	P 值	0.000 0	0.000 0	0.000 0	0.000 0	0.000 0	0.000 0
Hausman 检验	统计量	5.36	7.93	15.00	16.75	15.65	17.11
	P 值	0.616 5	0.440 3	0.132 2	0.115 6	0.154 6	0.145 5

3. 回归分析

对于可能存在的截面相关问题，通过 Pesaran 检验来检定。检验结果如表 5-5 所示，各模型均拒绝了原假设，说明存在截面相关问题。因此，考虑到截面相关问题对模型估计结果产生的影响，表 5-6 中所报告的标准误均为经过聚类稳健调整后的标准误。

表 5-5 截面相关检验结果

	模型 1	模型 2	模型 3	模型 4	模型 5	模型 6
统计量	4.642	3.1157	3.401	2.535	3.148	2.502
P 值	0.0000	0.0018	0.0007	0.0113	0.0016	0.0124

表 5-6 报告了回归分析的结果。模型 1 作为基准模型，只包括控制变量。假设 1 提出，董事会断裂带与创业导向负相关。模型 2 的回归结果显示，在小于 1% 的水平上，董事会断裂带（Fau）对与创业导向（EO）具有显著的负向影响（$b=-1.789$，$p<0.01$），因此假设 1 得到支持。

假设 2 提出，董事会成员交叉任期对于董事会断裂带和创业导向之间的关系具有正向调节作用。模型 4 的回归结果显示，在 5% 的水平上，董事会断裂带（Fau）与董事会成员交叉任期（$Overlap$）的交叉乘积项（$Fau \times Overlap$）对于创业导向具有显著的正向影响（$b=0.055$，$p<0.05$），因此假设 2 得到支持。

假设 3 提出，董事长职能背景广泛性对于董事会断裂带和创业导向之间的关系具有正向调节作用。模型 5 的回归结果显示，在 5% 的水平上，董事会断裂带（Fau）与董事长职能背景广泛性（$Bcfunc$）的交叉乘积项（$Fau \times Bcfunc$）对于创业导向具有显著的正向影响（$b=1.578$，$p<0.05$），因此假设 3 得到支持。

表 5-6 回归分析结果

	模型 1	模型 2	模型 3	模型 4	模型 5	模型 6
自变量						
Fau		−1.789***	−1.850***	−1.869***	−2.343***	−2.396***
		(0.370)	(0.369)	(0.387)	(0.438)	(0.460)
调节变量						
$Overlap$			−0.005	−0.005	−0.006	−0.005
			(0.004)	(0.004)	(0.004)	(0.004)
$Bcfunc$			0.389*	0.386*	0.435**	0.436**
			(0.200)	(0.197)	(0.207)	(0.204)
交互项						
$Fau \times Overlap$				0.055**		0.058***
				(0.023)		(0.022)
$Fau \times Bcfunc$					1.578**	1.680**
					(0.644)	(0.688)
控制变量						
Dua	−0.080	−0.060	−0.032	−0.042	−0.045	−0.056
	(0.114)	(0.109)	(0.109)	(0.109)	(0.108)	(0.107)

(续)

	模型 1	模型 2	模型 3	模型 4	模型 5	模型 6
Idratio	−0.558	−0.532*	−0.527*	−0.513	−0.468	−0.450
	(0.343)	(0.309)	(0.305)	(0.315)	(0.330)	(0.342)
Ownership	0.371	0.383	0.397	0.353	0.399	0.352
	(0.272)	(0.262)	(0.258)	(0.252)	(0.251)	(0.244)
Firmage	−0.032	−0.024	−0.022	−0.023	−0.020	−0.021
	(0.031)	(0.031)	(0.031)	(0.031)	(0.031)	(0.031)
Lnassets	−0.287**	−0.208	−0.238*	−0.235*	−0.241*	−0.237*
	(0.131)	(0.127)	(0.130)	(0.129)	(0.128)	(0.127)
Lnbsize	0.279	0.212	0.240	0.175	0.310	0.247
	(0.394)	(0.385)	(0.377)	(0.373)	(0.372)	(0.366)
Bstock	1.233	1.088	1.141	1.196*	1.245*	1.310*
	(0.781)	(0.707)	(0.722)	(0.713)	(0.712)	(0.700)
常数项 Constant	5.687*	5.464**	6.078**	6.168**	6.292**	6.397**
	(2.928)	(2.749)	(2.748)	(2.732)	(2.702)	(2.682)
Rho	0.677	0.691	0.687	0.692	0.690	0.696
R^2 (overall)	0.108	0.124	0.122	0.121	0.125	0.125
Wald	44.57	75.14	84.84	81.50	90.59	87.40
Prob >	0	0	0	0	0	0

注：*** $p<0.01$，** $p<0.05$，* $p<0.1$；括号内为聚类稳健标准误。

我们依据表 5-6 中模型 4 和模型 5 绘制调节效应图，如图 5-1 和图 5-2 所示。

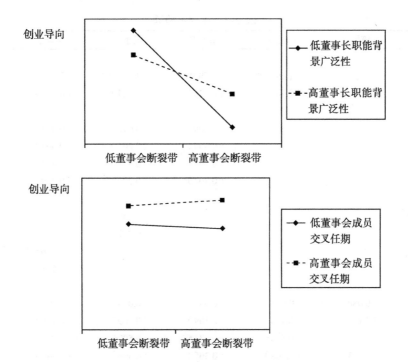

图 5-1　董事会成员交叉任期对董事会断裂带与创业导向关系的调节作用

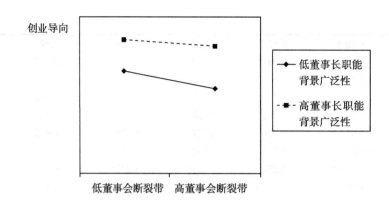

图 5-2 董事长职能背景广泛性对董事会断裂带与创业导向关系的调节作用

4. 稳健性检验

为检验上述结果的稳健性,本研究根据 Meyer 和 Glenz(2013)开发的 ASW 指数重新操作董事会断裂带[363],并替代 Fau 指数进行回归分析,结果如表 5-7 所示。

模型 2 中,ASW 指数与创业导向在 0.01 水平上负相关($b=-1.697$,$p<0.01$),从而假设 1 得到支持。模型 4 中,ASW 指数与董事会成员交叉任期(Overlap)的交叉乘积项($Asw \times Overlap$)对于创业导向具有显著的正向影响($b=0.050$,$p<0.05$),因此支持假设 2。模型 5 中,ASW 指数与董事长职能背景广泛性(Bcfunc)的交叉乘积项($Asw \times Bcfunc$)对创业导向具有显著的正向影响($b=1.866$,$p<0.01$),因此支持假设 3。

可见,表 5-7 所得结果与表 5-6 基本一致,据此认为表 5-6 统计结果具有稳健性。

表 5-7 稳健性检验

	模型 1	模型 2	模型 3	模型 4	模型 5	模型 6
自变量						
Asw		−1.697***	−1.792***	−1.839***	−2.355***	−2.421***
		(0.407)	(0.420)	(0.444)	(0.442)	(0.469)
调节变量						
Overlap			−0.006	−0.005	−0.006	−0.005
			(0.004)	(0.004)	(0.004)	(0.004)
Bcfunc			0.393*	0.395**	0.447**	0.449**
			(0.202)	(0.201)	(0.209)	(0.210)
交互项						
Asw × Overlap				0.050**		0.049**
				(0.022)		(0.020)
Asw × Bcfunc					1.866***	1.852**
					(0.685)	(0.772)
控制变量						
Dua	−0.080	−0.065	−0.035	−0.043	−0.049	−0.057
	(0.114)	(0.110)	(0.109)	(0.109)	(0.108)	(0.107)
Idratio	−0.558	−0.575*	−0.571*	−0.592*	−0.493	−0.515
	(0.343)	(0.308)	(0.305)	(0.306)	(0.341)	(0.342)

(续)

	模型1	模型2	模型3	模型4	模型5	模型6
Ownership	0.371	0.429*	0.445*	0.411	0.442*	0.408*
	(0.272)	(0.261)	(0.256)	(0.253)	(0.250)	(0.247)
Firmage	−0.032	−0.026	−0.024	−0.025	−0.04	−0.022
	(0.031)	0.031	(0.031)	(0.031)	(0.031)	(0.031)
Lnassets	−0.287**	−0.206	−0.235*	−0.226*	−0.245*	−0.236*
	(0.131)	0.131	(0.133)	(0.132)	(0.131)	(0.130)
Lnbsize	0.279	0.609	0.657*	0.640	0.730*	0.713*
	(0.394)	(0.402)	(0.395)	(0.391)	(0.392)	(0.387)
Bstock	1.233	1.163*	1.226*	1.292*	1.321*	1.387**
	(0.781)	(0.706)	(0.720)	(0.710)	(0.707)	(0.696)
常数项 Constant	5.687*	4.256	4.836*	3.321	3.370	3.256
	(2.928)	(2.887)	(2.873)	(2.995)	(2.959)	(2.947)
Rho	0.677	0.691	0.688	0.693	0.692	0.698
R^2 (overall)	0.108	0.116	0.112	0.115	0.116	0.119
Wald	44.57	68.56	79.40	74.62	89.49	84.65
Prob >	0	0	0	0	0	0

注：*** $p<0.01$，** $p<0.05$，* $p<0.1$；括号内为聚类稳健标准误。

四、实证研究发现的理论与实践启示

以往研究发现，存在于企业高管团队中的断裂带对于企业的创新绩效、国际化战略以及高管团队讨论创业问题的时间都存在负面作用[371-372]。与这类研究发现一致，本研究表明董事会断裂带对创业导向具有显著的负向影响，说明董事会成员在多个属性维度上的过大差异将直接影响董事会功能的正常发挥，进而导致企业在创业问题上的消极决策。这一发现印证了断裂带不仅影响群体层面的结果，而且对组织层面的结果变量也存在消极影响[342]。与Barkema和Shvyrkov（2007）关于高管团队交叉任期的研究结论基本一致[352]，本研究的实证结果显示，董事会成员的交叉任期能够正向调节董事会断裂带与创业导向之间的关系，确认了以共事经历为基础的人际互动有利于增强团队凝聚力、整合董事会资本这一观点的合理性[373]。另外，与李小青和周建（2015）的研究结论类似[374]，本研究的实证结果表明，董事长职能背景广泛性能够正向调节董事会断裂带与创业导向之间的关系。这一发现表明，职能背景除了能够通过塑造高管认知模式直接影响企业的战略选择，还可以作为重要的情境变量调节董事会构成特征与企业战略导向之间的关系。

（一）理论启发

本研究的理论贡献有三。首先，本研究从一个崭新的视角——董事会断裂带——揭示了创业导向的动力机制，丰富了创业导向前因的研究。以往有关创业导向的研究聚焦于组织层面和个体层面因素的影响，对团队层面因素特别是董事会断裂带与创业导向关系的探讨还不多见。在屈指可数的相关文献中，研究者通常聚焦于董事会成员的某一维度，而不考虑不同维度之间的交互影响，进而得出冲突的结论[375]。而本研究调用群体断裂带概念，突破了以往研究只检验单一特征异质性的做法，综合考虑了四个与战略任务高度相关的人员特征，构造断裂带指数并用其预测企业的创业导向，得到了有意义的发现。这在创业导向前因研究中具有创新意义。

其次，本研究通过将群体断裂带理论延伸到创业导向领域，扩大了这一理论的解释和运用范围。回顾以往文献，前人对断裂带影响效应的研究大都集中在企业绩效上，而较少关注对企业决策和行为的影响。本研究探索群体断裂带与创业导向这一具体战略决策的关系，有效补充了相关研究的不足。不仅如此，前人在断裂带相关研究中大多将注意力集中于主效应的分析上，对重要的情境变量考虑较少[351]。本研究则分别从董事长个人特征以及董事会成员任期特征两个角度识别影响董事会断裂带与创业导向关系的重要调节变量，探索了理论的边界条件，有助于形成对董事会断裂带与创业导向两者关系更为全面的认识。

最后，本研究通过具体探讨行为整合的实现机制丰富了高阶梯队理论。以往的高管团队研究主要基于心理学结合群体研究的理论成果考察高管或董事会成员间的异质性对一系列结果变量的影响。在探索主效应的基础上，后续研究进一步探讨高管的工作压力、自主裁量和行为整合等情境因素对主效应的调节效应，然而有关上述因素的具体实现形式还缺乏充分的讨论。本研究围绕行为整合的核心意义，选择并验证董事成员的交叉任期和董事长的职能背景广泛性两个具体的行为整合机制，从而丰富了高阶梯队理论，对未来研究具有一定参考价值。

(二) 实践启示

本研究也具有重要的实践启示。就公司治理结构而言，董事会不仅承担着提供创造性思维、分配战略资源和建立外部联系的任务，而且对企业的战略决策具有决定性作用[376]。董事会功能是否能够正常发挥将对企业的战略导向产生十分重要的影响。本研究对于企业通过调整董事会进而提升创业导向具有重要的指导意义。首先，由于断裂带在一定程度上能够预测董事会的分裂，而董事会的分裂又会导致企业呈现较低程度的创业导向，因此企业应将董事会断裂带维持在较低的水平。这就要求企业在提名董事会成员时不仅要考虑候选人的能力，还要关注他们其他方面的特征，以及各候选人之间的差异程度，以期在获得董事会成员多元化正面效应的同时最大化地形成董事会作为一个整体的凝聚力。其次，当董事会断裂带过高从而阻碍创业导向提升时，也可以通过一些方法来消弭断裂带的不良影响。例如，应尽量保持董事会的稳定性，避免频繁更换董事。再如，可通过任命具有多种职能背景的董事长来充当不同子群体间的"黏合剂",促进这些子群体在创业问题上的沟通与协作。

不可避免地,本研究也存在一些不足之处。后者为未来研究开辟了方向。第一,研究样本取自单一行业的上市公司,因此相关研究结论对于其他行业的企业以及非上市企业是否具有普适性,仍有待未来研究进一步验证。第二,研究数据主要是二手数据,虽然相对问卷调查的数据搜集方法更加客观、准确,但对于一些可能构成断裂带的主观层面的个人属性,如能力、心理特征等,则无法进行测量。未来研究可结合问卷调查法,进一步探讨不同类型的断裂带对企业创业导向的影响。第三,本研究对于影响董事会断裂带与创业导向二者关系的权变因素的探索仅限于个体层面和组织层面,未来研究可在更高的研究层面(如行业竞争环境和制度环境)上展开研究。

在创新驱动和转型升级背景下,公司创业已成为创业和战略管理领域的重要话题。鉴于创业活动对企业绩效的促进作用已基本形成共识,如何提升企业的创业导向成为理论界和实务界关注的焦点。本研究基于高阶梯队理论和断裂带理论,以信息传输、软件和信息技术服务业的125家A股上市公司为样本,通过对2012~2016年面板数据的分析,理论建构并验证了董事会断裂带对创业导向的不利影响(负向影响)以及两种行为整合机制(即董事会成员交叉任期和董事长职能背景广泛性)对二者关系的缓和作用(正向调节效应)。本研究通过探讨特定行为整合机制下董事会断裂带与创业导向的关系丰富了有关创业导向前因的研究,通过提出并验证交叉任期和董事长职能背景广泛性这两个具体的行为整合机制而丰富高阶梯队理论,对企业通过董事会建设提升创业导向具有重要的实践指导意义。

第六章　长期导向、企业家经历与公司创业

在过去的半个世纪里，公司创业或企业内部创业的话题在创业研究中日益突出[377-378]。公司创业是一个多维构念，需要一系列的战略举措，包括创新、公司创业和战略更新[2,186,377,379]。自20世纪60年代末首次发表了一篇关于公司创业的文章以来[380]，大量研究表明，公司创业在创造可持续竞争优势方面不可或缺[158]。这一举措导致企业积极进行变革和更新，以在不断变化的竞争环境中迎接新的挑战[275]。公司创业的积极影响自然促使研究者调查它的起因[155]。Peterson 和 Berger（1971）关注个体主动性在促进公司创业中的作用[161]。然而，后续研究的关注焦点更多体现在确定任务环境、企业战略和结构，以及外部和内部资源等因素如何作用于公司创业[53,377]。相比之下，创新人才作为激发公司创业最活跃的因素在早期研究中鲜被提及[377]。好消息是，在过去的十年里，公司创业的研究重点已经重新回到考察在位企业内部的个体（如高管团队成员）在促进公司创业方面所扮演的角色[377,381]。换句话说，寻求揭开公司创业微观基础的研究人员重新发现了领先个体和创业公司之间的密切联系[33]。

虽然关于公司创业起因的研究已富有见地，但现有文献中仍然存在三个缺口。首先，现有研究主要集中在西方发达国家情境下的企业如何开展公司创业活动。新兴市场中的公司创业活动较少受到关注[8]。特别是，对于中国等新兴国家独特的民族文化如何激发或阻碍在位企业的公司创业活动的机理知之甚少[381]。

其次，以往研究主要通过比较企业特征及其组织环境来解释公司创业行为[377]。这种关注

焦点导致企业内部关键行动者的作用未得到充分研究。Zahra 等（2013）在回顾公司创业研究的进展时曾声称，未来对这一课题的研究需要充分调查个体是如何做出创业决策的[33]。同样地，Corbett 等（2013）认为公司创业建立在特定个体的知识、技巧和能力之上[9]。因此，如果想要更好地理解公司创业成功开展的内部过程和机制，须重点关注个体行动者的角色[9]。

最后，现有研究主要基于特定的理论视角，如资源基础观[77]、代理理论[18]和资源依赖理论[15]来考察公司创业的前因。随着近年来研究的重点逐渐转向领导个体或 TMT 成员，新的理论视角如高阶梯队理论、认知理论和代理理论也随之引入。然而，如果研究者想要对公司创业的起因有新的认识，他们可能需要从更多样化的理论视角来看待公司创业。

为弥合上述缺口，本研究打算将研究重点放在特定的企业家身上，因为这些个体是中国民营企业中的关键人物[282]。在 Timmons 模型的基础上，本研究探讨长期导向（也是中国文化的一个组成部分）对创业活动的促进作用，以及企业家的职业经历所起到的调节效应。Timmons 模型作为一种理解新企业创造的方法，是文献中最具影响力的理论模型之一。然而，到目前为止，Timmons 模型主要应用于分析诸如学生等个体创造新企业的过程[382-383]。总体而言，Timmons 模型在公司创业研究领域的应用依旧付之阙如。

本研究收集了来自中国 31 个省份 3 080 家民营企业的数据。研究发现，长期导向与公司创业存在正相关关系。此外，民营企业家的政府或军人经历对长期导向与公司创业之间的关系起到正向调节作用。然而，具有海外经历的民营企业家在获取关键资源方面稍有欠缺，将会减弱长期导向对公司创业的积极影响。这些发现在很大程度上证实了 Timmons 模型的原理，说明 Timmons 模型同样适用于企业层面的创业研究。此外，本研究从企业家的时间导向出发，探究公司创业活动的前因，提出具有长期导向的企业越有可能发现机会，培养具有创业精神的员工，这将共同促进公司创业活动的开展，为公司创业领域的研究做出了具体且重要的贡献。本研究提出了长期导向的含义，并强调其是中国文化中对公司创业活动有重要影响的因素，从而为实践者和企业提供了新的洞察。最后，通过展示不同类型的职业经历如何影响长期导向与公司创业之间的关系，为创业生涯经历的研究做出了贡献。

一、研究的理论基础：Timmons 模型

Timmons 在其著作《创业学：21 世纪的创业精神》[234]中提出了一个具有深远影响的创业过程模型，对于理解个体创业有着重要的意义。他认为，机会、创业团队和资源是创业的三大关键驱动力[234,383]。

Timmons 强调创业的本质是发现和利用机会[79]。因此，识别和评估市场机会是创业过程的起点[234]。Timmons（1990）也认为资源是创业过程中不可或缺的因素，是成功的必要保证[234]。为了成功地开发机会，企业家或创业团队需要为他们的新企业整合必要的资源。更重要的是，创业团队在创业过程中发现和开发机会、整合资源方面发挥着重要的作用，因

此是创业的另一个关键组成部分。Timmons 强调，成功的企业家必须根据企业的发展在这三个因素之间取得平衡。

Timmons 模型在创业教材和研究中得到了广泛的应用。例如，在试图确定中国微观层面（即个体层面）的创业活动模式时，Zhang（2006）等基于 Timmons 模型构建了他们的理论模型[383]。同样，Zeng、Bu 和 Su（2011）通过案例研究，论证了 Timmons 模型在分析创业过程中商业机会、资源和创业团队等关键因素及其动态平衡方面的实践价值[382]。这些关于 Timmons 模型的应用可能会使学者们将其理解为一个仅仅可以在新企业创造的背景下使用的分析框架。然而，经过对公司创业过程模型的研究，Hornsby 等（1993）以及 Ireland 等（2009）发现这些研究工作也隐含了创业团队、资源和机会等关键要素[149,384]。虽然这些著作的作者并没有声称他们的模型是基于 Timmons 模型推导而来，但我们仍然可以预测 Timmons 模型的原理不仅可以应用在新企业创造中，也可以应用于在位企业情境中（即公司创业情境下）。我们的理论模型如图 6-1 所示。

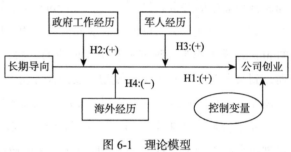

图 6-1　理论模型

二、长期导向提升创业导向的理论分析

（一）长期导向与公司创业

长期导向是霍夫斯泰德民族文化的第五个维度，最早由 Bond 提出[385]。它被视为一种组织文化或心态，以长期"耐心资本"为特征[320,386-387]。以往对长期导向的研究主要集中在明确此构念的维度、开发测量模型以及探索长期导向的前因后果方面[215,320,388-390]。值得注意的是，以往关于长期导向后果的研究，特别侧重于在家族企业的背景下探讨长期导向如何塑造公司创业活动[215,387]。

本研究认为，具有长期导向的企业更倾向于公司创业活动，原因有二。第一，长期导向作为组织文化的一个因素，塑造着企业的战略选择和管理实践[320,386]。具有长期导向的企业或企业家更倾向着眼于未来的长远收益，而不是短期利润[391]。这使得企业更加注重对未来发展具有重要意义的"战略资源"的建设（如研发能力、专利和人力资本等）[387]。在这些关键的战略资源中，人力资源往往被认为是企业最活跃的因素[388]。因此，长期导向的企业或企业家往往在人力资本上投入巨资[392]，并特别注重为企业内部潜在的人才营造良好的环境，最终形成一个能够利用未来机会的潜在企业家资源"池"。正如 Kuratko、Ireland、Covin 和 Hornsby（2005）所指出的，高层管理支持、自主性、薪酬、时间可用性和灵活的组织边界是内部企业家良好环境的五个关键因素[185]。此外，Engelen等（2018）证实，企业支持项目，如为员工提供时间、预算和建议能够培育从事创新和创业活动的人才[393]。现有文献表明，创业人才作为创业的一个重要因素，能够促进创业活动的开展[394]。

第二，长期导向的企业或创业团队往往会发现更多的创业机会[395]。正如Lumpkin、Brigham和Moss（2010）所言，长期导向的企业倾向于优先考虑那些需要时间才能实现的、具有长远影响和价值的决策和行动[215]。因此，长期导向的企业或创业团队具有更高的不确定性容忍度，更愿意从事创新和冒险行为。Kuratko等（2005）提出公司创业可以使企业充分利用其现有的竞争优势，并探索未来高度不确定的机会[185]。因此，长期导向的企业更有可能利用高度不确定的"明天的机会"来寻求创业。此外，与短期导向的企业回避具有长期回报或高度不确定性的创业机会相比，长期导向的企业往往更善于接受、抓住和利用这些机会。换句话说，与短期导向相比，长期导向的企业拥有更广泛的"机会集"并追求更多的创业机会[395]。由于创业的本质是发现和利用机会，长期导向的企业比短期导向的竞争对手更有可能从事公司创业活动。

长期导向与公司创业之间的联系也可以通过Shane关于创业活动的理解来解释。正如Shane（2003）所言，创业是赚钱的机会和创业人才两个因素的结合[110]。在此基础上，创业机会与企业家之间的互动被认为是创业研究的关键[396]。正如我们之前所讨论的，具有长期导向的企业拥有许多创业人才。此外，它们还有更广泛的创业机会。因此，创业活动更有可能在这些长期导向的企业中发生。

现有文献其他研究情境中的经验证据似乎也支持长期导向和公司创业之间的关系。例如，Eddleston、Kellermanns和Zellweger（2012）在管家理论的基础上提出，长期导向的家族企业往往具有更高的创业精神，能够有效地促进公司创业[386]。Lumpkin、Brigham和Moss（2010）通过案例研究，将家族企业的长期导向与创业导向的五个维度（创新性、先动性、风险承担性、竞争侵略性和自主性）联系起来[215]。据此，本研究提出：

假设1：中国企业的长期导向与公司创业正相关。

（二）企业家先前职业经历的调节作用

正如本研究前面所提到的，Timmons（1990）认为资源是促进创业的三个关键因素之一[234]。虽然创业人才与机会的结合可能导致创业活动的发生[79,110]，但资源作为创业过程中不可或缺的因素，可以作为一种催化剂，将个体与机会更好地整合在一起，加速创业活动。

在转型时期的中国，由于市场支持制度的不完善，关键资源的获取不像发达市场那么容易[281]。在一个强调关系或社会联系的社会中，企业家严重依赖他们的个人关系来获取资源[38]。在这样的背景下，企业家的职业经历可能在整合外部资源方面发挥着至关重要的作用[397]。这是因为企业家的职业经历在一定程度上代表了他们过去构建的社会网络，从而在很大程度上决定了他们能够获得外部资源的程度[398]。在某种意义上，企业家的职业经历作为一种重要的权变因素，能够调节长期导向与公司创业之间的关系。

一般而言，先前的研究采用了两种方法来处理企业家的职业经历。一种是以创业生涯经历为自变量[399-400]并研究其与组织行为和组织绩效的关系[399]。例如，Conyon、He和Zhou（2015）研究了具有政府或军人经历的CEO与企业绩效之间的关系，并发现拥有"政治连带"的CEO对企业薪酬和绩效溢价有积极的影响[399]。Kemelgor、D'Souza和Henley（2011）指出，有工作经历的企业家和没有工作经历的企业家对创业进入动态和企业绩效的影响存在显著差异[198]。另一种方法是将其作为调节变量，考察企业家职业经历对某些主要效应的调节作用[401]。例如，Bahlmann（2016）研究了企业家职业经历对企业家网络地理多样性与企业创新绩效之间关系的调节作用[401]。

在这篇研究中，我们采用第二种方法，重点研究了在中国背景下三种突出的企业家职业经历（即政府工作经历、军人经历和海外经历）[304,402-403]并探讨其对长期导向与公司创业之间关系的影响。

企业家在政府机构的工作经历有助于形成政治连带，从而获得关键资源[39]。由于中国正处于转型经济和市场化改革时期，资源市场化程度相对较低，政府控制着关键的经济资源以及制度系统对民营企业的歧视依然存在。因此，民营制造企业往往难以有效地获取外部资源，从而制约了其发展。在这种情况下，企业与政府之间的政治连带成为企业获取外部资源的重要渠道[404]。例如，企业家的政治连带可以给企业带来更多的政府补贴和优惠政策。此外，实证研究也表明，企业的政治连带有利于更方便地获得银行贷款[405-408]。因此，一个重要的问题是如何与政府官员建立联系。现有研究表明，政府机构的工作经历可以促进政治连带的形成[39]。Fan、Wong和Zhang（2007）指出，CEO先前的政府部门工作经历将有利于其建立政治连带[409]。

基于Timmons的三因素观点，长期导向和公司创业之间的积极联系将随着关键资源的获取而增强。由于政府机构的工作经历促进了政治连带的形成从而使企业获得关键资源，本研究认为企业家的政府工作经历能够有效地增强长期导向与公司创业之间的正向关系。据此，我们提出：

假设2：当企业家拥有政府工作经历时，长期导向与公司创业的正向关系将得到增强。

除了政府工作经历，企业家的军人经历也使企业更容易建立政治连带[402]，从而增强长期导向和公司创业之间的联系。甚至有学者认为，在中国，企业家拥有服兵役的背景就可以认为他存在某种政治连带[402]。这是因为，首先，政府或社会对军人高度推崇，具有军人背景的高管更容易获得政府的信任和支持。其次，长期以来，中国政府高度重视退役军人的再就业，经常给予他们优惠政策和各种具体支持。因此，具有军人背景的企业家更倾向于与政府建立密切联系，这有助于获得必要的资源。据此，我们认为企业家的军人经历可以有效地增强长期导向与公司创业之间的正向关系，并提出：

假设3：当企业家拥有军人经历时，长期导向与公司创业的正向关系将得到增强。

由于经济的快速发展，许多中国学生选择出国留学，在发达国家攻读高等教育学位。他们中的一些人在完成学业后回到中国。这些海归也在中国积极从事创业活动。与其他两种经历不同的是，我们认为企业家的海外经历将会减弱长期导向与公司创业之间的正向关系。长期在国外工作或学习的企业家往往会花费更多的时间和精力建立他们的海外网络，这可能不利于他们获得国内资源，如社会关系和政治连带[410]。然而，正如本研究前面所讨论的，这些社会关系和政治连带有助于获得创业资源，而这些资源在中国这样一个以关系为基础的社会中至关重要。

海外经历甚至可能阻碍企业长期导向与公司创业之间的联系。这是因为海归们适应了海外的经商方式，这种方式主要是基于明确的规则和政策，而不是社会关系。因此，这些海归可能难以利用他们有限的资源与诸如政府这样的重要利益相关者建立联系。基于Timmons模型，资源是创业不可或缺的因素。虽然企业家的海外经历可能会导致企业资源使用效率低下，但本研究预计，具有海外经历的企业家可能会减弱企业长期导向与公司创业之间的关系。据此，我们提出：

假设4：当企业家拥有海外经历时，长期导向与公司创业的正向关系将会得到减弱。

三、研究数据、变量测量以及统计发现

(一) 数据

本研究的数据主要来源于2012年全国私营企业调查。该调查由中共中央统战部、中华全国工商业联合会、国家工商行政管理总局（现为国家市场监督管理总局）和中国民（私）营经济研究会联合完成。这项调查收集了来自中国30个省级行政区的3 837家企业的数据。为保证样本企业的代表性，研究人员采用多阶段分层抽样技术，在全国各省、各行业随机抽取样本[302]。

该数据适合本研究，原因有三。首先，它们提供了中国制造企业有代表性的相关信息。其次，此次调查目的并非企业长期导向、企业家职业经历和公司创业之间的关系，而是收集中国企业家的有用信息和意见。因此，受访者偏见不太可能构成威胁。最后，样本企业受企业家控制，企业家在决策和企业发展中发挥着重要作用。因此，本研究可以利用这些数据来研究企业家的职业经历是如何塑造长期导向和公司创业之间的关系。为了保证估计模型的准确性，本研究剔除了存在缺失值和异常值的样本。最后，我们保留了3 080个观测值。

(二) 测量

1. 因变量

公司创业（Ce）。公司创业构念通常采用包含多个题项的量表来测量[186]。由于我们使

用的是二手数据，不可能用多个题项来测量公司创业。根据 Lyngsie 和 Foss（2016）的做法 [411]，本研究转而将公司创业（Ce1）操作化为焦点企业相对于其总收入，投资于新项目或新业务的资金总额。也就是说，公司创业 = 新投资总额 / 收入。新投资包括用于扩大原产品生产规模、新产品研发、技术创新和技术变革以及并购活动的投资。这些新投资涵盖了焦点企业的创新、战略更新和公司创业活动，因此，有效地抓住了公司创业构念的本质 [304,411]。

在稳健性检验中，我们遵循 Dai 及其同事的工作（2018）[304]，在 Burgelman（1983）观点的基础上 [2]，稍微缩小了公司创业构念的范围。具体来说，我们生成了一个新的公司创业测量（Ce2），它代表了一个焦点企业在 2011 年相对于其总收入对新业务、并购活动以及在位公司创业活动的投资。

此外，依据 Dai 和 Liao（2018）的工作 [232]，我们进一步使用再投资的构念来操作化公司创业。公司创业构念（Ce3）是根据企业用于新投资的净利润比率来计算的。

2. 自变量

长期导向（Lto）。一般而言，有两种方法来测量此构念。一种是使用量表和调查数据，另一种是使用合适的代理变量。与公司创业的操作化类似，由于本研究使用的是二手数据，所以无法根据量表或项目来测量长期导向，而二手数据并没有刻意包含长期导向的题项。因此，本研究使用代理变量来进行操作化。正如 Miller 和 Le Breton-Miller（2011）所强调的，一个焦点企业在研发和员工培训上的投资能够代表其具有长期导向的程度 [320]，因此本研究通过将此两方面的投资金额加总并与总收入进行衡量来测量长期导向。

3. 调节变量

政府工作经历（Prexpr_gov）。这一变量表示一位焦点企业家在创业前是否曾在政府机构或政党工作过。因此，本研究使用一个虚拟变量来表示企业家的政府工作经历（是 =1，否 =0）。

军人经历（Me）。为了测量一位焦点企业家是否曾在军队中服役，本研究使用一个虚拟变量，其中 1 表示一位企业家有军人经历，0 则表示没有。

海外经历（Oe）。本研究还使用一个虚拟变量来表示一位焦点企业家的海外经历。如果企业家有海外经历，则该变量编码为 1，否则编码为 0。

4. 控制变量

为了排除其他可能的解释，本研究控制了个体、企业和行业层面的多个变量。个体层面，控制了企业家社会地位、教育水平和政治连带三个变量。企业家的社会地位代表了他们的社会资本，可能会影响他们的战略决策 [308]。因此，通过纳入一个 10 分位制（1= 最低，10= 最高）的控制变量（Soclss）来控制企业家的社会地位。企业家的教育水平会影响企业的战略决策 [309]。因此，使用一个虚拟变量来控制企业家的受教育程度（Edu），以企业家是否拥有大学学位（是 =1，否 =0）来测量。最后，控制了企业家的政治连带，这代表了企业家与政府和各级政府官员建立联系的能力 [275,306]。与之前关于中国企业政治资本的研究一致 [282]，我们以企业家在人大或中国人民政治协商会议中的成员身份来测量政治连带（*Pltcties*）。

在企业层面，控制了企业年龄（*His*）、企业规模（*LnEmploy*）、家族成员持股比例（*Famown*）、财务杠杆（*Lev*）、权益收益率（*ROE*）、企业出口额（*Export*）和企业直接对外投资（*Frinvst*）。企业规模对企业战略行为有着重要影响[310]。在本研究中，纳入了企业员工人数的自然对数（*Lnemploy*）和总资产的自然对数（*Size*）作为控制。企业年龄（*His*）也与企业的战略行为有关，因此，控制了公司成立的年数[311]。家族成员持股比例（*Famown*）用创始人与家族成员的持股比例来控制。本研究还控制了企业的财务杠杆（*Lev*），以企业的银行贷款金额与销售收入的比例来测量[300]。最后，本研究控制了企业绩效（*ROE*，以权益收益率来测量）、企业出口（*Export*，以出口占销售总额的比例来测量）和直接对外投资（*Frinvst*，以直接对外投资占收入的比例来测量）。

为了解释行业间的异质性，本研究在所有回归模型中对行业进行了控制。

（三）统计结果

本研究使用 Stata 来估计回归模型。表 6-1 汇报了主要变量的描述性统计，包括主要变量的最小值、最大值、均值和标准差。表 6-2 汇报了主要变量的相关分析结果。如表 6-2 所示，长期导向（*Lto*）与公司创业（*Ce*1）存在显著的正相关关系。此外，企业财务杠杆（*Lev*）、企业家社会地位、企业规模（*Size*）和家族成员持股比例（*Famown*）与公司创业（*Ce*1）显著相关。

表 6-1 描述性统计

	N	均值	标准差	最小值	p25	p50	p75	最大值
*Ce*1	3 080	0.129	0.331	0.000	0.000	0.000	0.070	2.333
*Ce*2	3 080	0.024	0.087	0.000	0.000	0.000	0.000	0.625
*Ce*3	3 080	0.121	0.311	0.000	0.000	0.000	0.000	1.833
Lto	3 080	0.017	0.049	0.000	0.001	0.010	0.367	
Prexpr_gov	3 080	0.158	0.365	0.000	0.000	0.000	0.000	1.000
Me	3 080	0.381	0.466	0.000	0.000	0.000	1.000	1.000
Oe	3 080	0.454	0.476	0.000	0.000	0.000	1.000	1.000
Size	3 080	7.012	2.413	0.916	5.298	7.262	8.707	11.983
ROE	3 080	0.254	0.622	−0.368	0.000	0.044	0.209	4.167
Lev	3 080	0.489	1.401	0.000	0.000	0.000	0.336	10.119
His	3 080	8.052	5.421	0.000	3.000	8.000	12.000	22.000
Soclss	3 080	5.493	1.778	1.000	4.333	5.333	6.667	10.000
Edu	3 080	0.313	0.464	0.000	0.000	0.000	1.000	1.000
Lnemploy	3 080	4.253	1.298	2.303	3.178	4.094	5.136	7.701
Formalstc	3 080	0.501	0.320	0.333	0.333	0.333	0.667	1.000
Famown	3 080	0.674	0.364	0.000	0.450	0.800	1.000	1.000
Frinvst	3 080	0.047	0.212	0.000	0.000	0.000	0.000	1.000
Market	3 080	7.205	1.826	0.000	6.100	6.890	8.670	9.950

表 6-2 相关性分析

	Ce1	Ce2	Ce3	Lto	Prexpr_gov	Me	Oe	Size	ROE	Lev	His	Soclss	Edu	Lnemploy	Formalstc	Famown	Frinvst	Market
Ce1	1.00																	
Ce2	0.43***	1.00																
Ce3	0.33***	0.35***	1.00															
Lto	0.43***	0.11***	0.09***	1.00														
Prexpr_gov	0.06**	0.03	0.01	0.04*	1.00													
Me	−0.06**	−0.04*	−0.03	−0.05***	0.10***	1.00												
Oe	−0.06**	−0.06**	−0.02	−0.04*	0.09***	0.25***	1.00											
Size	−0.02	0.06**	0.11***	−0.14***	0.09***	0.09***	0.08***	1.00										
ROE	0.02	0.05**	0.05**	0.02	0.02	−0.00	0.01	0.13***	1.00									
Lev	0.06***	0.08***	0.06***	0.01	0.03	−0.00	0.00	0.18***	0.23***	1.00								
His	−0.00	0.07***	0.07***	−0.02	0.07***	0.09***	0.08***	0.28***	0.07***	0.10***	1.00							
Soclss	−0.09***	−0.05**	−0.11***	−0.03	−0.10***	−0.03	−0.02	−0.24***	−0.09***	−0.09***	−0.21***	1.00						
Edu	0.02	−0.01	0.00	0.01	0.16***	0.08***	0.13***	0.14***	0.02	−0.03	0.02	−0.07***	1.00					
Lnemploy	0.09***	0.10***	0.12***	0.02	0.07***	0.06***	0.05**	0.24***	0.10***	0.15***	0.25***	−0.23***	0.11***	1.00				
Formalstc	0.04*	0.03	0.03	−0.02	0.04*	0.05**	0.03	0.21***	−0.02	0.03	−0.01	−0.10***	0.07***	0.20***	1.00			
Famown	0.03	0.00	0.04*	0.01	−0.06***	−0.10***	−0.08***	−0.03	0.05**	0.04*	0.05**	−0.03	−0.07***	−0.03	−0.15***	1.00		
Frinvst	0.03	0.05**	0.04	0.01	0.01	−0.01	−0.01	0.07***	0.04*	0.02	0.06***	−0.08***	0.01	0.10***	0.02	−0.04*	1.00	
Market	−0.02	−0.03	−0.02	−0.04*	−0.02	0.03	0.04*	0.22***	0.06***	0.07***	0.19***	−0.11***	0.02	0.14***	−0.04*	0.10***	−0.01	1.00

注：*$p<0.05$, **$p<0.01$, ***$p<0.001$。

表 6-3 为回归分析结果。模型 1 中包括自变量和控制变量。假设 1 提出具有长期导向的企业更倾向于从事公司创业活动。如表 6-3 回归结果中模型 1 所示，长期导向（Lto）的系数为正向且显著（$b = 2.808, p < 0.01$），因此假设 1 得到支持。

表 6-3 中的模型 2、模型 3 和模型 4 分别检验了政府工作经历、军人经历和海外经历的调节效应。如表 6-3 回归结果中模型 2、模型 3 和模型 4 所示，长期导向与政府工作经历的乘积项（$Lto \times Prexpr\_gov$）的系数为正且显著（$b=2.999, p<0.01$）以及长期导向与军人经历的乘积项（$Lto \times Me$）的系数也为正且显著（$b=2.007, p<0.01$）。长期导向与海外经历的乘积项（$Lto \times Oe$）的系数为负且显著（$b=-0.637, p<0.01$）。因此，假设 2、假设 3 和假设 4 都得到支持。

表 6-3　长期导向、职业经历和公司创业（Ce1, OLS）

	M1（Ce1）	M2（Ce1）	M3（Ce1）	M4（Ce1）
Lto	2.808***	2.274***	1.974***	3.073***
	(9.75)	(7.62)	(5.57)	(11.7)
Prexpr_gov		−0.013		
		(−0.83)		
Lto×Prexpr_gov		2.999***		
		(5.26)		
Me			−0.050***	
			(−4.26)	
Lto×Me			2.007***	
			(3.77)	
Oe				−0.020*
				(−1.66)
Lto×Oe				−0.637***
				(−3.21)
Size	−0.012***	−0.013***	−0.011***	−0.012***
	(−2.85)	(−3.09)	(−2.69)	(−3.31)
ROE	−0.005	−0.007	−0.004	−0.005
	(−0.55)	(−0.82)	(−0.52)	(−0.51)
Lev	0.012**	0.012**	0.011*	0.011***
	(2.06)	(2.05)	(1.95)	(2.78)
His	−0.001	0.001	−0.001	−0.001
	(−0.93)	(−0.77)	(−0.71)	(−0.94)
Soclss	−0.009***	−0.009***	−0.009***	−0.009***
	(−2.95)	(−2.72)	(−2.75)	(−2.74)
Edu	0.01	0.005	0.003	0.016
	(0.81)	(0.39)	(0.29)	(1.35)
Lnemploy	0.023***	0.022***	0.019**	0.024***
	(3.08)	(3.05)	(2.57)	(3.63)

(续)

	M1（Ce1）	M2（Ce1）	M3（Ce1）	M4（Ce1）
Formalstc	0.036**	0.039**	0.038**	0.035**
	（2.04）	（2.28）	（2.2）	（2.03）
Famown	0.025*	0.028*	0.021	0.021
	（1.67）	（1.92）	（1.49）	（1.39）
Frinvst	0.028	0.017	0.031	0.024
	（1.17）	（0.74）	（1.29）	（0.94）
Marketization	0.001	0.002	0.002	0.002
	（0.44）	（0.50）	（0.53）	（0.60）
∑Industry	Control	Control	Control	Control
_cons	0.151***	0.139***	0.176***	0.156***
	（3.14）	（3.00）	（3.71）	（3.38）
adj. R2	0.2	0.24	0.23	0.21
F	7.41	9.21	7.88	26.29
N	3 080	3 080	3 080	3 080

注：括号内为 t 统计量；*$p<0.10$，**$p<0.05$，***$p<0.01$。

值得注意的是，在控制变量中，企业规模（Size）、员工人数（Lnemploy）、企业正式制度的健全程度（Formalstc）三个企业层面变量，以及个体层面变量企业家社会地位（Soclss）都与公司创业（Ce1）存在显著关系。这些结果表明，从资产和员工的角度来看，规模较大的企业更有可能开展公司创业活动，这可能是由于这些企业拥有更多的可用资源配置在公司创业活动上。有趣的是，研究结果还表明，企业家的社会地位（Soclss）可能会阻碍公司创业。这可能意味着，社会地位较高的企业家在创业活动中不太可能愿意承担风险。这些发现对未来的公司创业研究具有重要启示。

（四）稳健性检验

遵循 Dai 等人（2018）的研究工作[304]，本研究使用了两种公司创业的替代测量方式来对表 6-3 中研究结果进行稳健性检验。具体来说，本研究在 2011 年汇总了焦点企业对新业务、并购活动以及对在位公司创业的投资，以表示企业的公司创业活动。然后，用 2011 年的总投资额与企业的总收入的比例来控制企业规模的影响。这两个步骤产生了一个新的变量，将其命名为 Ce2。变量 Ce3 也采用了类似的步骤，以焦点企业 2011 年总投资与总净利润的比例来测量。如表 6-4 和表 6-5 所示，OLS 回归结果与表 6-3 并未有显著性差异，说明表 6-3 的结果是稳健的。

表 6-4　长期导向、职业经历和公司创业（Ce2, OLS）

	M1（Ce2）	M2（Ce2）	M3（Ce2）	M4（Ce2）
Lto	0.186***	0.04	−0.000	0.238***
	（3.08）	（0.69）	（−0.00）	（5.83）

（续）

	M1（Ce2）	M2（Ce2）	M3（Ce2）	M4（Ce2）
Prexpr_gov		−0.009*		
		(−1.80)		
Lto×Prexpr_gov		0.829***		
		(3.46)		
Me			−0.015***	
			(−4.52)	
Lto×Me			0.445***	
			(3.94)	
Oe				−0.010***
				(−2.81)
Lto×Oe				−0.128**
				(−2.24)
Size	−0.001	−0.001	−0.001	−0.001
	(−1.04)	(−1.21)	(−0.82)	(−0.94)
ROE	0.003	0.002	0.003	0.003
	(0.91)	(0.72)	(0.93)	(1.13)
Lev	0.003*	0.003*	0.003*	0.003**
	(1.92)	(1.89)	(1.77)	(2.49)
His	0.001**	0.001**	0.001**	0.001**
	(2.08)	(2.30)	(2.32)	(2.46)
Soclss	0	0	0	0
	(0.04)	(0.21)	(0.23)	(0.06)
Edu	−0.004	−0.005	−0.005	−0.002
	(−1.06)	(−1.31)	(−1.42)	(−0.53)
Lnemploy	0.006***	0.006***	0.005***	0.006***
	(3.13)	(3.06)	(2.64)	(3.41)
Formalstc	0.002	0.003	0.003	0.002
	(0.42)	(0.62)	(0.55)	(0.41)
Famown	0.002	0.003	0.001	0.001
	(0.46)	(0.61)	(0.16)	(0.17)
Frinvst	0.015	0.012	0.016	0.015**
	(1.46)	(1.19)	(1.53)	(1.96)
Marketization	−0.001	−0.001	−0.001	−0.001
	(−1.44)	(−1.50)	(−1.39)	(−1.39)
∑Industry	Control	Control	Control	Control
_cons	0.017	0.014	0.024	0.02
	(1.13)	(0.98)	(1.63)	(1.50)
adj. R^2	0.04	0.07	0.06	0.04
F	3.16	2.85	4.13	5.02
N	3 080	3 080	3 080	3 080

注：括号内为 t 统计量；*$p<0.10$，**$p<0.05$，***$p<0.01$。

表 6-5 长期导向、职业经历和公司创业（Ce3, OLS）

	M1(Ce3)	M2(Ce3)	M3(Ce3)	M4(Ce3)
Lto	0.591***	0.172	−0.445**	0.976***
	(4.03)	(1.13)	(−2.27)	(4.68)
Prexpr_gov		−0.050***		
		(−2.92)		
Lto×Prexpr_gov		2.435***		
		(3.63)		
Me			−0.048***	
			(−3.99)	
Lto×Me			2.508***	
			(6.83)	
Oe				−0.001
				(−0.09)
Lto×Oe				−0.904***
				(−3.82)
Size	0.006*	0.006*	0.007**	0.006*
	(1.74)	(1.70)	(2.11)	(1.74)
ROE	0.009	0.007	0.009	0.008
	(1.02)	(0.80)	(1.08)	(0.98)
Lev	0.006	0.006	0.005	0.006
	(1.41)	(1.41)	(1.14)	(1.32)
His	0.002	0.002	0.002	0.001
	(1.20)	(1.43)	(1.40)	(1.18)
Soclss	−0.010***	−0.010***	−0.009***	−0.010***
	(−2.89)	(−2.86)	(−2.66)	(−2.93)
Edu	−0.005	−0.005	−0.014	0
	(−0.41)	(−0.41)	(−1.19)	(0.03)
Lnemploy	0.011	0.01	0.005	0.012*
	(1.62)	(1.53)	(0.85)	(1.80)
Formalstc	0.002	0.006	0.005	0.001
	(0.13)	(0.32)	(0.28)	(0.07)
Famown	0.036**	0.037**	0.033**	0.033**
	(2.31)	(2.39)	(2.16)	(2.11)
Frinvst	0.021	0.013	0.027	0.017
	(0.80)	(0.50)	(1.02)	(0.65)
Marketization	−0.008**	−0.008**	−0.007**	−0.007*
	(−2.08)	(−2.18)	(−2.07)	(−1.92)
ΣIndustry	Control	Control	Control	Control
_cons	0.172***	0.170***	0.195***	0.166***
	(3.49)	(3.48)	(4.06)	(3.34)
adj. R^2	0.04	0.06	0.08	0.04
F	4.45	3.96	5.37	4.37
N	3 080	3 080	3 080	3 080

注：括号内为 t 统计量；*$p<0.10$, **$p<0.05$, ***$p<0.01$。

四、长期导向、职业经历与公司创业关系研究启示

虽然在过去 10 年中，公司创业活动的广泛应用促进了新兴经济体企业的转型升级，但先前的研究努力主要集中于发达国家的公司创业活动之中[8]。本研究基于 Timmons 模型，考察了在新兴经济体背景下，长期导向作为中国民族文化的一个重要维度是如何影响企业的创业活动的。本研究的结果表明，长期导向有利于培养创业人才或创业团队，也有利于发现更多的创业机会，这将共同促进公司创业活动的开展。此外，企业家先前在政府和军队的工作经历增强了长期导向和公司创业之间的关系，而企业家的海外经历起到了负向调节作用。这些发现具有理论意义和实践启示。

（一）理论意义

本研究的理论贡献有三。第一，这些发现有助于公司创业活动的前因后果研究，并增进对公司创业活动在新兴市场背景中如何有效开展的理解。本研究基于企业家的时间导向，提出并验证了企业家长期导向对公司创业行为的积极效应。此外，本研究还揭示了企业家先前的工作经历在塑造长期导向与公司创业之间的关系中所起的调节作用。这是最早将企业家的认知与背景结合起来，考察企业家对公司创业决策的共同影响的研究之一。

第二，本研究的研究结果丰富了长期导向的研究。虽然长期导向对公司创业的影响一直是创业和家族企业文献中的一个热门话题[388]，但实证验证凤毛麟角。Eddleston、Kellermanns 和 Zellweger（2012）的研究指出，长期导向作为组织文化的一个重要因素，在很大程度上促进了公司创业[386]。Zahra、Hayton 和 Salvato（2004）认为，长期导向的公司倾向于使用战略控制手段，而短期导向的公司则倾向于实施财务控制[387]。他们发现，使用战略控制的企业更有可能像创业者一样行事。依据 Breton-Miller 和 Miller（2006）的长期导向操作化方法[412]，本研究关于长期导向和公司创业之间关系的发现与先前的研究结果一致。因此，本研究通过对国家和组织文化的关键维度——长期导向——的后果研究，增强了长期导向与公司创业之间的关系力度。

第三，本研究拓展了 Timmons 模型。到目前为止，Timmons 模型的应用方式包括两种。一种是结合不同的情境，从理论的角度进一步完善和发展该模型。例如，Craig 和 Lindsay（2016）通过将家族动态引入 Timmons 模型并对此模型进行了拓展，研究了家族和非家族情境下的创业行为[413]。另一种是基于 Timmons 模型的创业过程[382-383]。我们运用 Timmons 模型对中国民营企业的长期导向、企业家职业经历和公司创业之间的关系进行了实证分析。研究结果证明了 Timmons 模型不仅可以应用于新企业创造，还可以应用于在位企业公司创业情境。

(二) 实践启示

本研究对企业家或企业也存在管理启示。在中国改革开放初期，民营企业进入了一个黄金发展阶段。然而，随着改革开放的深入和信息技术的发展，中国民营企业的发展速度也正在放缓并面临着严峻的挑战。例如，新技术不断更新，新商业模式层出不穷，以及全球化市场的不断深入，使得商业环境越来越具有动态性[414]、高度不确定性和间断性特征。在这种情况下，企业不再能够像以往那样轻易地保持长期竞争优势[415]，这导致民营企业的生命周期不断缩短。根据全国工商联发布的《中国民营企业发展蓝皮书》，中国民营企业的平均寿命仅为2.9年。因此，如何不断振兴和建立可持续的竞争优势成为这些企业关注的焦点。通过不断探索，许多企业发现公司创业活动可以有效地激发企业活力，创造竞争优势。本研究揭示了长期导向对促进公司创业活动具有重要作用，从而使企业获得竞争优势。因此，中国企业要想实现可持续发展，就应该避免"短视"行为。

尽管本研究具有理论贡献与实践启示，但不可避免也存在一些局限。首先，本研究采用了横截面研究设计，因而无法准确推断因果关系。未来研究可进一步考虑纵向研究设计去检验长期导向与公司创业之间的关系。其次，囿于数据限制，本研究主要考虑了企业家的政府经历、军人经历和海外经历。当然，其他类别的职业经历也可能有助于企业获得关键资源，进而增强长期导向对公司创业的影响。未来研究可继续探索其他类型职业经历的影响，以丰富本研究的理论模型。

(三) 未来展望

公司创业是中国企业有效应对转型升级挑战的重要途径。除了以往关于公司创业过程的研究工作[167,416-417]，本研究认为 Timmons 模型强调了创业过程中机会、创业团队和资源整合的重要性，对于解释公司创业的开展也具有价值。具体来说，在中国情境下，本研究强调了长期导向作为国家和组织文化的一个关键维度，有助于培养创业人才，识别创业机会，从而通过创建个体与机会的联结来推动公司创业[110]。此外，企业家的职业经历可以作为创业活动的"资源通道"[410]，为创业人才或创业团队提供关键资源，从而将机会转化为创业活动，进一步增强长期导向和公司创业之间的关系。本研究表明，Timmons 模型加强了长期导向、企业家职业经历与公司创业之间关系的解释力度，从而有助于了解中国制造企业的公司创业活动是如何开展的。

第七章　企业家体制内烙印与政策注意力

作为创业决策的核心，目前的研究人员试图从不同视角来解释创业机会的选择问题[26]，包括社会资本[86]、情感[418]以及对环境的感知[419]等。不同于已有的理论视角，Mathias等人采用了全新的理论视角（烙印理论）来解释这一问题[36]，他们认为企业家之前经历所打下的烙印会影响他们在企业日常经营活动中的决策，特别是创业机会的选择。基于半结构化访谈和内容分析的方法，Mathias等人提出烙印会形塑企业家的感知器官[36]，从而限制他们对可识别与可利用创业机会感知的范围。因而，他们的工作为研究创业机会的选择提供了新的思路[420]。但Mathias等人的研究存在两方面的不足：一方面，他们的研究并未指出创业者烙印影响其创业机会选择的具体机制是什么；另一方面，他们的研究并未验证创业过程中的环境因素是如何促进和阻碍创业者烙印与机会选择之间的关系。创业者之前的经验，包括社交、工作和教育经验，都会塑造创业者的烙印[36,421]。这些经验在哪些条件下会影响以及如何影响创业者的创业机会选择？认知因素在创业者烙印和创业决策关系之间又起到了什么作用？这些问题都尚未得到有效解决。

为了解决这些问题并继续深化Mathias等人的研究，我们试图整合烙印理论和注意力基础观来研究中国私营企业家对新的创业机会的选择[129,138]。注意力基础观认为，来源于先前经验的认知框架会影响人们对事物的注意力[129,257,422]。由于烙印反映了人们此前的重要经历[35]，所以我们认为烙印会引导人们将注意力投向特定的领域。而注意力基础观的首要原则是人们会去做他们注意力所关注的事情[129]。因此，我们认为投向特定领域的注意力会促进创业者选择并利用嵌于这些领域的创业机会[25,129]。基于这两种理论，我们认为企业家烙印会对其所追求的创业机会产生影响。而根据注意力基础观的第二原则——镶嵌于环境中的因素会影响人们的注意力方向[129]，我们认为企业家所处的制度环境会影响企业家将其注意力从一个领域转向另外一个领域[268]，从而增强或降低烙印对企业家注意力分配和创业机会选择的作用。

为了验证我们的理论框架，我们选择了中国（最大的转型经济体）的样本。之所以选择中国有以下三条原因。第一，从计划经济向市场经济转变的过程中需要市场存在大量的私营市场主体，而国家通常会通过国有企业私有化或鼓励私营企业发展来实现这一目标[423]。为了培育私营企业，转型经济体国家会解禁（管制放松）由国有企业所控制的行业（如金融或房地产行业）或通过给予鼓励性的政策、法规来鼓励私营企业参与或扩大参与由国有企业所控制的行业。因而，在转型经济体内，很多创业机会存在于政府解禁（管制放松）和／或鼓励性的法规、政策之中。我们将这种创业机会称为"政策性机会"。这些创业机会独特的来源，使得它们有别于那些源于市场需求或技术创新的创业机会。但是有关在转型经济体内私营企业为什么、何时以及如何追求这些由政策所产生的创业机会一直没有引起相关学者足够的重视。第二，尽管中国是转型经济体，但社会的各个层面仍然保留了大量计划经济时期的印记，所以计划经济时期企业家多获得的烙印会影响其在当下的行为和决策[424]。第三，中国是一个区域发展不平衡的国家，不同地区之间的制度发展水平存在着巨大的差异[254]。综上所述，中国为验证计划经济烙印如何影响企业家对政策性创业机会的选择以及二者之间的关系如何受不同地区之间制度发展水平的影响提供了适宜的情境。

一、注意力基础观与烙印效应的整合

战略管理领域内有关注意力基础观的相关观点最早可追溯至Simon[127]。Simon认为人的理性是有限的，这种有限理性限制了人们对一系列问题／议题的关注，而这种关注／注意力是我们最宝贵的资源之一。随后，Ocasio将Simon有关注意力的概念引入了管理学领域[127,129]，并总结了企业的注意力基础观。Ocasio所描绘的注意力基础观聚焦于企业行为，强调决策者注意力在企业决策中的关键作用，以及社会结构对引导和分配决策者注意力的影响。

具体地，在情境化注意力（situated attention）和企业行为模型中，Ocasio提出注意力基础观的三大原则[129]：注意力的选择性原则，企业行为由其决策者的注意力决定，即决策者的想法决定了企业的行为；注意力的情境化原则，即注意力焦点的异质性源于决策者所处的环境，即决策者背景或所处的情境决定了其所关注的问题；注意力的结构分配原则，指一个组织所关注的焦点取决于其如何引导和分配其成员的注意力。进一步地，Ocasio认为环境刺激会通过社会认知产生影响[129]。这一观点显示出注意力基础观和烙印理论之间整合的可能。

最早是Stinchcombe将"烙印"的观点引入管理学领域[425]，他认为特定的环境（新生时的环境）会对行为者（个体/组织）的特征产生影响（烙印），而这种影响（烙印）并不会随着时间的变化而轻易发生改变，具有一定的稳定性。在近几年，Marquis 和 Tilcsik（2013）在深入回顾相关文献的基础上提出了烙印理论的三个维度[35]：焦点主体存在敏感期；焦点主体在敏感期会培养/开发与环境匹配的特征（即烙印）；这些特征会在时间上延续。

Suddaby 等人认为企业家的认知框架会影响到企业家的注意力分配[420]。基于这一观点，我们认为创业者的烙印会通过影响其认知框架来影响其对注意力的分配。在动态环境中，企业家通常会接收到超出其信息处理能力的信息。为了解决这个缺点，企业家通常会开发主观表达或认知框架来简化接收的信息[257]。有关管理认知的研究表明认知框架确实会直接影响到管理者对注意力的分配和其对信息的解释[257]。而有关社会和认知心理学的相关研究则认为个体的认知框架来源于经验[421]。正是因为来源于各自独特的经历和社会互动才导致了不同个体之间认知框架的差异[257,426-427]。基于上述以及 Marquis 和 Tilcsik（2013）所提出的个体的烙印代表了其在敏感期所遭遇的重要经历的观点[35]，我们认为个体的烙印与其认知框架之间存在着联系。因此，受到重大经历影响的烙印会影响到个体的认知框架，而这反过来又会限制个体对注意力的分配[420]。所以，我们推测企业家的烙印决定其对自身注意力的分配。

有限理性的企业家与环境互动时的注意力具有选择性[129]。一旦环境中的特定机会线索引起企业家的关注，它们就会在企业家"知识通道"中受到具有独特性的特定知识的分析和评价[428]，从而形成企业家对这些线索深刻的理解和对其中潜在机会的追求[25]。正如注意力基础观所强调的，焦点注意力促进了对所关注领域的感知和采取行动的倾向同时会抑制对不关注领域的感知和采取行动的倾向[129]。基于以上讨论，我们推测企业家对特定创业机会关注得越多，选择这些机会的可能性就越大。

二、计划经济烙印与政策性机会的追求

（一）体制内工作的经历所塑造的烙印

为了检验转型经济体内的企业如何针对计划经济体制内的经历进行学习以及如何转变自身的知识体系，Kriauciunas 等（2006）将企业层面的计划经济烙印简单地定义为企业创立时所具有的计划经济特征的制度和市场环境对企业知识体系和知识搜索的影响[424]。他们认为社会主义体系下的制度和市场环境具有很多不同的方面，这些不同的方面都无可避免地对企业和个体产生影响。不同于 Kriauciunas 聚焦于企业层面的计划经济烙印，我们聚焦于个体层面的社会烙印，以证明计划经济烙印如何影响中国企业家的决策。因而，在本研究中，我们将计划经济烙印定义为在计划经济时期个体的工作和生活经历对其的长期影响。基于 Zhao 和 Lu（2016）的观点——由于中国私营企业的企业家（创始人）控制着企业的决策

过程[282],因而其计划经济烙印会对企业的行为和绩效产生直接的影响,因此本研究的计划经济烙印尽管是定义在个体层面的构念,但其也可以成功地预测企业层面的决策[282]。

中国计划经济时期单位体系(体制)对个体产生了深刻的影响[429]。因而,我们聚焦于个体在体制内的工作和生活经历所获得的计划经济烙印。计划经济时代的体制包括国有和集体企业、政府部门和诸如公立学校和公立医院为代表的非营利机构。这种独立的的工作组织影响到其内部职工工作和家庭生活的方方面面,体制对其职工的影响远超出其工作的部分:影响到员工的政治取向、思想甚至是结婚、离婚的决定[429]。与此同时,体制内的工作也给员工提供了长期雇用、稳定的工资和免费的医疗、住房等福利。

基于两个原因,我们认为有体制内工作经验的个体比没有体制内工作经验的个体更关注政府政策。第一,体制的存在不仅是为了监督体制内员工的工作,更是为了统一思想,为了实现这些目的,特别是第二个目的,体制内员工会经常参与各级党组织的学习会议。这些学习会议使得体制内员工对由中国政府和中共中央所发布的政治和政策文件十分熟悉[429],从而使得体制内员工具有相关知识并对政策保持着高度的敏感。第二,体制内工作的员工高度依赖于其所工作的组织并受到其严格的控制,因而体制内员工缺少改变他们生活的机会。Walder(1983)将体制内员工的这一状况概念化为"组织依赖"(organized reliance)[430]。体制内员工改变其命运的重要方法是受到政府的任命从而出任更高的职位。为了实现这一目标,体制内员工要和中共中央、中国政府保持一致并受它们的引导。由于中共中央和中国政府通常会通过发布政策和法规的形式来公布自己的呼吁,因而导致了体制内员工对相关政策和法规保持高度的关注并形成了长期的习惯。有研究指出企业家早期的工作经历和知识结构会影响其感知和行为[431],因此我们推测在体制内有工作经历的个体比没有工作经历的个体更关注政府政策,而这是体制内工作经历所形成的计划经济烙印的关键表现之一。

(二)计划经济烙印对政策性创业机会的影响

转型经济体的改革和经济、社会以及政治的改变都会产生大量的创业机会[423,432]。在过去40年里,由于经济的快速发展以及社会和制度的深刻变革,中国市场产生了大量的创业机会。特别是中国在从计划经济向市场经济转变的过程中,中国政府减少了市场准入的限制并通过解禁(管制放松)和改革放松了管制[233,433],从而为私营企业创造了大量的创业机会[434]。在本研究中,我们使用"政策性机会"来刻画由政府政策或监管改变而产生的有关创办新企业或扩大现有业务的创业机会。

在中国,有的政策性机会具有极高的利润,从而吸引私营企业投资于这些机会来"赚快钱"。其中突出的例子是中国的房地产行业。房地产行业一直由政府控制和管理,直到1988年才开始进行行业改革[435]。一开始,房地产市场需求大于供给,导致房地产行业参与者利润率高。可快速获得的利润也吸引了许多在位企业进入这个新的放松管制的行业,如雅戈尔。雅戈尔是一家上市于上海证券交易所的服装制造公司，1992年该公司实施多元化战略正式进入房地产行业，很快房地产行业的利润就超出了其在服装业务上的利润，而雅戈尔公司这一做法也受到了《商业周刊》的关注。随后，中国的房地产行业进入了不断的波动发展状态[436]。尽管政府有时会控制房价以给楼市降温，但由于房地产行业对于中国经济的整体运作至关重要，在面临经济发展放缓的局面时，中国政府推出了鼓励性政策来加快市场的发展[436]。例如，当2007年美国次贷危机对中国经济造成了冲击，从而引发了经济和社会问题，中央和地方政府颁布了有利于房地产业发展的政策和法规并于2008年起正式实施[436]。这个例子证明，即使处于经济低迷时期，中国的私营企业家也能够从政府政策中获得机会以进入新行业并快速获利。同样，20世纪90年代中期，由于许多省级行政区的政府放松对金融服务业的管制，中国出现了非正式信贷市场和地区金融市场[233,248]。特别是国务院于2009年颁布了《进一步促进中小企业发展的若干意见》，通过设立新的金融机构支持私营企业从事信贷业务。这些政策变化为私营企业从事曾经由公共金融机构提供的金融服务创造了有利可图的机会。

基于烙印理论烙印对个体的影响具有持久性的观点，具有在体制内的工作经历的私营企业家会受到计划经济烙印的影响。因而，我们推测在转型经济体内，有两个原因会促使具有体制内工作经历的企业家倾向于寻找政策性创业机会，并利用其"赚快钱"。第一，源于政策的创业机会的出现是以信息的形式出现的[109]。为了识别环境中潜在的政策性机会，人们必须对相关的信息和信号保持敏感。而体制内的工作经历影响到个体的感知装置并引导其将注意力分配到政府政策之中[420]，所以具有计划经济烙印的个体更有可能发现政策性创业机会。第二，为了利用创业机会，企业家首先要评估创业机会并在其基础之上形成创业信念[25]，而这则需要企业家对政府政策进行正确的解读。体制内的工作经历使得企业家对于体制运作有着充分的了解，因而其有利于企业家理解政府政策和法规的真正意图。因此，体制内的工作经历使得企业家对政府政策、法规有着更充分的了解并对追求政策性创业机会更有信心。基于以上讨论，我们推测：

假设1：具有计划经济烙印的私营企业家更有可能追求政策性创业机会。

三、政策注意力的中介作用和区域制度的调节作用

（一）企业家对政府政策的注意力的中介作用

Wang等人（2011）的研究表明，企业家在体制内的工作经历可能会促进与政府官员形成政治连带[39]。由于政治连带是企业家获得宝贵信息和资源的重要渠道，这些有助于他们寻找机会[282,437]，因而政治连带可能中介了体制内工作经历和政策性创业机会之间的关系。

基于这一观点，体制内工作经历多产生的计划经济烙印也有助于企业家发展政治联系以获得更多的信息和关键资源，从而利于其追求政策机会。

然而，在本研究中，我们并非基于政治连带的构念来探讨注意力分配的中介作用。Shepherd 等人的研究（2017）认为企业家如果没有注意力就无法注意到机会[25]，更遑论建立对机会的信念。这一研究强调了企业家的烙印如何塑造他们的机会选择，从而响应了 Mathias 等人（2015）的呼吁——进一步探讨烙印对创业决策的重要性[36]。而在本研究中，我们聚焦于通过注意力基础观来解释计划经济烙印对政策性创业机会选择的影响结果。同时，正如 Marquis 和 Tilcsik（2013）以及 Mathias 等人（2015）所强调的，以往对烙印的研究主要是通过社会行为者的认知、感知手段和注意力分配来理解烙印对社会行为者的影响[35-36]。因此，本研究并非通过其他构念而是直接探讨了注意力分配的中介作用。

行为者会根据自己的经验（经历）和知识来选择关注各种环境刺激的观点得到了相关研究的反复验证[178]。过往知识和经历塑造了个体的认知框架[257]，从而决定了环境中的一条信息或刺激在多大程度上可以立即被解释和吸收。Cho 和 Hambrick（2006）认为高管的功能经历给其提供某种视角（即认知框架）[178]，从而引导其"注意到"特定的商业问题和解决方案。正如前文所言，源于体制内工作经历的计划经济烙印塑造了企业家的认知框架[422]，而这一认知框架会将其视野限制在其注意力所关注的环境中[438]。体制内工作经历所形成的认知框架鼓励私营企业家对政府发布的信号和信息保持敏感，从而将注意力集中在政府机构的法规和政策（涉及开创和/或拓展业务的创业机会）上。

此外，企业家对政府政策的注意力影响了人们对政策机会的信念和相关实践。卡内基学派提出的有限理性[439]不仅描述了人类认知的局限性，也为理解决策者为何以特定方式做出决定提供了方法[178]。由于企业家的理性是有限的，所以他们根据他们的关注点、感知和信仰做出选择[129]。一旦企业家意识到政府政策的某些变化，其机会信念的形成就会分两个阶段：潜在机会的识别和价值的评估[126]。Shepherd 等人（2017）认为从第一步到第二步的成功过渡需要企业家对机会快速而持续的关注[25]。具体而言，为了识别潜在的机会，企业家需要快速注意到潜在的机会。要评估所注意到的机会的价值，企业家必须对这些机会进行持续的关注。一旦企业家对某些机会产生信心，他们就会对这些机会采取行动[25]。因此，那些不断关注政府机构发布政策的个体，更有可能利用有价值的政策性机会。

综上所述，体制内的工作经历所产生的计划经济烙印会引导企业家关注政府政策。与不关注政府政策的企业家相比，关注政府政策的企业家在识别利好的机会并形成机会信念方面处于更有利的地位[25-26]。因此，我们认为，企业家对政府政策的注意力是将计划经济烙印转化为追求有价值的政策性机会的重要机制。基于以上讨论，我们推测：

假设2：企业家的政策注意力中介了计划经济烙印和选择利好的政策性机会之间的关系。

（二）区域制度发展水平的调节作用

根据注意力基础观的第二原则——注意力的分配部分由行为者所处的环境决定[129]，我们推测计划经济烙印的强度会因企业所处的制度环境而异。Ocasio（1997）认为企业家注意力所关注的焦点会受到环境的影响[129]。换言之，企业家的注意力所关注的焦点会根据环境的变化而变化。由于制度是约束和规范行为者行为和决策的规则[47]，因而作为整个环境重要部分的制度环境，会引导企业家关注具体领域[440]。

在转型经济背景下，区域制度的发展并不同步。特别是在中国这样的大国，各个地区的制度发展水平各不相同，可能会超过或落后于其他地区[253]。因为非正式制度和相应的价值观和规范对市场体系的适应是一个缓慢的过程，或缺乏适当的执行和控制机制，所以这种现状轻易不会发生改变[441-444]。因而，这一现状为我们研究不同的制度环境下企业家的注意力的变化提供了可能。

具体而言，制度发展水平较高或市场支持制度较发达的地区拥有运作良好的产品和要素市场以及各种市场中介，这些地区的资源分配主要依赖市场体系，而不是地方政府。更重要的是，地方政府并不是这些地区经济活动的主要参与者[307]，地方政府往往不通过发布政策或向当地企业提供创业机会等方式直接参与区域经济活动[433]。此时，这些地区的企业家倾向于从其客户、供应商和竞争对手（即市场和竞争）处寻求机会，而不是从政府政策中寻求机会。由于企业家的理性是有限的，从而企业家的注意力也是有限的，因此对市场机会投入更多的注意力会不可避免地导致企业家对政府政策关注度的降低。而正如前文所言，企业家的政策注意力是将企业家的计划经济烙印转化为其所追求的政策性机会的关键机制。因此，对处于制度发展水平较高地区的企业来说，计划经济烙印与机会选择之间的联系减弱了——企业家的计划经济烙印对企业政策机会选择的影响降低了。基于以上讨论，我们推测：

假设3：私营企业所在地区的制度发展水平负向调节了企业家计划经济烙印和政策性机会选择之间的关系。

四、研究设计、变量测量和统计结果

（一）数据和样本

本研究的数据来源于中国社科院、全国工商联以及中共中央统战部在2008年、2010年以及2012年所共同进行的中国私营企业调查项目。中国私营企业调查的目的是从企业家那里收集中国私营企业信息，以帮助中央政府制定或调整商业政策[282]。为确保样本企业具有代表性，研究人员利用跨省和各行业的多级分层抽样技术，在全国范围内随机抽取私营企业样本（详细的抽样过程见Jia和Mayer, 2017）[302]。研究人员随后对样本中所代表的各企业家进行了问卷调查。

中国私营企业调查数据适用于本研究的原因有三。第一，该调查提供了具有代表性的中国私营企业的相关信息。第二，调查的初衷不是调查企业家的计划经济烙印对机会选择的作用，而是收集中国私营企业经营绩效的信息。因此，调查对象引起的偏见不会对本研究产生影响。第三，抽样企业是由企业家控制的私营企业[282]，在这类企业中企业家在决策中会发挥至关重要的作用。因此，本研究，即企业家的计划经济烙印——个人层面的结构——如何影响私营企业寻求政策创业机会的决策，适合采用该数据。我们将搜集到的数据首先排除了核心业务是金融或房地产企业的相关数据以及存在缺失值的数据，接着我们在1%的水平上进行了缩尾处理以排除极端值的干扰。本研究最终样本包含3 803个观测结果，其中2008年有1 067个样本，2010年有1 323个样本，2012年有1 413个样本。

本研究的第二个数据来源是中国国民经济研究所（NERI）开发的中国各省市场化指数[445]。该指数是根据各省的市场、监管与法律发展水平通过采用世界经济自由度的方法来给中国的各省所进行的排名[233]，得分越高说明地区制度发展水平越高。这一数据被广泛运用于衡量中国地区制度发展水平[253,282,307]。此外，我们还使用了由中国国家统计局所出版的中国统计年鉴中有关各省房地产业增长率的数据。

（二）模型和变量

本研究的分析单位是企业。为了检测假设1，我们检验了方程（7-1），其包括企业家的计划经济烙印（Simprinting）变量和控制变量：

$$Popportunity_{it} = \beta_0 + \beta_1 Controls_{it} + \beta_2 Simprinting_{it} + \gamma_{i(t)} + \varepsilon_{i(t)} \quad (7\text{-}1)$$

为了检测假设2，我们基于Preacher等人（2007）以及Hayes（2013）的研究检验了方程（7-2）和方程（7-3）：

$$Attention_{it} = \beta_0 + \beta_1 Controls_{it} + \beta_2 Simprinting_{it} + \gamma_{i(t)} + \varepsilon_{i(t)} \quad (7\text{-}2)$$

$$Popportunity_{it} = \beta_0 + \beta_1 Controls_{it} + \beta_2 Simprinting_{it} + \beta_3 Attention_{it} + \gamma_{i(t)} + \varepsilon_{i(t)} \quad (7\text{-}3)$$

为了检测假设3，我们检验了方程（7-4）。该方程中包括企业家的计划经济烙印（Simprinting）变量、制度发展水平（Institution）变量、交互项（Institution×Simprinting）以及控制变量：

$$\begin{aligned}Popportunity_{it} = &\beta_0 + \beta_1 Controls_{it} + \beta_2 Simprinting_{it} + \beta_3 Institution_{it} \\ &+ \beta_4 Institution_{it} \times Simprinting_{it} + \gamma_{i(t)} + \varepsilon_{i(t)}\end{aligned} \quad (7\text{-}4)$$

在以上四个方程中所使用的变量如下：

政策性机会（Popportunity）：政策性机会来源于产业管制的放松和转型经济下政府的支持性政策。追求政策性机会，是指通过全面经营在具有利好的政策或法规的行业中投资以发展或扩大业务[178]。想要明确某个具体的行业是否经历了解禁（管制放松）或受到鼓励并非一件容易的事，这是因为在中国从计划经济向市场经济过渡的大背景下，原先由国有企业控制的各行各业都受到了不同程度的解禁（管制放松）和鼓励[233,248]。因而，若不选择具体行业的样本，很难甚至不可能确定一个在位企业是否利用政策机会来发展或扩大了业务，更遑论获得大样本数据。但是，近20年来房地产业和金融服务业的出现和发展为我们的研究提供了可能。这两个行业中私营企业在追寻政策机会上具有代表性的原因有二：第一，正如假设部分所述，自20世纪80年代末以来，管制放松和激励措施造成了中国房地产和金融行业数次创业机会浪潮的涌现；第二，在过去10年中，许多核心业务不是房地产和金融服务的中国私营企业，通过进入这些行业来实现业务的多元化[435-436]。在本研究的样本中，47%的企业进入了房地产和/或私人贷款业务，这证明了房地产和金融服务是相当多的中国私营企业所利用的商业机会。普遍存在的中国私营企业利用房地产和金融行业机会来"赚快钱"为验证政策性机会是如何被选择的提供了可能。同时，这两个行业内普遍出现的"赚快钱"现象也为我们的数据收集工作提供了便利。因此，我们利用在房地产和金融业上的新增投资的比率（如私人贷款）来测量在位企业在多大程度上追求有价值的政策性机会。

企业家的计划经济烙印（Simprinting）：在计划经济时代，单位系统（体制）包括国有企业、集体企业以及政府部门和机构[429]，其几乎对员工和员工家庭生活的各个方面都产生了影响。因此，我们以企业家在体制内的工作经历代表计划经济烙印，询问企业家是否在国有和集体企业或政府部门和机构中有工作经历（1=有，0=无）。计划经济烙印并不等同于政治联系，因为计划经济烙印表明了单位体系中的"先前"经历，而政治联系则代表了一个焦点企业家和政府官员之间"当前"的互动。正如表7-3所示，计划经济烙印和政治联系之间的关系并不大（$r = 0.16$, $p < 0.001$）说明这两者并不相同。体制内的工作经历可能有利于企业建立政治联系，但其并不代表目前企业和政府官员之间具有政治联系。正如Wang等人（2011）所言，体制内的工作经历是政治联系形成的前因而非政治联系本身[39]。

制度发展水平（Institution）：制度发展水平是以中国国民经济研究所（NERI）的省级市场化指数来衡量的[445]。正如Shi等人（2014）所指出的，NERI指数从以下五个角度对一个省的制度发展水平进行全面评估：政府-市场关系（即政府对市场的干预）、非国有企业的比重、产品（和服务）市场的发展水平、要素市场发展水平以及市场中介和法律体系的发展水平[254]。正如前文所言，该指数被广泛应用于管理学的研究中[253,282,307]。

企业家的政策注意力（Attention）：我们将企业家政策注意力定义为企业家对由政府机构所引发的政策变动的关注程度。在中国等转型经济体中，中央或地方政府会不断出台有利于私营企业的政策和法规以促进经济增长[233]。因此，我们通过确定企业家对有关私营企业最新政府政策的熟悉程度来衡量企业家的政策注意力。

由于2010年和2012年政府相关的支持性政策并不一致，因此我们对2010年和2012年内企业家的政策注意力采用了不同的测量方法。在2010年的调查中，受访者被要求估计其对五项有关私营企业政府政策的熟悉程度（3=熟悉这些政策，2=意识到了这些政策，1=没有意识到这些政策），然后我们通过加总受访者对每项政策熟悉程度的评分来构建企业家政策注意力的一个连续变量。而在 2012 年的调查中，尽管具体测量的题项不同，但我们用同样的统计方法加以处理，来构建一个连续变量。

控制变量：考虑到其他潜在的解释，我们选择了一系列个体层面、企业层面和行业层面的控制因素。在个体层面，我们控制了企业家的社会等级、教育水平和政治联系。由于 Anderson 和 Miller（2003）的研究证明了若企业家来自较高经济、社会等级，其拥有具有强大人力资本的社会网络的可能性就越大[446]，而这会促进其对创业机会的识别和利用，因而我们控制了企业家的社会等级。我们通过企业家政治、经济和社会地位的三个平均指标来衡量企业家的社会等级（*Soclss*），每个指标包含 1～10 十个等级（1 最低，10 最高）。有研究指出企业家的教育水平会影响其行为[447]，所以我们通过建立虚拟变量的方式来控制企业家的教育水平，其中"1"代表企业家拥有大学学历，反之则为"0"。由于政治联系代表着企业家与政府和政府官员建立联系的能力[275,306]，而这会影响到企业家对政治性机会的获得，因而我们将政治联系选为控制变量。基于前人对中国企业政治联系的研究[282]，我们将企业家是不是两会代表作为衡量政治联系（*Pltcties*）的依据。

在企业层面，我们选定了企业规模（*Lnemploy*）、年龄（*His*）、家族所有权（*Famown*）、企业杠杆（*Lev*）、企业绩效（*ROE*）、企业出口（*Export*）、企业对外直接投资（*Frinvst*）作为控制变量。由于较小的新创企业缺乏资源和创业机会，因而企业规模和年龄是创业相关研究中常见的控制变量[328,448]。我们将企业员工数的自然对数和企业从创立到如今的年数作为控制变量。家族所有权会影响到对创业活动的企业承诺水平[449]，因而我们也将其选为控制变量。家族所有权的衡量依据为企业创始人及其家族所拥有的普通股比率。由于企业杠杆会影响到企业获得外部财务资源的能力，其进一步会影响到企业的投资和创业活动[44]，所以我们将企业杠杆选为控制变量，其用当年的销售收入与企业银行负债之间的比率来衡量[330]。企业绩效会通过增加企业可利用资源来影响企业的创新和投资行为[329]，因此我们控制了每个企业的绩效（用资本回报率来衡量）。企业出口可能会增加企业收入来源，从而增加企业创业活动的内部财务来源。类似地，中国企业近些年来越来越热衷于直接对外投资，而这会影响到企业投资与政府政策所引发的创业机会。因此，企业出口（用出口收入占销售收入的比率）和企业直接对外投资（企业直接对外投资占收入的比率）被选作控制变量。

在行业层面，我们还控制了每个省（*Rsdev*）房地产行业滞后的（前一年）增长率，以刻画每个省房地产行业的发展状况。此外，我们还将行业选作控制变量，以控制行业的平均作用（$\sum Industry$）。

（三）数据分析

由于 2008 年有关企业家政策注意力数据的缺失以及 2010 年和 2012 年对企业家政策注

意力衡量方法的不同,我们以年份为标准将数据分为三个部分。然后我们分别在不同的分类样本中检验了假设。基于 Wooldridge(2010)的研究[450],当因变量为政策性创业机会时,我们选择了 Tobit 回归模型。这是因为 Tobit 回归模型适用于检验审查数据(在本研究中,从 0~0.6)。然而,由于标准的 Tobit 回归模型具有同方差假设(为了保证估计的一致性和推测的有效性)[450],因此我们在所有模型中使用了 bootstrap 方法[451]。结果显示其可以用于评估标准误差,因而其适用于正近似置信区间[451]。此外,我们还采用了 Skewness/Kurtosis 检验来验证误差分布的正态性[452],其结果显示 bootstrap 方法所检验的结果是有效的。

(四)统计结果

表 7-1 是对所有变量进行描述性统计分析的结果。表 7-2 是对主要变量之间相关性分析的结果。表 7-3 是对 2010 和 2012 数据之间相关性分析的结果。表 7-4 是对计划经济烙印、制度以及政策性机会选择之间相关性分析的结果。在表 7-4 的模型 1~模型 3 中,我们囊括了所有的控制变量。在表 7-4 的模型 4~模型 6 中,我们加入了企业家计划经济烙印(Simprinting)的主效应。在表 7-4 的模型 7~模型 9 中,我们加入了制度发展水平和计划经济烙印的交互项(Institution × Simprinting)。

表 7-1 描述性统计分析结果

变量	N	均值	标准差	最小值	p25	p50	p75	最大值
Popportunity	3 803	0.01	0.07	0.00	0.00	0.00	0.00	0.60
Simprinting	3 803	0.55	0.50	0.00	0.00	1.00	1.00	1.00
Pltcties	3 803	0.68	0.47	0.00	0.00	1.00	1.00	1.00
Soclss	3 803	5.46	1.77	1.00	4.33	5.33	6.67	10.00
Edu	3 803	0.32	0.47	0.00	0.00	0.00	1.00	1.00
Famown	3 803	0.65	0.37	0.00	0.40	0.80	1.00	1.00
Lnemploy	3 803	4.30	1.32	2.30	3.22	4.09	5.25	7.83
His	3 803	8.11	5.44	0.00	4.00	8.00	12.00	22.00
ROE	3 803	0.23	0.60	−0.32	0.00	0.02	0.19	4.03
Lev	3 803	0.47	1.36	0.00	0.00	0.00	0.30	9.79
Export	3 803	0.01	0.03	0.00	0.00	0.00	0.00	0.17
Frinvst	3 803	0.10	0.30	0.00	0.00	0.00	0.00	1.00
Institution	3 803	9.88	2.39	2.90	7.94	9.97	12.19	13.39
Attention(2010)	1 323	12.37	4.22	0.00	9.00	12.00	16.00	18.00
Attention(2012)	1 413	6.04	3.23	0.00	4.00	5.00	10.00	10.00
Rsdev	3 803	0.30	0.12	−0.43	0.24	0.30	0.37	0.57

表 7-2 相关性分析结果

		1	2	3	4	5	6	7	8	9	10	11	12	13
1	Popportunity	—												
2	Simprinting	0.08												
3	Pltcties	0.05	0.16											

(续)

		1	2	3	4	5	6	7	8	9	10	11	12	13
4	*Soclss*	−0.03	−0.10	−0.38										
5	*Edu*	0.01	0.10	0.08	−0.08									
6	*Famown*	0.02	−0.05	0.02	−0.02	−0.07								
7	*Lnemploy*	0.02	0.12	0.49	−0.42	0.13	−0.06							
8	*His*	0.01	0.16	0.33	−0.20	0.03	0.04	0.33						
9	*ROE*	0.06	0.01	0.10	−0.07	0.02	0.06	0.09	0.12					
10	*Lev*	0.08	0.04	0.10	−0.08	−0.02	0.05	0.14	0.17	0.31				
11	*Export*	0.02	0.01	0.07	−0.11	−0.02	−0.01	0.19	0.15	0.02	0.10			
12	*Frinvst*	−0.01	0.03	0.07	−0.06	0.02	−0.11	0.12	0.09	0.01	−0.01	0.08		
13	*Institution*	−0.05	0.03	0.15	−0.09	0.06	0.08	0.14	0.22	0.05	0.05	0.20	0.00	
14	*Rsdev*	0.23	0.08	0.20	0.04	−0.11	0.01	0.01	0.01	0.00	0.05	0.05	0.00	0.08

注：$N=3\,803$；0.06 或 0.06 以上的相关在 0.001 水平上显著。

表 7-3　皮尔逊相关矩阵（2008～2012 年）

		1	2	3	4	5	6	7	8	9	10	11	12	13
1	*Popportunity*	—												
2	*Simprinting*	0.08												
3	*Pltcties*	0.05	0.16											
4	*Soclss*	−0.03	−0.10	−0.38										
5	*Edu*	0.01	0.10	0.08	−0.08									
6	*Famown*	0.02	−0.05	0.02	−0.02	−0.07								
7	*Lnemploy*	0.02	0.12	0.49	−0.42	0.13	−0.06							
8	*His*	0.01	0.16	0.33	−0.20	0.03	0.04	0.33						
9	*ROE*	0.06	0.01	0.10	−0.07	0.02	0.06	0.09	0.12					
10	*Lev*	0.08	0.04	0.10	−0.08	−0.02	0.05	0.14	0.17	0.31				
11	*Export*	0.02	0.01	0.07	−0.11	−0.02	−0.01	0.19	0.15	0.02	0.10			
12	*Frinvst*	−0.01	0.03	0.07	−0.06	0.02	−0.11	0.12	0.09	0.01	−0.01	0.08		
13	*Institution*	−0.05	0.03	0.15	−0.09	0.06	0.08	0.14	0.22	0.05	0.05	0.20	0.00	
14	*Rsdev*	0.23	0.08	0.20	0.04	−0.11	0.01	0.01	0.01	0.00	0.05	0.05	0.00	0.08

注：$N=3\,803$；0.06 或 0.06 以上的相关在 0.001 水平上显著。

表 7-5 是对企业家政策注意力中介作用分析的结果。在表 7-5 的 OLS 模型（模型 1～模型 4）中，我们检验了企业家计划经济烙印（*Simprinting*）对企业家政策注意力（*Attention*）的作用。在表 7-5 的 Tobit 回归模型（模型 5～模型 10）中，我们在控制企业家政策注意力（*Attention*）作用的前后，分别检验了企业家计划经济烙印（*Simprinting*）对政策性机会（*Popportunity*）的作用。

假设 1 提出具有计划经济烙印的企业家更有可能追求政策性机会。表 7-4 的模型 4～模型 6 显示了三个分类子样本内企业家计划经济烙印（*Simprinting*）与政策性机会（*Popportunity*）之间具体显著的正相关关系（$b = 0.018$，$p < 0.01$；$b = 0.023$，$p < 0.01$；

$b = 0.014$,$p < 0.01$）。尽管这二者之间的相关系数较小，但依旧支持了假设1。

假设2提出企业家的政策注意力中介了企业家计划经济烙印与政策性机会选择之间的关系。我们采用了Preacher等人（2007）所使用的中介效应检验方法[453]。表7-5的模型3和模型4显示在2010年和2012年的子样本中企业家计划经济烙印（Simprinting）和企业家政策注意力（Attention）之间存在显著的正向相关关系（$b = 0.998$,$p < 0.01$；$b = 0.375$,$p < 0.05$）。表7-5的模型9和模型10显示在控制自变量（Simprinting）的情况下，在2010年和2012年的子样本中企业家政策注意力（Attention）与政策性机会之间存在显著的正向相关关系（$b = 0.005$,$p < 0.01$；$b = 0.005$,$p < 0.01$）。因此，假设2得到验证。

此外，表7-5的模型9和模型10还显示出计划经济烙印（Simprinting）对政策性机会（Popportunity）的作用从2010年（模型7：$b = 0.023$,$p < 0.01$；模型9：$b = 0.018$,$p < 0.01$）到2012年急剧降低（模型8：$b = 0.014$,$p < 0.01$；模型10：$b = 0.012$,$p < 0.05$）。换言之，在控制了中介变量（即Attention）之后，主效应（即企业家计划经济烙印对政策性机会的作用）虽然依旧显著，但其强度在下降。基于Baron和Kenny（1986）的研究[454]，我们认为企业家的政策注意力部分中介了企业家计划经济烙印与政策性机会选择之间的关系。部分中介意味着企业家计划经济烙印对政策性机会选择的作用还可能通过其他机制实现，而这一结果也与前文所述的除政策注意力之外还可能存在其他机制（如政治联系）相一致。有关这一部分，我们将在稳健性检验环节详细讨论。

表7-4的模型7～模型9加入了制度发展水平和计划经济烙印之间的交互项（Institution × Simprinting），这些交互项的建立之前以均值为中心以降低潜在的多重共线性的问题[455]。假设3提出，区域制度发展水平负向调节了计划经济烙印和政策性机会选择之间的关系。模型7～模型9的结果显示，在三个分类子样本中交互项与政策性机会选择之间的关系负向显著（$b = -0.005$,$p < 0.01$；$b = -0.010$,$p < 0.01$；$b = -0.007$,$p < 0.01$）。因此，假设3得到验证。

第一，由于本研究的理论模型同时存在企业家注意力的中介作用（假设2）和制度发展水平的调节作用（假设3），所以调节作用所作用的效应可能存在模糊性。在我们的模型中，调节变量（Institution）既可能调节自变量（Simprintin）和中介变量（即Attention）之间的关系也可能调节中介变量（Attention）和因变量（Popportunity）之间的关系。为了明确本模型中调节作用所具体调节的效应，我们采用了Hayes（2013）和Preacher等人（2007）所提出的"有条件的过程分析"（conditional process analysis）方法[453,456]。表7-6中模型3和模型4检验了自变量（Institution）和调节变量（Institution）交互项对中介变量（Attention）的作用。表7-6中的模型5～模型8检验了自变量（Institution）和调节变量（Institution）的交互项以及中介变量（Attention）和调节变量（Attention）交互项对因变量（Popportunity）的作用。结果显示，所有的交互作用和有条件的直接作用均是显著的。因此，区域制度发展水平调节了计划经济烙印和企业政策注意力以及企业政策注意力与机会选择之间的关系。我们将在讨论部分叙述被调节的中介效应。

表 7-4 皮尔逊相关矩阵（2010～2012 年）

		1	2	3	4	5	6	7	8	9	10	11	12	13	14	16
1	Popportunity	—	0.20	0.14	0.12	0.06	-0.01	0.01	0.03	0.04	0.51	0.11	0.03	0.00	-0.05	0.21
2	Attention	0.21	—	0.38	0.29	0.31	0.07	-0.04	0.32	0.11	0.21	0.06	0.03	0.05	-0.05	0.20
3	Simprinting	0.12	0.20	—	0.28	0.18	0.10	-0.01	0.20	0.17	0.16	0.06	0.03	0.04	0.02	0.05
4	Plcties	0.13	0.40	0.15	—	0.36	0.09	-0.02	0.43	0.27	0.15	0.10	0.08	0.06	0.11	0.28
5	Soclss	-0.02	0.15	0.12	0.30	—	0.09	0.01	0.46	0.21	0.08	0.11	0.11	0.03	0.05	0.14
6	Edu	0.03	0.09	0.05	0.05	0.11	—	-0.08	0.10	0.03	0.05	-0.03	-0.03	0.02	0.05	-0.99
7	Famown	0.04	0.03	-0.08	0.08	0.00	-0.07	—	-0.06	0.05	0.08	0.04	0.00	-0.13	0.09	0.02
8	Lnemploy	0.00	0.22	0.15	0.47	0.39	0.14	-0.02	—	0.29	0.08	0.10	0.14	0.09	0.07	0.16
9	His	-0.02	0.05	0.13	0.31	0.16	0.01	0.09	0.35	—	0.04	0.08	0.12	0.04	0.16	0.01
10	ROE	0.47	0.18	0.10	0.20	0.07	0.04	0.05	0.15	0.09	—	0.21	0.01	0.00	0.02	0.02
11	Lev	0.06	0.05	0.05	0.11	0.07	0.01	0.08	0.21	0.11	0.29	—	0.10	-0.03	0.06	0.12
12	Export	-0.02	0.03	0.05	0.11	0.10	-0.02	0.00	0.21	0.08	0.04	0.10	—	0.06	0.23	0.12
13	Frinvst	-0.02	0.03	0.03	0.07	0.08	0.05	-0.10	0.10	0.05	0.03	0.00	0.06	—	-0.02	0.02
14	Institution	-0.02	-0.02	0.04	0.26	0.16	0.04	0.17	0.19	0.21	0.03	0.11	0.14	-0.09	—	-0.12
15	Rsdev	0.28	-0.14	0.09	0.22	-0.03	-0.02	0.02	0.00	-0.01	-0.03	0.00	0.04	0.05	-0.26	—

注：2010 年样本的相关性位于矩阵左下角，而 2012 年样本的相关性位于矩阵右上角；N(2010)=1 323；N(2012)=1 413；0.06 或 0.06 以上的相关在 0.01 水平上显著。

表 7-5 计划经济烙印、制度发展水平和政策性机会选择

	2008 模型 1	2010 模型 2	2012 模型 3	2008 模型 4	2010 模型 5	2012 模型 6	2008 模型 7	2010 模型 8	2012 模型 9
Institution × Simprinting							−0.005*** (−6.52)	−0.010*** (−8.31)	−0.007*** (−8.24)
Simprinting	0.157*** (6.93)	0.501*** (5.81)	0.130*** (5.29)	0.018*** (5.38)	0.023*** (4.76)	0.014*** (2.99)	0.055*** (6.59)	0.094*** (7.52)	0.070*** (6.88)
Rsdev	0.001 (0.87)	−0.002* (−1.79)	−0.006*** (−6.06)	0.153*** (7.01)	0.489*** (5.73)	0.135*** (5.45)	0.096*** (6.40)	0.414*** (5.49)	0.114*** (5.07)
Institution	0.014*** (3.74)	0.023*** (3.90)	0.019*** (3.89)	0.001 (1.06)	−0.002** (−2.02)	−0.006*** (−5.91)	0.002** (2.03)	0.002** (1.99)	−0.002** (−2.11)
Plticies	−0.000 (−0.06)	−0.002 (−0.75)	−0.001 (−0.74)	0.008** (2.54)	0.021*** (3.60)	0.016*** (3.35)	−0.000 (−0.11)	0.010* (1.85)	0.018*** (3.84)
Soclss	0.005 (0.98)	0.009 (1.38)	0.001 (0.15)	0.000 (−0.26)	−0.002 (−0.92)	−0.001 (−0.81)	0.001 (0.56)	−0.002 (−0.92)	−0.001 (−0.55)
Edu	0.000 (0.06)	0.023*** (3.40)	0.013** (2.03)	0.004 (0.83)	0.008 (1.25)	−0.000 (−0.07)	0.001 (0.16)	0.004 (0.60)	0.000 (0.03)
Famown	0.002 (0.99)	−0.005* (−1.85)	0.001 (0.68)	0.002 (0.43)	0.026*** (3.69)	0.013** (2.00)	0.001 (0.30)	0.022*** (3.42)	0.012** (1.97)
Lnemploy	−0.000 (−0.39)	−0.001* (−1.83)	0.000 (0.28)	0.002 (−0.96)	−0.006* (−1.95)	0.001 (0.63)	0.002 (0.90)	−0.002 (−0.83)	0.001 (0.49)
His	0.015** (2.07)	−0.002 (−0.38)	0.002 (0.50)	−0.000 (−0.89)	−0.001** (−2.09)	0.000 (0.05)	−0.000 (−1.09)	−0.001 (−1.07)	−0.000 (−0.27)
ROE	0.003 (1.15)	0.004 (1.58)	0.007* (1.84)	0.014** (1.99)	−0.001 (−0.26)	0.003 (0.57)	0.012* (1.82)	−0.003 (−0.66)	0.002 (0.57)
Lev	0.113 (0.96)	0.048 (0.82)	0.065 (0.80)	0.003 (1.17)	0.003 (1.48)	0.006* (1.80)	0.003 (1.21)	0.004* (1.92)	0.006* (1.93)
Export	−0.004 (−0.75)	−0.013 (−1.55)	−0.004 (−0.52)	0.129 (1.11)	0.030 (0.48)	0.058 (0.73)	0.117 (1.05)	0.106 (1.33)	−0.009 (−0.13)
Frinvst				−0.004 (−0.84)	−0.012 (−1.48)	−0.005 (−0.62)	−0.006 (−1.24)	−0.006 (−0.75)	−0.007 (−0.94)
∑ Industry	Yes	Yes	Yes	Yes	Yes	Yes	Yes	Yes	Yes
_cons	−0.064*** (−3.75)	−0.116*** (−3.88)	0.063* (1.82)	−0.071*** (−4.28)	−0.124*** (−4.10)	0.058 (1.64)	−0.058*** (−3.80)	−0.141*** (−4.97)	0.042 (1.20)
pseudo R^2	0.17	0.15	0.11	0.18	0.16	0.11	0.23	0.28	0.21
chi2	7.66	7.23	5.35	8.04	8.86	6.88	13.17	16.87	17.06
N	1 067	1 323	1 413	1 067	1 323	1 413	1 067	1 323	1 413

注：模型 1～9 运用了 Tobit 回归；括号中是 T 值；*$p<0.10$，**$p<0.05$，***$p<0.01$。

表 7-6 企业家注意力的中介作用

	因变量：政策注意力 (Attention)						因变量：政策性机会 (Popportunity)			
	2010 模型 1	2012 模型 2	2010 模型 3	2012 模型 4	2010 模型 5	2012 模型 6	2010 模型 7	2012 模型 8	2010 模型 9	2012 模型 10
Attention									0.005*** (6.56)	0.005*** (7.23)
Simprinting	11.620*** (7.32)	2.005*** (2.74)	0.998*** (6.14)	0.375** (2.31)	0.501*** (5.81)	0.130*** (5.29)	0.023*** (4.76)	0.014*** (2.99)	0.018*** (3.95)	0.012*** (2.60)
Rsdev	−0.149*** (−3.64)	−0.204*** (−6.23)	11.107*** (7.05)	2.127*** (2.92)	0.501*** (5.81)	0.130*** (5.29)	0.489*** (5.73)	0.135*** (5.45)	0.431*** (5.13)	0.123*** (5.18)
Institution	2.806*** (13.71)	1.278*** (6.27)	−0.159*** (−3.95)	−0.200*** (−6.13)	−0.002* (−1.79)	−0.006*** (−6.06)	−0.002** (−2.02)	−0.006*** (−5.91)	−0.001 (−1.24)	−0.005*** (−5.26)
Pltcties	0.100** (2.00)	0.260*** (5.10)	2.702*** (13.17)	1.187*** (5.75)	0.023*** (3.90)	0.019*** (3.89)	0.021*** (3.60)	0.016*** (3.35)	0.007 (1.41)	0.009** (2.09)
Soclss	0.515*** (2.99)	0.353*** (2.19)	0.085* (1.71)	0.258*** (5.04)	−0.002 (−0.75)	−0.001 (−0.74)	−0.002 (−0.92)	−0.001 (−0.81)	−0.002 (−1.14)	−0.003* (−1.76)
Edu	−0.309 (−1.46)	0.421** (2.03)	0.472*** (2.77)	0.322** (2.01)	0.009 (1.38)	0.001 (0.15)	0.008 (1.25)	−0.000 (−0.07)	0.006 (0.89)	−0.002 (−0.42)
Famown	0.170** (2.03)	0.567*** (7.83)	−0.214 (−1.01)	0.415** (2.00)	0.023*** (3.40)	0.013** (2.03)	0.026*** (3.69)	0.013** (2.00)	0.027*** (3.83)	0.011* (1.68)
Lnemploy	−0.028* (−1.76)	0.023* (1.65)	0.160** (1.97)	0.565*** (7.80)	−0.005* (−1.85)	0.001 (0.68)	−0.006* (−1.95)	0.001 (0.63)	−0.007** (−2.20)	−0.002 (−0.80)
His	−0.196 (−1.53)	0.337** (2.13)	−0.034** (−2.15)	0.021 (1.45)	−0.001* (−1.83)	0.000 (0.28)	−0.001** (−2.09)	0.000 (0.05)	−0.001* (−1.79)	−0.000 (−0.20)
ROE	−0.014 (−0.20)	−0.027 (−0.38)	−0.171 (−1.32)	0.345** (2.18)	−0.002 (−0.38)	0.002 (0.50)	−0.001 (−0.26)	0.003 (0.57)	−0.000 (−0.09)	0.001 (0.16)
Lev	−2.532 (−0.74)	1.340 (0.60)	−0.025 (−0.35)	−0.031 (−0.44)	0.004 (1.58)	0.007* (1.84)	0.003 (1.48)	0.006* (1.80)	0.003 (1.60)	0.007* (1.90)
Export	−0.815*** (−2.41)	−0.124 (−0.52)	−3.327 (−1.02)	1.161 (0.52)	0.048 (0.82)	0.065 (0.80)	0.030 (0.48)	0.058 (0.73)	0.047 (0.73)	0.052 (0.66)
Frinvst			−0.783** (−2.36)	−0.144 (−0.61)	−0.013 (−1.55)	−0.004 (−0.52)	−0.012 (−1.48)	−0.005 (−0.62)	−0.008 (−0.99)	−0.004 (−0.52)
∑ Industry	Yes	Yes	Yes	Yes	Yes	Yes	Yes	Yes	Yes	Yes
_cons	2.056 (1.61)	2.023** (2.18)	1.720 (1.26)	1.892** (2.06)	−0.116*** (−3.88)	0.063* (1.82)	−0.124*** (−4.10)	0.058 (1.64)	−0.133*** (−4.54)	0.047 (1.36)
adj. R^2 (pseudo R^2)	0.31	0.23	0.33	0.23	0.15	0.11	0.16	0.11	0.18	0.14
F (chi2)	11.12	14.50	10.93	14.47	7.23	5.35	8.86	6.88	10.93	8.56
N	1 323	1 413	1 323	1 413	1 323	1 413	1 323	1 413	1 323	1 413

注：模型 1～4 运用了 OLS 回归；模型 5～10 运用了 Tobit 回归；括号中是 T 值；*p<0.10，**p<0.05，***p<0.01。

第二，如前文所述，企业家的政策注意力部分中介了企业家计划经济烙印和政策性机会选择之间的关系表明了在注意力之外还存在另外机制（如政治联系）的作用。因此，我们检验了政治联系对企业家计划经济烙印和政策性机会选择之间关系的中介作用。我们采取了Preacher等人（2007）和Hayes（2013）检验中介效应的步骤[453,456]。表7-7中的模型3显示在2010年的样本中企业家计划经济烙印对政治联系的作用并不显著（$b = 0.010$，无显著差异），但是模型4则显示在2012年的样本中企业家计划经济烙印对政治联系的作用是显著的（$b = 0.135$, $p < 0.01$）。因此，在2010年的样本中政治联系并非存在中介作用。进一步地，表7-7中的模型12表示在控制自变量（计划经济烙印）之后，政治联系和政策性机会选择之间存在积极的关系（$b = 0.009$, $p < 0.01$）。因此，2012年的样本则支持政治联系在企业家计划经济烙印与政策性机会选择之间存在中介作用。而在控制政治联系这一变量之后，在2012年的样本下，企业家计划经济烙印对政治性机会选择之间的相关性降低了（模型8：$b = 0.013$, $p < 0.01$；模型12：$b = 0.012$, $p < 0.05$）。综上所述，政治联系部分中介了企业家计划经济烙印与政策性机会选择之间的关系。很显然，政治联系是传递企业家计划经济烙印对政策性机会选择影响的重要渠道，但其并非唯一。研究者需要揭示除"政治联系"之外的其他机制，而这也正是本研究的目的之一。

五、烙印、注意力与政策性机会研究的启示

基于3 803个中国私营企业的样本，本研究得出了以下结论：具有计划经济烙印的私营企业企业家更有可能利用房地产和金融行业内的政策性机会来"赚快钱"；计划经济烙印和追求政策性机会之间的关系受到了企业家政策注意力的部分中介；私营企业所在地区的制度发展水平负向调节了计划经济烙印与追求政策性机会之间的关系。这些结论不仅具有深刻的理论意义，还具有重要的实践意义。

（一）理论意义

本研究对于相关理论具有四点贡献。第一，我们响应了Mathias等人（2015）所呼吁的推进烙印对创业机会选择的作用的相关研究[36]，本研究是第一篇基于烙印理论来探索创业机会选择的实证文章。尽管Mathias等人（2015）的定性研究证明创业者的烙印会限制其对创业机会的选择[36]，但是相关的实证证据十分欠缺。因此，本研究也是对Mathias等人（2015）定性研究结论的一种验证[36]。更为重要的是，本研究证明了企业家烙印为什么以及何时会影响其对创业机会的选择，从而进一步加深了对企业家烙印是如何限制决策的理解。

表 7-7 有调节的中介效应

	因变量：政策注意力 (Attention)				因变量：政策性机会 (Popportunity)			
	2010 模型 1	2012 模型 2	2010 模型 3	2012 模型 4	2010 模型 5	2012 模型 6	2010 模型 7	2012 模型 8
Institution × Attention					-0.001***	-0.001***	-0.001***	-0.001***
					(-5.35)	(-4.51)	(-4.26)	(-4.50)
Attention					0.013***	0.010***	0.007***	0.008***
					(6.66)	(6.78)	(4.24)	(6.23)
Institution × Simprinting			-0.209***	-0.103***			-0.009***	-0.007***
			(-10.71)	(-4.71)			(-7.63)	(-8.07)
Simprinting	0.998***	0.375**	2.483***	1.172***	0.013***	0.013***	0.081***	0.065***
	(6.14)	(2.31)	(11.82)	(4.70)	(2.99)	(2.78)	(6.62)	(6.67)
Rsdev	11.107***	2.127***	9.530***	1.835**	0.339***	0.114***	0.336***	0.098***
	(7.05)	(2.92)	(6.11)	(2.50)	(4.22)	(4.90)	(4.53)	(4.53)
Institution	-0.159***	-0.200***	-0.065*	-0.141***	0.005***	-0.001	0.007***	0.002*
	(-3.95)	(-6.13)	(-1.69)	(-4.00)	(3.30)	(-0.85)	(4.26)	(1.66)
Pltcties	2.702***	1.187***	2.469***	1.218***	-0.003	0.008*	-0.001	0.012***
	(13.17)	(5.75)	(12.44)	(6.01)	(-0.62)	(1.78)	(-0.11)	(2.58)
Soclss	0.085*	0.258***	0.089*	0.264***	-0.001	-0.002	-0.001	-0.001
	(1.71)	(5.04)	(1.87)	(5.26)	(-0.72)	(-1.15)	(-0.66)	(-0.70)
Edu	0.472***	0.322**	0.371**	0.329**	0.007	-0.001	0.004	-0.000
	(2.77)	(2.01)	(2.27)	(2.08)	(1.03)	(-0.24)	(0.65)	(-0.07)
Famown	-0.214	0.415**	-0.289	0.402**	0.026***	0.008	0.022***	0.008
	(-1.01)	(2.00)	(-1.45)	(1.97)	(3.85)	(1.30)	(3.49)	(1.35)
Lnemploy	0.160**	0.565***	0.232***	0.560***	-0.002	-0.001	0.000	-0.001
	(1.97)	(7.80)	(3.00)	(7.69)	(-0.76)	(-0.48)	(0.13)	(-0.30)
His	-0.034**	0.021	-0.021	0.019	-0.001	-0.000	-0.000	-0.000

	(1)	(2)	(3)	(4)	(5)	(6)	(7)	(8)
[主要变量]								
	(−2.15)	(1.45)	(−1.39)	(1.32)	(−1.29)	(−0.17)	(−0.67)	(−0.42)
ROE	−0.171	0.345**	−0.205*	0.339**	0.000	0.000	−0.002	0.001
	(−1.32)	(2.18)	(−1.70)	(2.08)	(0.02)	(0.08)	(−0.48)	(0.14)
Lev	−0.025	−0.031	−0.020	−0.032	0.004**	0.007**	0.004**	0.007**
	(−0.35)	(−0.44)	(−0.31)	(−0.45)	(1.97)	(2.02)	(2.18)	(2.14)
Export	−3.327	1.161	−1.733	0.203	0.048	0.046	0.104	−0.015
	(−1.02)	(0.52)	(−0.58)	(0.09)	(0.69)	(0.62)	(1.20)	(−0.22)
Frinvst	−0.783**	−0.144	−0.657**	−0.171	−0.005	−0.004	−0.03	−0.006
	(−2.36)	(−0.61)	(−2.15)	(−0.74)	(−0.69)	(−0.49)	(−0.44)	(−0.80)
$\sum$Industry	Yes	Yes	Yes	Yes	Yes	Yes	Yes	Yes
_cons	1.720	1.892**	1.363	1.668*	−0.165***	0.008	−0.165***	−0.001
	(1.26)	(2.06)	(1.02)	(1.84)	(−5.70)	(0.22)	(−5.92)	(−0.03)
adj. R^2 (pseudo R^2)	0.33	0.23	0.38	0.25	0.21	0.16	0.30	0.24
F (chi2)	10.93	14.47	13.49	16.09	12.99	10.21	23.46	13.56
N	1 323	1 413	1 323	1 413	1 323	1 413	1 323	1 413

注：模型1～4运用了OLS回归；模型5～8运用了Tobit回归；括号中是T值；*$p<0.10$，**$p<0.05$，***$p<0.01$。

表 7-8 政治联系的中介效应

	因变量：政治连带（Pltc ties）				因变量：政策性机会（Popportunity）							
	2010 模型 1	2012 模型 2	2010 模型 3	2012 模型 4	2010 模型 5	2012 模型 6	2010 模型 7	2012 模型 8	2010 模型 9	2012 模型 10	2010 模型 11	2012 模型 12
Pltcties									0.007*** (4.48)	0.012*** (2.64)	0.007*** (3.95)	0.009*** (2.60)
Simprinting			0.010 (0.45)	0.135*** (6.54)							0.018 (1.41)	0.012** (2.09)
Rsdev	2.441*** (13.07)	0.950*** (6.96)	2.439*** (13.01)	0.967*** (7.01)	0.451*** (5.64)	0.131*** (5.51)	0.448*** (5.63)	0.132*** (5.58)	0.434*** (5.13)	0.119*** (5.01)	0.431*** (5.13)	0.123*** (5.18)
Institution	0.032*** (5.80)	0.033*** (5.98)	0.032*** (5.74)	0.033*** (5.97)	-0.001 (-0.78)	-0.005*** (-5.12)	-0.001 (-1.05)	-0.005*** (-5.09)	-0.001 (-0.99)	-0.005*** (-5.39)	-0.001 (-1.24)	-0.005*** (-5.26)
Attention	0.047*** (13.46)	0.022*** (6.26)	0.047*** (13.11)	0.020*** (5.75)	0.006*** (6.58)	0.006*** (7.40)	0.006*** (6.30)	0.006*** (7.32)	0.006*** (6.85)	0.006*** (7.30)	0.005*** (6.56)	0.005*** (7.23)
Soclss	0.027*** (4.31)	0.041*** (6.25)	0.027*** (4.28)	0.039*** (6.09)	-0.002 (-0.95)	-0.002 (-1.44)	-0.002 (-1.07)	-0.002 (-1.57)	-0.002 (-1.03)	-0.003* (-1.72)	-0.002 (-1.14)	-0.003* (-1.76)
Edu	-0.019 (-0.84)	0.024 (1.11)	-0.019 (-0.85)	0.013 (0.60)	0.006 (0.93)	-0.001 (-0.18)	0.006 (0.87)	-0.002 (-0.39)	0.006 (0.95)	-0.001 (-0.24)	0.006 (0.89)	-0.002 (-0.42)
Famown	0.049* (1.75)	-0.050* (-1.84)	0.050* (1.77)	-0.050* (-1.86)	0.025*** (3.68)	0.010 (1.61)	0.027*** (3.87)	0.010 (1.61)	0.025*** (3.63)	0.011* (1.70)	0.027*** (3.83)	0.011* (1.68)
Inemploy	0.085*** (8.65)	0.077*** (8.28)	0.084*** (8.64)	0.075*** (8.12)	-0.006*** (-2.06)	-0.001 (-0.39)	-0.006** (-2.11)	-0.001 (-0.50)	-0.006** (-2.16)	-0.002 (-0.80)	-0.007** (-2.20)	-0.002 (-0.80)
His	0.008*** (4.05)	0.009*** (4.96)	0.008*** (4.00)	0.008*** (4.39)	-0.001 (-1.47)	0.000 (0.24)	-0.001* (-1.71)	-0.000 (-0.03)	-0.001 (-1.56)	-0.000 (-0.02)	-0.001* (-1.79)	-0.000 (-0.20)
ROE	0.046*** (3.32)	-0.007 (-0.35)	0.046*** (3.33)	-0.004 (-0.19)	-0.000 (-0.09)	0.000 (0.08)	-0.000 (-0.02)	0.001 (0.15)	-0.001 (-0.16)	0.000 (0.10)	-0.000 (-0.09)	0.001 (0.16)
Lev	-0.014* (-1.90)	-0.002 (-0.23)	-0.015* (-1.91)	-0.003 (-0.39)	0.004 (1.64)	0.007* (1.92)	0.003 (1.55)	0.007* (1.88)	0.004* (1.68)	0.007* (1.94)	0.003 (1.60)	0.007* (1.90)
Export	-0.689 (-1.63)	-0.936*** (-2.83)	-0.697 (-1.64)	-0.970*** (-2.91)	0.058 (0.96)	0.046 (0.58)	0.042 (0.67)	0.043 (0.54)	0.063 (1.02)	0.057 (0.72)	0.047 (0.73)	0.052 (0.66)
Frinvst	0.033 (0.98)	-0.016 (-0.47)	0.033 (0.98)	-0.023 (-0.68)	-0.008 (-0.97)	-0.003 (-0.45)	-0.008 (-0.96)	-0.004 (-0.55)	-0.008 (-1.00)	-0.003 (-0.43)	-0.008 (-0.99)	-0.004 (-0.52)
∑ Industry	Yes	Yes	Yes	Yes	Yes	Yes	Yes	Yes	Yes	Yes	Yes	Yes
_cons	-1.286*** (-8.68)	-0.577*** (-5.40)	-1.289*** (-8.75)	-0.604*** (-5.70)	-0.137*** (-5.21)	0.044 (1.30)	-0.142*** (-5.40)	0.042 (1.20)	-0.128*** (-4.36)	0.051 (1.50)	-0.133*** (-4.54)	0.047 (1.36)
adj R^2 (pseudo R^2)	0.42	0.33	0.42	0.35	0.17	0.13	0.18	0.14	0.17	0.13	0.18	0.14
F (chi2)	30.21	26.41	29.27	27.27	9.63	7.45	11.12	8.81	9.47	7.32	10.93	8.56
N	1 323	1 413	1 323	1 413	1 323	1 413	1 323	1 413	1 323	1 413	1 323	1 413

注：模型 1～4 运用了 OLS 回归；模型 5～12 运用了 Tobit 回归；括号中是 T 值；*p<0.10，**p<0.05，***p<0.01。

第二，本研究对注意力基础观有两条重要的贡献。首先，注意力基础观的第一原则是有选择性的注意力[129]，即由于有限理性的存在所以个体无法关注所有的环境刺激[34]。为了解释个体为什么会选择关注某些因素而非其他因素，之前的研究大多聚焦于环境因素的特征，Hoffman 和 Ocasio（2001）在探究行业对外部事件的注意力研究中认为外部事件"被关注"的可能性是有赖于其对行业形象的威胁程度[34]。然而，很少有研究聚焦于环境刺激的接受者（即行为者）特征是如何影响其注意力方向和所感知到的环境刺激。具体而言，我们的研究表明具有计划经济烙印的企业家更有可能关注和利用政策新机会。在解释高管团队（TMT）特征如何影响战略决策的问题上，Cho 和 Hambrick（2006）指出需要探索除高管团队特征之外的影响高管团队注意力的因素[178]。而我们的研究证明了企业家所具有的烙印会引导企业家注意力置于特定的领域，因此我们通过提出新要素推动了注意力的前因研究。

注意力基础观的第二原则是情景化的注意力，即个体所处的环境会影响个体对其注意力的分配[129]。尽管这一原则十分深刻，但我们认为其并未完全考虑到注意力分配的差异：即使是在相同或相似情境下，不同个体所关注的情境刺激也是不同的。而 Shepherd 等人（2017）也提出过类似的观点[25]，他们认为目前的研究并未很好地解释为什么有些环境信号会得到个体的关注而有的环境信号则不会。因而，为了更好地解释这一问题需要检验个体特征和环境因素之间的相互作用。同时，在已有的相关研究中，尽管有部分研究解释了组织环境中的某些方面（如规则、资源和关系）的影响[129]，但有关宏观环境影响的研究并不多见，如 Cho 和 Hambrick（2006）研究了政府放松管制的影响[178]。本研究通过两种方式丰富了注意力基础观的第二原则[129]：首先，我们选择了行为者的一个特征（计划经济烙印）并将其与企业家所嵌入的环境相结合来解释企业家注意力的分配；其次，我们分析了环境的一个重要方面（制度环境）对注意力分配的重要影响。我们检验了区域制度发展水平是如何促进或抑制企业家在政策性机会上所分配的注意力的，从而讨论在不同区域内企业家的计划经济烙印对政策性机会选择的变化。而在稳健性检验部分，我们通过检验制度环境对企业家计划经济烙印与注意力分配之间关系以及注意力分配与政策性机会选择之间关系所具有的潜在调节作用，来进一步检验区域制度发展水平的调节作用。我们发现区域制度发展水平和企业家计划经济烙印之间的相互作用会增加或减少企业家对政策性机会的注意力分配。这一发现具有重要意义。尽管计划经济烙印会引导企业家更多地关注政府的政策，但在制度发达地区，由于机会更多地来源于市场而非政府，这些地区的企业家会更多地关注市场。因此，计划经济烙印和对政策所关注的注意力之间的关系会减弱。此外，我们还发现了制度发展水平负向调节了政策注意力和政策性机会之间的关系。这一调节作用同样可以获得理论上的支持。这是因为尽管在制度发达和不发达地区企业家都会关注政府的政策，但在制度发达地区，由于企业家更多地将注意力分配至市场领域，因而在这些地区政策注意力与政策性机会选择之间的关系会减弱。这些稳健性检验所得的相关结论值得未来进行进一步的研究。

第三，本研究通过解释企业家的烙印是如何形成以及通过注意力分配这一视角解释企业家烙印对政策性机会选择的影响是如何实现的，推动了烙印理论的发展。此前的相关研究大多关注企业创始人和企业创建时的环境是如何塑造企业烙印以及企业烙印对企业会产生什么样的影响[36]。已有研究证明了企业烙印对战略风险性[359]、组织学习[457]、企业增长[458]以及企业竞争意愿强度[459]的影响。然而，除企业之外，个体也会受到烙印的影响，包括认知和行为[36]。不幸的是，有关创业的文献很少讨论企业家是如何被打上烙印的以及这些烙印是如何影响企业家的机会选择和其他战略决策的[35-36]。本研究的发现说明企业家的烙印会影响其注意力的分配，进一步地会影响企业所追求的创业机会，从而展开了对上述这一话题的讨论。从这一角度来看，本研究支持了 Marquis 和 Tilcsik（2013）所提出的观点——烙印不仅仅会影响企业家的认知，其对企业发展轨迹也会产生重大影响[35]。

第四，基于 Kirzner 的创业不平衡观点，创业机会来源于政治、经济、社会和技术环境的变化[460]，相较于其他三个来源，来源于政府政策和监管改变的创业机会（本研究定义为政策性机会）一直没有得到创业领域相关学者的重视。而本研究通过聚焦过去 10 年内中国由行业管制放松和政策鼓励而产生的创业机会，讨论了私营企业如何追求这些机会，从而在一定程度上弥补了相关创业研究方向上的研究空白，特别是中国情境下的创业研究。因为中国是由计划经济向市场经济过渡的转型经济体，所以其内部长期存在大量有利可图的创业机会，如中国近期放松了此前由国有企业所控制的军事装备行业。因此，中国在位的私营企业为何、如何以及何时追求政策性机会等相关问题十分重要，而其重要性也会随着不断涌现的政策性机会而进一步增大。未来的创业研究，特别是中国情境下的创业研究，可以探究由监管改变所产生的政策性机会是如何被利用的。

（二）局限与未来研究展望

尽管我们的研究具有十分重要的理论和实践意义，但其同样存在局限性，有待未来研究进一步讨论。第一，本研究有关企业家政策注意力这一构念的测量并不完善。未来的研究可以采用五点李克特量表来衡量调查对象对政府政策的熟悉程度，以此来识别不同熟悉程度之间的区别。第二，由于回归显示自变量对因变量变化的解释力度不够，所以未来的研究可以考虑更多的解释变量。第三，企业家政策注意力对企业家计划经济烙印与政策性机会选择之间关系的部分中介结果说明存在另外的机制传递了企业家计划经济烙印的影响。因此，未来的研究应该基于烙印理论探索更多潜在的机制。第四，本研究聚焦于个体层面特定的计划经济的烙印（产生于体制内工作经历的烙印）、企业家注意力导向（企业家对政府政策和监管的注意力）和机会选择之间的关系。未来的研究可以基于其他理论视角来探讨其他特定的计划经济烙印类型、其他类型烙印与企业家注意力以及创业机会选择之间的关系。第五，正如方法部分所言，出于数据收集的考量，我们选择了有关政策性机会最具代表性的两个行业——房地产业和金融业。为了更好地描述政策性机会这一构念，未来的研究可以考虑选择更为复杂的抽样方法。从这一角度来看，本研究是对解释转型经济体内私营企业如何追求政策性机会问题的初步探索。第六，尽管中国是世界上最大的转型经济体并与其他转型经济体具有很多相似性，但其由于悠久的历史、特有的文化和传统使得其具有有别于其他国家的特征。因此，未来可以在其他情境下验证我们的研究。

第八章 政策注意力、公司创业与绩效

创业学者强调，注意力是企业家的心理实践过程的一个方面，企业家分配注意力的方式可在一定程度上决定企业的绩效[130,232,461]。正如 Simon（1947）和 Ocasio（1997）强调的，由于人类的有限理性，注意力是一种宝贵的资源[127,129]。既有对企业家认知的研究表明，企业家的心理过程，特别是其注意力的分配，是企业家决策的微观基础[25,50,462]。因此，企业家或高层管理者分配其注意力的方式将对企业绩效产生影响[129,138]。经验证据还表明，企业家的注意力分配与企业绩效之间存在一定的关系。如 Ambos 和 Birkinshaw（2010）验证了集团总部的注意力对子公司绩效的影响[261]。Chen 等人（2015）提出，高管团队的注意力焦点可被视为提高公司绩效的先决条件[463]。然而，据我们所知，在如何或以何种方式将企业家的注意力转化为公司绩效方面，我们依然知之甚少。

更重要的是，现有的研究主要讨论如何在成熟的市场中分配企业家的注意力[130,461,464]，而在新兴经济体情境下对这一问题的研究尚不充分。此前在成熟市场背景下进行的研究主要强调，企业家可以将注意力聚焦于现有项目或追求的新项目上[130,461,464]，并可以在外部和内部信息之间分配注意力[130,461]，而这会影响企业绩效[130,461]。然而，在新兴经济体背景下，由于政府或政治对商业活动的广泛影响，企业家不仅要关注商业市场的动态性，还需要关注政治市场的动态变化[41,318,465]。特别地，政治领域的政府政策变化迅速，能为企业家提供源源不断的创业机会[232]。如果企业家能够适当地关注政府政策的这些变化，那么他们可能会识别出更多的机会，并利用这些机会最终为企业创造价值。民营银行服务在中国的出现就是一个很好的例子。中国私营企业直到 2009 年才被允许进入金融服务业。直到那时，国务院才颁布了《进一步促进中小企业发展的若干意见》，正式向私营企业开放了银行业。自那时以来，"持续关注"和正确解释此类政府政策的私营企业一直热衷于从事信贷业务。因此，中国建立了一系列新的金融机构。尽管这种情况在转型经济体中普遍存在[232,248]，但是企业家对政府政策的注意力通过影响公司创业进而最终影响企业绩效的相关研究尚未出现。现有的理论模型无法反映新兴市场的管理实践，更遑论在适当地分配注意力方面为企业家提供有用的指导。

在这样的背景下，本研究试图通过考察企业家在政府政策上的注意力对公司创业和企业绩效的影响，来回答新兴经济体下，企业家的注意力如何转化为企业绩效的问题。为了实现此研究目标，我们选择中国这一世界上最大的新兴市场作为研究情境，并聚焦于私营企业家[282]。具体地，基于注意力基础观（ABV）和公司创业相关文献，我们首先认为，在转型经济背景下的中国，诸如特定行业的管制放松等政府政策，通常涉及新的机会。因此，密切关注这些公共政策的企业家能够利用这些机会开展公司创业活动[232]，最终使私营企业获得可观的利润并维持其发展[377]。为了探讨关注政府政策的作用如何变化，我们还在 Wright 等人（2005）研究的基础上发现，企业家在政策上配置的注意力对公司创业的作用取决于地区制度发展水平[466]。这是因为地区制度发展水平决定了政府参与经济发展的程度，以及私营公司可利用的政策带来的机会的数量[467]。

基于 2 386 家私营公司数据的实证分析在很大程度上支持了我们的预测。我们证明了，企业家分配给政府政策的注意力对企业绩效的影响是通过公司创业活动传递的。此外，我们强调，企业家对政策的关注所产生的影响取决于私营企业经营所在地的制度发展水平。这些发现将研究主题扩大到新兴经济体的情境下，并强调企业家政策注意力对于公司创业的独特作用，从而为企业家注意力领域的研究添砖加瓦。此外，我们还描述了最大的新兴市场中独特的公司创业模式，即一些私营企业关注政府政策的变化，追求政策性机会，而不是简单地利用商业机会[468]。本研究通过从独特的视角，即注意力基础观，探讨公司创业的前因，为公司创业研究做出了贡献[129,138]。事实上，这一理论视角也是最近才扩展到了公司创业的研究中[469]。

一、注意力基础观的主要思想

注意力基础观由 Ocasio（1997）提出，特别是在战略管理领域的应用较多[129]。然而，更普遍的注意力的概念在组织理论研究中则出现得更早。Simon（1947）认为，由于有限理性往往会限制个体对少数问题的关注，注意力是人类最宝贵的资源之一[127]。在 Simon（1947）研究的基础上，Ocasio（1997）将注意力定义为决策者注意、编码、解释以及集中时间和精力的过程，并将注意力基础观作为一种研究企业行为的独特观点引入了战略管理领域[129]。这一观点突出了管理者注意力在做出管理决策方面的关键作用，并揭示了社会环境在引导决策者注意力分配方面的作用。

Ocasio（1997）在其注意力和企业行为模型中概述了三项原则[129]。一是注意力的选择性关注原则，即决策者在特定时间将注意力集中在有限的议题和答案上，其注意力通常会引导某些行动的过程。二是注意力的情境化原则，这表明决策者注意力分配的异质性源于该决策者所处的背景。换句话说，决策者如何分配其注意力，进而将要采取何种行动，取决于其所处的特定环境。三是注意力的结构性配置原则，即决策者引导和配置员工注意力的方式塑造了集体注意力的焦点。注意力基础观自被提出以来一直应用于战略管理、创业、创新、国际商务等研究领域[260,470]（见表8-1）。

表 8-1 注意力基础观（ABV）相关研究

研究领域	研究主题	作者	注意力的前因	注意力的结果	ABV 作为理论视角
战略	注意力与学习	Rerup（2009）		√	
	管理层对竞争威胁的不关注	McMullen 等（2009）	√		
	董事会成员监督注意力	Tuggle 等（2010）	√		
	注意力与反击	Marcel 等（2010）		√	
	管理层注意力的异质性	Barreto 和 Patient（2013）	√		
	经验、注意力和期望水平：递归模型	Blettner 等（2015）	√	√	
	董事会服务参与	Knockaert 等（2015）			√
国际商务	国际化注意力的前因	Bouquet 和 Birkinshaw（2008）	√		
	国际化注意力和绩效	Bouquet 等（2009）		√	
	总部注意力与子公司绩效	Ambos 和 Birkinshaw（2010）		√	
	派遣和总部注意力	Plourde 等（2014）		√	
创业	企业家注意力	Cho 和 Hambrick（2006）	√	√	
	董事会成员对创业问题的注意力	Tuggle 等（2010）	√		
	注意力配置与社会创业	Stevens 等（2015）		√	
	注意力与机会识别	Shepherd 等（2017）		√	
	CEO 的创业注意力与企业价值创造	Keil 等（2017）			√
	吸收能力与公司创业	Sakhdari 和 Burgers（2018）			√
创新	注意力与企业对技术变革的适应	Kammerlander 和 Ganter（2015）		√	
	网络结构和创新想法的产生	Rhee 和 Leonardi（2018）			√

二、政策注意力、公司创业和绩效三者关系分析

（一）企业家注意力与公司创业

为了建立政策注意力与公司创业间的联系，本研究首先揭示了新兴市场背景下政府政策的独特性。为实现经济转型，新兴经济体政府致力于培育私营企业并推动其发展。为此，它们会将以前的国有企业私有化，或培育新成立的私营企业[233,467-468]。而后者的特点是政府推出利好政策以鼓励私营企业进入新的业务领域，以及取消对私营企业的某些禁令或控制[232]。

我国中央政府颁布的两项政策，即 2005 年颁布的"非公经济 36 条"和 2010 年颁布的《国务院关于鼓励和引导民间投资健康发展的若干意见》，就是此类政策的代表性的例子。前者取消了对私营企业进入广泛范围行业的限制，正式允许私营企业进入除国家安全相关行业外的其他行业[233]。后者鼓励私营企业进入新的行业，并通过提供公平、开放和有利的环境扩大私营企业的现有业务。正如前述两项政策，政府为私营企业量身定做的政策或条例实际上是转型经济背景下私营企业的机会来源。在本研究中，我们采用"政策性机会"来代表新颁布的公共政策的有利变化所带来的创业机会[468]。

本研究进一步预测，对政府政策保持关注的企业家更易促进公司创业活动。根据 Ocasio（1997）的观点，注意力包括受到环境刺激的决策者对于投入时间和精力的注意、编码、解释[129]。因此，我们从三个方面讨论了企业家政策注意力与公司创业间的关系。第一，对政府政策保持关注的企业家比不关注新政策和法规的企业家更能"注意到"其中的积极变化[471]。换言之，企业家政策注意力可能帮助企业了解其他企业不了解的或先于其他企业了解到最新的政策变化[471]。第二，对政府政策的关注使企业家和企业能够迅速有效地编码新政策规定，解释其内在的含义，并对政策性机会形成可能的"信念"[25]。第三，机会信念一旦形成，企业家政策注意力就能够引导企业家和其企业集中时间与精力进一步抓住新机会[25, 232]。

上述三个方面是对注意力基础观第一项原则的详细阐述，即行为者采取的行动通常取决于其将注意力集中于何处[129]。既有研究已发现，当企业的高管团队成员将注意力集中于创新时，这种关注通常会导致企业将专利的申请放在首位[463]。同样，对政府政策的高度关注会使得企业家更迅速地注意到并理解新的政策条例，并识别出在一段时间内（即机会窗口）可获得的潜在政策性机会。最终，关注和解释新政策的企业家能够形成机会信念，这又促进了利用政策性机会的行为（即公司创业）[25,472]。

我们强调，由于往往蕴含着创业机会，与新兴经济体下私营企业相关的某些政策是有价值的[233,467]，而对这些政策保持关注的私营企业家更有可能通过识别和利用政策性机会来激励公司创业[40,232]。因此本研究提出假设：

假设 1：企业家政策注意力促进私营企业的公司创业活动。

（二）企业家注意力、公司创业和企业绩效

公司创业作为一种多维度构念，涉及一系列战略举措，包括创新、风险投资和战略更新[182,186,473]。既有研究已证实了公司创业促进企业绩效的多种方式，如公司创业可以通过提高企业的盈利能力[12]、实现企业更新[167,474]、追求创新[364]、帮助企业获得知识以培育未来的收入来源[12]、在国际上取得成功[18]、通过重新配置资源来发展竞争优势[475]等，增强企业的竞争力。

对新兴经济体内的私营企业而言，Yiu 和 Lau（2008）认为公司创业是通过改变（或更新）

资源和能力以满足不断变化的环境需求的一种基本机制，进而能够提高企业绩效[250]。同样，本研究认为，公司创业活动是将政策性机会转化为企业实际经济成果的重要手段。具体地，通过公司创业活动，在位企业能够以整合识别的政策性机会和现有资源的方式，成功扩大其业务组合并增加其销售额，以建立新业务和/或扩大现有业务[18,206,250,476]。因此，本研究认为，公司创业最终会提高企业在销售和投资回报方面的绩效。

假设2：公司创业能够提高新兴经济体中私营企业的绩效。

结合假设1和假设2，本研究认为公司创业是一种将企业家政策注意力与企业绩效联系起来的机制。也就是说，企业家政策注意力促进了公司创业活动，进而影响企业绩效。正如Joseph和Wilson（2018）的观点，企业家注意力的配置可能决定企业实际追寻何种机会[477]。本研究认为，对政府政策的关注越多，企业家就越可能识别政策性机会，这能够促使私营企业利用机会进行公司创业活动。此外，正如以往研究所示，公司创业的过程结合了各种资源以应对新挑战和抓住新机遇，因此提高了企业绩效[12,182-183,473-475]。本研究据此提出假设：

假设3：公司创业在企业家政策注意力和企业绩效的关系间起到中介作用。

（三）地区制度发展水平的调节作用

注意力基础观的情境化原则认为，决策者所处的环境决定了其注意力分配[129]。尽管Ocasio（1997）强调组织情境的重要性，但是他还提到了可能对决策者的注意力配置产生更广泛影响的情境因素（即社会、政治和文化背景）[129]。本研究着重论述私营企业家的政策注意力，这是企业制度环境的组成部分，并进一步讨论地区制度背景可能发挥的权变作用。

制度理论认为，制度塑造了社会的"游戏规则"[47,268]。这样的制度规则或标准是宏观环境的重要组成部分，会对每个参与者的行为和表现产生重大影响[478]。对大型新兴经济体而言，不同地区间的制度发展水平通常存在巨大差异[252]。地方性制度之间的差异越来越受到学界的关注[253,291,294-295,479]。

正如Wright等人（2005）的观点，由于制度发展的差异，不同地区的资源价值不同[466]。本研究认为，企业家政策注意力对公司创业的影响因企业所在地区的不同而存在差异。具体地，对位于制度较发达地区的企业而言，机会和资源的配置主要由市场而非各级政府实现[480]。更重要的是，这些制度发达地区的政府通过控制涉及创业机会的政策或法规来避免干预经济发展。在这种情况下，企业家主要针对市场寻找有价值的创业机会，而不是对政府的行动做出反应。因此，在制度较发达地区，企业家政策注意力作为机会识别和利用的来源的重要性受到抑制[466]。相反，在制度欠发达地区，由于地区政府会更积极地参与经济发展，政府政策的变化往往蕴含丰富的创业机会[248]。在这种情况下，企业家政策注意力往往会给私营企业带来回报——对政府政策的回应会引发更多的公司创业活动（见图8-1）。因此，本研究提出假设：

假设4：地区制度发展水平减弱了企业家政策注意力与公司创业间的联系。

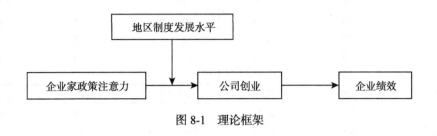

图 8-1　理论框架

三、研究取样、变量测量与统计模型

(一) 数据与样本

本研究通过两种来源的数据来检验假设。第一种是2012年由中国社会科学院、全国工商联和中共中央统战部三方对私营企业进行的全国范围的调查。调查的目的是收集中国企业家的意见和想法，协助中央政府调整现行政策以及颁布有关私营企业的新政策[282]。为了在全国各地选择具有代表性的私营企业，研究小组首先采用多阶段分层抽样技术，在各省份和行业中进行了大量的企业随机抽样。研究小组随后编制了调查问卷，其中涵盖了与企业家背景和企业特定信息有关的各类问题。最后，研究小组耗时一年对样本中每个企业的企业家/创始人进行面对面访谈以成功收集数据。这些程序产生的可靠数据已多次被高质量研究所采用[282,301-302]。

此数据适用于本研究的原因有三。第一，能够提供具有代表性的中国私营企业的关键信息。第二，全国私营企业调查的最初目的仅仅是收集有关私营企业行为的信息，而非调查企业家对政府政策的关注如何影响公司创业和企业绩效。因此，使用此数据不太可能引入调查者偏差的风险。第三，样本是企业家主导的私营企业，在这样的企业中企业家发挥着最重要的决策作用。综上，此样本数据符合本研究的研究目的，即检验企业家注意力的配置如何影响私营企业进行公司创业行为的决策，以及提高企业创造的经济效益。

本研究采用的第二种数据来源是由中国国民经济研究所开发的"中国各省市场化指数"[481]。该指数采用类似世界经济自由度指数使用的方法，对全国各省的市场、监管和法律发展水平进行排名[233]。此数据常被用来衡量中国地区层面的制度发展水平[253,282,307,468]。本研究将各省的市场化分数分配给样本中的各企业。

本研究的数据包括企业及各省的观测数据的原因有二。首先，我们仅能定位各企业在省级的位置。其次，地区制度发展水平的测量也是基于省级水平。为排除极端值，本研究采用Barnett和Lewis（1994）的做法，在1%的水平上进行缩尾处理[305]。最终的样本包括

2 386 个企业。表 8-2 列示了样本的描述性统计信息。

表 8-2 按地区、企业年龄和员工人数的样本分布情况

地区	数量	百分比	企业年龄	数量	百分比
北京	76	3.19	<10	1 620	67.9
天津	77	3.23	10～20	743	31.14
上海	107	4.48	>20	23	0.96
重庆	83	3.48	总计	2 386	100
华北地区	188	7.88			
东北地区	306	12.82	员工人数	数量	百分比
华东地区	714	29.92	<100	1 503	62.99
华中地区	278	11.65	100～1 000	790	33.11
华南地区	244	10.23	>1 000	93	3.9
西南地区	128	5.36	总计	2 386	100
西北地区	185	7.75			
总计	2 386	100			

注：表中百分比一列为四舍五入的结果。

(二) 测量

企业绩效 (ROS)：本研究沿用 Yiu 和 Lau (2008)、Antoncic 和 Prodan (2008)、Kemelgor (2002) 以及 Zahra 和 Garvis (2000) 的做法，用销售收益率 (ROS) 作为因变量来衡量企业绩效[18,206,250,476]。

企业家政策注意力 (Entatten)：企业家政策注意力表征企业家注意、跟踪和考虑政府机构活动和政策的程度。在中国转型经济背景下，中央和地方政府不断制定影响私营企业发展的新政策或法规，作为促进经济增长的措施[233]。因此，本研究利用企业家对政府有关私营企业的最新政策的熟悉程度来衡量企业家政策注意力。在 2012 年全国私营企业调查中，被访者需评估其熟悉五项关于私营企业的新政策⊖的程度。例如，被访者需要对《关于进一步促进中小企业发展的若干意见》的熟悉程度进行评级，其中"3"表示比较了解，"2"表示听说过，"1"表示缺乏了解。通过对五个题项的得分进行加总，得到企业家政策注意力这一连续变量。

公司创业 (Ce)：公司创业指发生于在位企业内部和外部的企业层面创业活动。公司创业作为一个动态的构念，其维度随着时间的推移而变化[482]。为了考察企业家政策注意力对企业商业举措的影响，本研究关注公司创业的内部和外部两方面。内部公司创业包括投资扩大现有产品的生产规模、投资新产品的研发以及技术或流程创新。外部公司创业则包括对新企业的投资，涉及建立新的外部实体、投资合并或收购现有的外部企业。本研究对上述的所

⊖ 该五项政策如下：国务院《关于进一步促进中小企业发展的若干意见》；国务院《关于鼓励和引导民间投资健康发展的若干意见》；中国人民银行、银监会、证监会、保监会《关于进一步做好中小企业金融服务工作的若干意见》；工信部《"十二五"中小企业成长规划》；国务院 9 项支持小型和微型企业发展的政策措施 (Dai 和 Liao, 2018)。

有投资进行加总，并以总投资额与总销售额的比值来表征公司创业。

地区制度发展水平（Insdvp）：基于对中国国民经济研究所市场化指数的广泛使用[307,468]，研究采用2012年省级数据测量制度发展水平。市场化指数从以下几个方面对各省的制度发展进行了全面评价：政府与市场的关系，即政府干预市场的程度；非国有企业占比；产品（服务）市场的发展水平；要素市场的发展水平；市场中介和法律制度的发展水平[232,253]。本研究利用上述五方面的总分来测量各样本企业所在省份的地区制度发展水平。

控制变量：为了排除其他因素的影响，本研究选择了个体、企业和行业三个层面的控制变量。

个体层面的控制变量包括企业家性别（Gender）、社会地位（Soclss）、教育水平（Edu）和企业家体制内职业经历（Prexpgov）。首先，既有研究表明，企业家性别（Gender）会对企业绩效产生影响[298]，研究通过虚拟变量将其控制，其中"1"表示男性，"0"表示女性。其次，企业家的社会地位（Soclss）意味着其社会资本，会影响企业的行为和绩效[483]，因此本研究利用10分量表（1表示最低，10表示最高）对企业家社会地位进行测量和控制。再次，既有研究认为，企业家的教育背景可能会塑造其决策过程[309]，特别地，企业家的本科学历是对创业企业产生重大影响的因素[484]，因此，本研究通过企业家是否拥有大学及以上学历（1=是，0=否）将企业家教育水平（Edu）作为一个虚拟变量加以控制。最后，本研究控制了企业家体制内职业经历（Prexpgov），在计划经济时期，中国体制系统由国有和集体企业、政府机构和非营利性机构等组成[429]。这一系统对个体产生深远影响，本研究通过确定企业家是否在国有或集体企业，或者在政府机构或非营利性机构有工作经历来进行测量。

在企业层面，本研究控制了企业年龄（Firmage）、企业规模（Lnemploy, Firmsize）、员工培训费用（Train）、家族持股比例（Famown）、正式结构（Forstr）、财务杠杆（Lev）、出口（Export）、对外直接投资（Frinvst）等变量。

企业年龄（Firmage）与企业战略决策相关，因此本研究通过计算企业成立以来的年限加以控制。企业规模同样会对企业的战略选择产生重要影响，本研究控制了员工人数（Lnemploy）和资产总额（Firmsize）⊖。员工培训导致人力资本的积累，进而影响企业绩效[485]，因此本研究控制了员工培训费用（Train）。家族持股比例（Famown）是影响企业绩效的关键因素[486]，通过创始人及其家族成员拥有的股权比例测量。企业正式结构（Forstr）能够表明企业公司治理的完善程度，可能会对企业绩效产生影响[487]，因此，通过询问企业是否设立了股东会、董事会和监事会对变量进行测量和控制。由于债务融资既可能提升也可能损害企业绩效[488]，本研究控制了财务杠杆（Lev），借鉴Du（2014）的做法，我们利用企业在调查年度的银行贷款总额与收入的比值进行测量。一系列研究表明，国际化能够影响企业绩效[489-491]，因此我们控制了企业出口（Export）和对外直接投资（Frinvst），分别利用年度出口销售额与年度总销售额占比和对外直接投资与收入占比进行测量。

⊖ 二者均取自然对数。

为了排除行业差异可能带来的影响，我们在所有模型中都控制了行业变量。

表 8-3　主要变量及测量

变量符号	测量
ROS	2012年的销售收益率
Entatten	企业家对五项新颁布的私营企业相关政策的熟悉程度
Ce	2012年在内部公司创业方面（即扩大现有业务、新产品创新、技术和/或流程创新）和外部公司创业方面（即投资建立/收购新企业、投资合并或收购现有的外部企业）的总支出与总销售额的比值
Insdvp	2012年中国各地区的市场化指数
Gender	企业家性别：1= 男性，0= 女性
Soclss	企业家社会地位：经济地位、社会地位和政治地位的均值，取值范围为 0～30 分，分数越高，企业家社会地位越高
Edu	企业家教育水平："1"表示企业家拥有大学及以上学历，"0"表示其他学历
Prexpgov	企业家的体制内工作经历：虚拟变量，1= 有，0= 无
Train	员工培训支出：员工培训费用与收入总额的比值，并标准化处理
Firmage	企业自建立以来的年数
Lnemploy	员工人数的自然对数
Famown	家庭成员持股比例
Firmsize	销售额的自然对数
Forstr	正式结构：指企业在股东会（n1，1= 有，0= 无）、董事会（n2，1= 有，0= 无）、监事会（n3，1= 有，0= 无）方面是否具有正式全面的组织结构。变量 Formalstc 取（n1+n2+n3）/3
Lev	资产和债务的杠杆或比率
Export	企业出口：年出口销售额占年总销售额的比例
Frinvst	企业的对外直接投资：1 表示有，0 表示无

（三）模型

为了检测假设 1，我们检验了方程（8-1），其包括企业家政策注意力（Entatten）和控制变量：

$$Ce = \beta_0 + \beta_1 Controls + \beta_2 Entatten + \varepsilon \tag{8-1}$$

为了检测假设 2，我们检验了方程（8-2），其包括公司创业和控制变量：

$$ROS = \beta_0 + \beta_1 Controls + \beta_2 Ce + \varepsilon \tag{8-2}$$

为了检测假设 3，除了方程（8-1）和方程（8-2），我们采用了 Zhao、Lynch 和 Chen（2010）所提出的步骤来检验方程（8-3）：

$$ROS = \beta_0 + \beta_1 Controls + \beta_2 Entatten + \beta_3 Ce + \varepsilon \tag{8-3}$$

为了检测假设 4，我们检验了方程（8-4），其包括企业家政策注意力（Entatten）、地区制度发展（Insdvp）、这二者的交互项（Entatten × Insdvp）以及控制变量：

$$Ce = \beta_0 + \beta_1 Controls + \beta_2 Entatten + \beta_3 Insdvp \\ + \beta_4 Entatten \times Insdvp + \varepsilon \tag{8-4}$$

根据各模型中因变量的类型，我们分别采用了 OLS 或 Tobit 回归方法。由于中介变量（即公司创业）取值非负，我们采用了 Woodridge（2010）所使用的 Tobit 回归[450]。而这一方法通常就是用于检测非负因变量与自变量之间的相互关系。而当因变量（即 ROS）是连续变量且服从正态分布时，我们则使用 OLS 回归的方法。

四、统计分析的结果及讨论

（一）假设检验

表 8-4 列出了所有变量的描述性统计特征，表 8-5 列出了主要变量的相关系数。如表 8-5 所示，所有相关系数都不超过 0.3，所有回归模型的 VIF 值都不超过 5，这表明多重共线问题并不严重。表 8-6 列出了相应的回归分析结果。

假设 1 认为企业家的政策注意力促进私营企业的公司创业活动。表 8-6 中模型 2 的结果表明企业家政策注意力（Entatten）的系数为 0.049，且在 1% 的水平上显著。因此，假设 1 得到支持。

假设 2 认为公司创业能够提高新兴经济体中私营企业的绩效。表 8-6 中模型 5 的结果表明公司创业在 1% 的水平上与私营企业绩效显著正相关。因此，假设 2 得到支持。

表 8-4 描述性统计

	样本量	均值	方差	最小值	p25	p50	p75	最大值
ROS	2 386	0.09	0.21	−0.71	0.01	0.04	0.12	1.00
ROE	2 386	0.36	0.79	−0.44	0.02	0.10	0.31	5.00
Entatten	2 386	5.17	3.02	0.00	3.00	5.00	7.00	10.00
Ce	2 386	0.13	0.39	0.00	0.00	0.00	0.08	2.73
Ece	2 386	0.02	0.10	0.00	0.00	0.00	0.00	0.72
Insdvp	2 386	7.34	1.83	0.00	6.10	6.89	8.87	9.95
Gender	2 386	0.85	0.36	0.00	1.00	1.00	1.00	1.00
Prexpgov	2 386	0.54	0.50	0.00	0.00	1.00	1.00	1.00
Soclss	2 386	5.56	1.76	1.00	4.33	5.67	6.67	10.00
Edu	2 386	0.31	0.46	0.00	0.00	0.00	1.00	1.00
Famown	2 386	0.73	0.32	0.00	0.50	0.88	1.00	1.00
Forstr	2 386	0.50	0.32	0.00	0.33	0.33	0.67	1.00
Lnemploy	2 386	4.27	1.30	2.40	3.18	4.09	5.18	7.72
Train	2 386	0.00	0.02	0.00	0.00	0.00	0.00	0.13
Firmage	2 386	8.11	5.35	0.00	4.00	8.00	12.00	22.00
Firmsize	2 386	7.06	2.44	0.83	5.39	7.31	8.76	12.08
Lev	2 386	0.70	1.85	0.00	0.00	0.03	0.60	13.33
Export	2 386	0.01	0.03	0.00	0.00	0.00	0.00	0.17
Frinvst	2 386	0.04	0.20	0.00	0.00	0.00	0.00	1.00

表 8-5 相关矩阵

	1	2	3	4	5	6	7	8	9	10	11	12	13	14	15	16	17
1. ROS	1.00																
2. Ce	0.19***	1.00															
3. Entatten	0.04*	0.19***	1.00														
4. Insdvp	−0.00	−0.07***	−0.11***	1.00													
5. Gender	0.02*	0.02*	0.10***	0.04	1.00												
6. Prexpgov	−0.00	0.03	0.28***	0.00	0.04*	1.00											
7. Soclss	0.03	0.07***	0.22***	0.09***	0.15***	0.19***	1.00										
8. Edu	0.04	0.01	0.09***	−0.00	−0.02	0.12***	0.08***	1.00									
9. Famown	0.05*	0.02	−0.02	0.10***	0.02	−0.06**	−0.00	−0.09***	1.00								
10. Forstr	−0.06**	0.02	0.09***	−0.06**	0.06**	0.07**	0.10***	0.07***	−0.20***	1.00							
11. Lnemploy	0.01	0.06**	0.32***	0.10***	0.19***	0.19***	0.26***	0.12***	−0.06**	0.18***	1.00						
12. Train	0.17***	0.24***	−0.00	−0.10***	−0.05*	−0.02	−0.08***	−0.01	−0.01	−0.04	−0.08***	1.00					
13. Firmage	0.01	−0.01	0.17***	0.18***	0.11***	0.16***	0.22***	−0.00	0.06**	0.00	0.26***	−0.09***	1.00				
14. Firmsize	−0.06**	−0.08***	0.20***	0.18***	0.17***	0.23***	0.46***	0.15***	−0.07***	0.18***	0.25***	−0.26***	0.29***	1.00			
15. Lev	−0.03	0.06**	0.08***	0.02	0.05*	0.05*	0.10***	−0.01	−0.02	0.03	0.17***	−0.04	0.10***	0.19***	1.00		
16. Export	0.02	0.02	0.05*	0.16***	0.02	0.04*	0.13***	−0.00	−0.03	0.01	0.22***	−0.04	0.10***	0.16***	0.10***	1.00	
17. Frinvst	0.06***	0.03	0.06**	0.00	0.01	0.02	0.07***	0.02	0.00	0.02	0.10***	0.00	0.04*	0.07***	0.05**	0.11***	1.00

注：$*p<0.10$，$**p<0.05$，$***p<0.01$。

假设 3 提出公司创业在企业家政策注意力和企业绩效的关系间起到中介作用。根据 Zhao、Lynch 和 Chen（2010）推荐的方法，本研究基于以下三个步骤验证了中介效应[492]。第一，自变量（企业家政策注意力）和中介变量（公司创业）显著相关。正如假设 1 所提到的，表 8-6 中模型 2 的结果表明企业家政策注意力（$Entatten$）在 1% 的水平上与公司创业（Ce）显著正相关。第二，中介变量（公司创业）和因变量（企业绩效）也显著相关。表 8-6 中模型 5 的结果表明公司创业（Ce）在 1% 的水平上与私营企业绩效（ROS）显著正相关。第三，在控制中介变量（公司创业）的条件下，自变量（企业家政策注意力）和因变量（企业绩效）之间的关系不显著或显著性降低。表 8-6 中模型 7 的结果表明，当自变量（即 $Entatten$）和中介变量（即 Ce）都包含于方程中时，中介变量（即 Ce）在 1% 的水平上与因变量（即 ROS）显著正相关，而自变量（即 $Entatten$）和因变量（即 ROS）之间的正向关系并不显著。因此，假设 3 得到验证。

假设 4 认为地区制度发展水平负向调节企业家政策注意力与公司创业之间的关系。为了检验假设 4，表 8-6 中的模型 3 加入企业家政策注意力和地区制度发展水平的交互项（$Entatten \times Insdvp$）。在创建交互项之前，各变量均已进行中心化处理以减少多重共线性问题的影响。表 8-6 中模型 3 的结果表明交互项在 1% 的水平上与公司创业（Ce）显著负相关。因此，假设 4 也得到验证。

表 8-6 企业家注意力、公司创业与企业绩效回归结果

	模型 1 Ce	模型 2 Ce	模型 3 Ce	模型 4 ROS	模型 5 ROS	模型 6 ROS	模型 7 ROS
$Entatten$		0.049***	0.065***			0.003*	0.001
		(5.37)	(4.52)			(1.92)	(0.78)
Ce					0.078***		0.076***
					(3.62)		(3.50)
$Entatten \times Insdvp$			−0.004***				
			(−3.74)				
$Insdvp$	−0.012*	0.000	0.015*	0.001	0.001	0.001	0.002
	(−1.76)	(0.05)	(1.69)	(0.30)	(0.64)	(0.67)	(0.77)
$Gender$	0.083*	0.068	0.068*	0.017	0.015	0.016	0.015
	(1.95)	(1.62)	(1.66)	(1.29)	(1.19)	(1.21)	(1.16)
$Prexpgov$	0.054*	−0.004	−0.001	−0.001	−0.002	−0.004	−0.004
	(1.92)	(−0.15)	(−0.03)	(−0.06)	(−0.25)	(−0.49)	(−0.41)
$Soclss$	0.042***	0.036***	0.038***	0.006**	0.004	0.006*	0.004
	(4.53)	(3.94)	(4.19)	(1.99)	(1.52)	(1.90)	(1.49)
Edu	0.013	0.004	0.021	0.021**	0.020**	0.021**	0.020**
	(0.43)	(0.13)	(0.73)	(2.27)	(2.17)	(2.21)	(2.15)
$Famown$	0.068	0.054	0.060	0.027**	0.024*	0.026**	0.024*
	(1.59)	(1.30)	(1.45)	(2.03)	(1.84)	(1.96)	(1.82)
$Forstr$	0.035	0.030	0.025	−0.033***	−0.035***	−0.033***	−0.035***
	(0.84)	(0.72)	(0.61)	(−2.72)	(−2.96)	(−2.75)	(−2.96)

(续)

	模型1 Ce	模型2 Ce	模型3 Ce	模型4 ROS	模型5 ROS	模型6 ROS	模型7 ROS
Lnemloy	0.128***	0.113***	0.115***	0.011**	0.006	0.009*	0.006
	(6.85)	(6.31)	(6.47)	(2.23)	(1.34)	(1.95)	(1.25)
Train	7.509***	7.029***	6.905***	1.881***	1.509**	1.857***	1.507**
	(4.73)	(4.66)	(4.70)	(3.16)	(2.54)	(3.13)	(2.55)
Firmage	0.001	0.000	0.001	0.001	0.001	0.001	0.001
	(0.54)	(0.10)	(0.19)	(1.11)	(1.14)	(1.02)	(1.10)
Firmsize	−0.029**	−0.038***	−0.034***	−0.009**	−0.006*	−0.010**	−0.007*
	(−2.54)	(−3.38)	(−3.02)	(−2.43)	(−1.69)	(−2.53)	(−1.75)
Lev	0.020***	0.019***	0.019***	−0.003	−0.004*	−0.003	−0.004*
	(2.63)	(2.59)	(2.60)	(−1.27)	(−1.86)	(−1.32)	(−1.87)
Export	0.593	0.544	0.518	0.115	0.100	0.115	0.100
	(1.30)	(1.27)	(1.24)	(0.83)	(0.75)	(0.83)	(0.75)
Frinvst	0.044	0.022	0.027	0.057**	0.055**	0.057**	0.055**
	(0.65)	(0.34)	(0.43)	(2.33)	(2.42)	(2.31)	(2.40)
∑Industry	控制	控制	控制	控制	控制	控制	控制
_cons	−0.873***	−0.986***	−1.077***	0.030	0.030	0.023	0.026
	(−9.08)	(−10.02)	(−10.11)	(1.09)	(1.08)	(0.81)	(0.97)
adj. R^2(pseudo R^2)	0.08	0.11	0.11	0.04	0.06	0.04	0.06
F	11.18	12.37	12.42	3.54	4.20	3.90	4.27
N	2 386	2 386	2 386	2 386	2 386	2 386	2 386

注：括弧内为行业层面的标准误差（White, 1980）；*$p<0.10$，**$p<0.05$，***$p<0.01$。

（二）稳健性检验

为了检验研究结果的稳健性，本研究进行了以下分析。首先，本研究使用权益回报率（ROE）代替测量企业绩效，并检验了企业家政策注意力、公司创业和企业绩效之间的关系。在先前关于企业绩效的公司创业文献中，ROE已被广泛用作因变量[11,202,493]。表8-7的结果表明，研究结果基本没有太大变化。因此，本研究提出的假设得到验证。

表8-7 企业家政策注意力、公司创业和ROE的回归结果

	模型1 Ce	模型2 Ce	模型3 Ce	模型4 ROE	模型5 ROE	模型6 ROE	模型7 ROE
Entatten		0.049***	0.065***			0.016**	0.009*
		(6.37)	(5.52)			(2.45)	(1.92)
Ce					0.315***		0.303***
					(3.45)		(3.37)
Entatten × Insdvp			−0.004***				
			(−3.74)				
Insdvp	−0.012*	0.000	0.015*	0.024***	0.027***	0.028***	0.029***
	(−1.76)	(0.05)	(1.69)	(2.71)	(3.04)	(3.16)	(3.29)

（续）

	模型1 Ce	模型2 Ce	模型3 Ce	模型4 ROE	模型5 ROE	模型6 ROE	模型7 ROE
Gender	0.083*	0.068	0.068*	−0.046	−0.052	−0.051	−0.054
	(1.95)	(1.62)	(1.66)	(−1.06)	(−1.21)	(−1.18)	(−1.27)
Prexpgov	0.054*	−0.004	−0.001	−0.036	−0.042	−0.056	−0.053
	(1.92)	(−0.15)	(−0.03)	(−1.08)	(−1.28)	(−1.61)	(−1.55)
Soclss	0.042***	0.036***	0.038***	0.014	0.008	0.012	0.007
	(4.53)	(3.94)	(4.19)	(1.22)	(0.68)	(1.09)	(0.62)
Edu	0.013	0.004	0.021	0.023	0.018	0.020	0.016
	(0.43)	(0.13)	(0.73)	(0.65)	(0.51)	(0.57)	(0.47)
Famown	0.068	0.054	0.060	−0.036	−0.046	−0.040	−0.048
	(1.59)	(1.30)	(1.45)	(−0.67)	(−0.86)	(−0.75)	(−0.90)
Forstr	0.035	0.030	0.025	−0.124**	−0.133***	−0.126**	−0.133***
	(0.84)	(0.72)	(0.61)	(−2.42)	(−2.63)	(−2.45)	(−2.65)
Lnemploy	0.128***	0.113***	0.115***	0.004	−0.013	−0.002	−0.016
	(6.85)	(6.31)	(6.47)	(0.18)	(−0.61)	(−0.09)	(−0.72)
Train	7.509***	7.029***	6.905***	3.708**	2.199*	3.582**	2.185*
	(4.73)	(4.66)	(4.70)	(2.36)	(1.65)	(2.35)	(1.66)
Firmage	0.001	0.000	0.001	0.002	0.002	0.001	0.001
	(0.54)	(0.10)	(0.19)	(0.41)	(0.42)	(0.30)	(0.36)
Firmsize	−0.029**	−0.038***	−0.034***	0.026**	0.037***	0.024**	0.036***
	(−2.54)	(−3.38)	(−3.02)	(2.51)	(3.54)	(2.29)	(3.41)
Lev	0.020***	0.019***	0.019***	0.107***	0.103***	0.107***	0.103***
	(2.63)	(2.59)	(2.60)	(5.85)	(5.54)	(5.88)	(5.57)
Export	0.593	0.544	0.518	−0.607	−0.670	−0.608	−0.669
	(1.30)	(1.27)	(1.24)	(−1.04)	(−1.18)	(−1.03)	(−1.17)
Frinvst	0.044	0.022	0.027	0.142	0.135	0.138	0.132
	(0.65)	(0.34)	(0.43)	(1.43)	(1.37)	(1.39)	(1.34)
∑Industry	控制	控制	控制	控制	控制	控制	控制
cons	−0.873***	−0.986***	−1.077***	−0.059	−0.062	−0.099	−0.084
	(−9.08)	(−10.02)	(−10.11)	(−0.65)	(−0.68)	(−1.06)	(−0.91)
adj. R^2 (pseudo R^2)	0.08	0.11	0.11	0.08	0.11	0.09	0.11
F	11.18	12.37	12.42	6.94	7.53	6.72	7.09
N	2 386	2 386	2 386	2 386	2 386	2 386	2 386

注：括弧内为行业层面的标准误差（White，1980）；*$p<0.10$，**$p<0.05$，***$p<0.01$。

其次，考虑到政府政策能够提供有价值的经济活动，这在一定程度上可以刺激外部公司创业（Ece）[494]。因此，本研究使用外部公司创业代替测量公司创业。具体而言，本研究用创建新的外部组织、合并或收购现有外部企业的投资总额来测量外部公司创业（Ece）。表8-8的研究结果表明，无论是用ROS测量企业绩效（模型4～模型7），还是用ROE测量企业绩效（模型8～模型11），企业家政策注意力、公司创业和绩效之间的关系都和本研究之前做出的假设一致。

综合来看，稳健性分析的结果表明表8-6的研究结果是稳健的，这有力地支持了本研究提出的四个假设。

表 8-8 企业家政策注意力、公司创业和绩效（ROS 及 ROE）回归结果

	模型 1 Ece	模型 2 Ece	模型 3 Ece	模型 4 ROS	模型 5 ROS	模型 6 ROS	模型 7 ROS	模型 8 ROE	模型 9 ROE	模型 10 ROE	模型 11 ROE
Entatten		0.070*** (6.06)	0.083*** (6.50)			0.003* (1.92)	0.001* (1.80)			0.016** (2.45)	0.002** (2.38)
Ece					0.388*** (5.13)		0.399*** (5.06)		1.684*** (4.43)		1.703*** (4.36)
Entatten × Insdvp			−0.005*** (−4.47)								
Insdvp	−0.010 (−1.23)	0.005 (0.71)	0.029*** (3.02)	0.001 (0.30)	0.001 (0.51)	0.001 (0.67)	0.001 (0.35)	0.024*** (2.71)	0.026*** (3.00)	0.028*** (3.16)	0.025*** (2.94)
Gender	0.049 (0.94)	0.034 (0.79)	0.042 (1.12)	0.017 (1.29)	0.017 (1.33)	0.016 (1.21)	0.017 (1.35)	−0.046 (−1.06)	−0.046 (−1.06)	−0.051 (−1.18)	−0.045 (−1.05)
Prexpgov	0.029 (0.91)	−0.037 (−1.33)	−0.021 (−0.85)	−0.001 (−0.06)	−0.002 (−0.20)	−0.004 (−0.49)	−0.000 (−0.02)	−0.036 (−1.08)	−0.041 (−1.26)	−0.056 (−1.61)	−0.038 (−1.13)
Soclss	0.016* (1.67)	0.007 (0.80)	0.006 (0.75)	0.006** (1.99)	0.006* (1.93)	0.006* (1.90)	0.006** (1.97)	0.014 (1.22)	0.012 (1.12)	0.012 (1.09)	0.012 (1.14)
Edu	0.007 (0.23)	−0.017 (−0.60)	0.005 (0.20)	0.021** (2.27)	0.022** (2.32)	0.021** (2.21)	0.022** (2.35)	0.023 (0.65)	0.024 (0.69)	0.020 (0.57)	0.024 (0.71)
Famown	0.084* (1.69)	0.058 (1.33)	0.060 (1.56)	0.027** (2.03)	0.027** (2.10)	0.026* (1.96)	0.028** (2.13)	−0.036 (−0.67)	−0.033 (−0.62)	−0.040 (−0.75)	−0.033 (−0.62)
Forstr	0.202*** (4.11)	0.163*** (3.88)	0.129*** (3.53)	−0.033*** (−2.72)	−0.039*** (−3.26)	−0.033*** (−2.75)	−0.039*** (−3.26)	−0.124** (−2.42)	−0.150*** (−2.98)	−0.126** (−2.45)	−0.150*** (−2.98)
Lnemploy	0.043** (2.48)	0.020 (1.31)	0.020 (1.46)	0.011** (2.23)	0.009* (1.84)	0.009* (1.95)	0.009* (1.90)	0.004 (0.18)	−0.004 (−0.19)	−0.002 (−0.09)	−0.003 (−0.16)

Train	5.581***	4.254***	3.609***	1.881***	1.532***	1.857***	1.532***	3.708**	2.197*	3.582**	2.196*
	(5.73)	(6.07)	(6.08)	(3.16)	(2.61)	(3.13)	(2.61)	(2.36)	(1.77)	(2.35)	(1.77)
Firmage	0.009***	0.006**	0.005**	0.001	0.001	0.001	0.001	0.002	0.000	0.001	0.000
	(2.79)	(2.33)	(2.34)	(1.11)	(0.78)	(1.02)	(0.81)	(0.41)	(0.06)	(0.30)	(0.07)
Firmsize	0.030***	0.015	0.022**	−0.009**	−0.009**	−0.010**	−0.009**	0.026**	0.027***	0.024**	0.027***
	(2.81)	(1.48)	(2.49)	(−2.43)	(−2.37)	(−2.53)	(−2.32)	(2.51)	(2.63)	(2.29)	(2.69)
Lev	0.020***	0.015***	0.014***	−0.003	−0.004**	−0.003	−0.004**	0.107***	0.099***	0.107***	0.099***
	(2.89)	(2.60)	(2.61)	(−1.27)	(−2.37)	(−1.32)	(−2.37)	(5.85)	(5.42)	(5.88)	(5.41)
Export	0.338	0.205	0.119	0.115	0.072	0.115	0.071	−0.607	−0.795	−0.608	−0.797
	(0.63)	(0.48)	(0.33)	(0.83)	(0.52)	(0.83)	(0.51)	(−1.04)	(−1.39)	(−1.03)	(−1.39)
Frinvst	0.098	0.050	0.064	0.057**	0.053**	0.057**	0.053**	0.142	0.122	0.138	0.123
	(1.44)	(0.91)	(1.32)	(2.33)	(2.20)	(2.31)	(2.20)	(1.43)	(1.22)	(1.39)	(1.22)
∑Industry	控制	控制	控制	控制	控制	控制	控制	控制	控制	控制	控制
_cons	−1.357***	−1.397***	−1.403***	0.030	0.036	0.023	0.039	−0.059	−0.034	−0.099	−0.028
	(−11.47)	(−12.36)	(−13.63)	(1.09)	(1.30)	(0.81)	(1.42)	(−0.65)	(−0.37)	(−1.06)	(−0.30)
adj. R^2 (pseudo R^2)	0.15	0.31	0.36	0.04	0.07	0.04	0.07	0.08	0.12	0.09	0.12
F	11.43	12.08	15.08	3.54	8.22	3.90	7.70	6.94	7.98	6.72	7.51
N	2 386	2 386	2 386	2 386	2 386	2 386	2 386	2 386	2386	2 386	2 386

注：括弧内为行业层面的标准误差（White, 1980）；*$p<0.10$，**$p<0.05$，***$p<0.01$。

交互作用图能够直观地展示调节效果。因此，为了更好地解释结果，本研究基于表 8-6 中模型 3 和表 8-8 的分析结果，并根据 Aiken 和 West（1991）的方法，绘制了两个地区制度发展水平（即低于均值一个标准差和高于均值一个标准差）的交互作用图（见图 8-2 和图 8-3）[455]。在各制度发展水平上，本研究绘制的回归线都代表了企业家政策注意力和公司创业之间的关系。

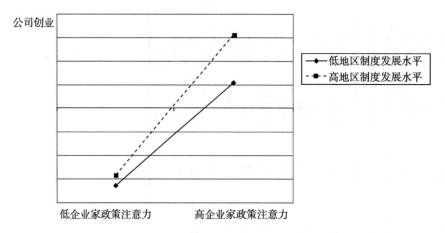

图 8-2　地区制度发展水平对企业家政策注意力–公司创业关系的调节效应

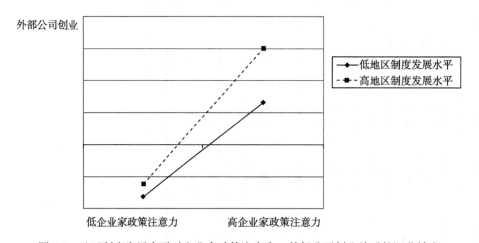

图 8-3　地区制度发展水平对企业家政策注意力–外部公司创业关系的调节效应

（三）结果讨论

基于注意力基础观，本研究检验了中国私营企业的企业家政策注意力是如何增加企业绩效的。我们发现公司创业活动将企业家的政策注意力转变为企业绩效。此外，我们还发现地区制度的发展水平调节了企业家政策注意力与公司创业之间的关系。这些发现有利于增进我们对企业家政策注意力影响企业绩效的理解。

1. 理论意义

本研究具有三方面重要的理论意义。第一，通过在转型经济体情境下讨论企业家注意力，丰富了注意力的相关理论。此前的研究一直聚焦于成熟的市场下企业家如何在维持现有活动和开展新活动之间分配注意力[130]，然而，新兴市场下企业面临着政府政策具有重要影响的局面，因而在关注经济市场之外，关注政治市场的动态也十分必要[41,318]。本研究明确检验了企业家政策注意力的作用，并推动了该主题在新兴市场情境下的研究。

第二，基于注意力基础观丰富了公司创业的前因研究，从而为解释公司创业活动的影响因素提供了新的线索。尽管公司创业中的认知过程是当前学界所讨论的热点话题[482]，然而有关企业家认知，特别是企业家注意力的研究目前还处于起始阶段[32]。由于这些问题对于我们理解关键个体对促进公司创业行为的影响具有重要意义[9,33]，因而我们试图通过注意力基础观来探求企业实施公司创业的原因，从而填补这一研究空白。本研究不仅从实证的角度支持了注意力基础观，更重要的是我们响应了 Corbett 和 Zahra 等人的呼吁，他们认为未来有关公司创业的研究应该重回个体层面，将个体作为解释公司创业现象的核心[9,33]。

第三，Bruton 等人（2008）认为未来有关公司创业的研究应该更多地在新兴市场的情境下展开[465]，而本研究很好地揭示了在中国独特的政治、经济和社会背景下特有的公司创业模式。这种特殊性源于中国商业环境的两个特点：首先，在中国有相当一部分的公司创业是建立于对政策性机会的追求，而非对由市场需求或创新所引发机会的追求；其次，该类型的公司创业一般是由高管或企业创始人启动的，因而代表的是一种"自上而下"而非"自下而上"的公司创业模式[275]。此前公司创业研究所论述的创业机会大多来源于市场和/或创新[8,251,495]，而政策性机会一直未得到足够的关注。因而本研究聚焦于政策性机会所引发的公司创业活动，是对公司创业研究很好的补充。在未来，相关的公司创业学者应该通过更细致的方式验证在位企业如何识别并利用政策性机会以及这些实践对企业生存和经济增长的影响。伴随着新兴市场（如金砖国家）的重要性不断提升，这一研究主题会受到越来越多研究者的关注，而本研究所提出的独特的公司创业模式则为未来公司创业学者的进一步研究奠定了基础。

2. 实践启示

本研究同样具有重要的实践意义。第一，由于我国各级政府对于经济有一定的控制权[38]。而给予私营企业的资源和"新"机会是由政府所分配的现状使得相当一部分私营企业可利用的创业机会来源于政府的政策。从这一角度来看，私营企业需要对政府政策的变化保持持续关注。而私营企业对政府政策的关注有利于其抓住由政府政策改变而产生的创业机会，并通过公司创业行为提高企业绩效。相关学者也提出过类似的观点，如新兴市场下的企业家不仅需要精通企业经营，还要精通搜索和解读政策转变的信号[318,465]。

第二，本研究证明了地区制度环境对私营企业而言具有十分重要的作用。本研究验证了由于地区间的制度发展水平不同，因而企业家政策注意力的作用也会随之改变。具体而言，制度发展水平越高的地区，政策注意力的积极作用就越低。因此，想要促进企业公司创业活动的企业家应该根据其企业所在地区的制度发展水平来协调其自身对政府政策和市场的注意力分配。仅关注市场性创业机会或不关注政策性机会的企业家，可考虑更新其企业布局或将其企业搬迁到制度发展更完善的地区。

3. 局限和未来研究展望

尽管本研究具有重要的理论和实践意义，但同时也存在一些缺陷，而这为未来的研究提供了方向。第一，公司创业对企业家政策注意力和企业绩效关系之间所起到的部分中介作用（见表 8-7 中的模型 7）表明还存在其他机制会传递企业家政策注意力的影响。因此，基于注意力基础观，未来的研究可以探讨除公司创业之外的其他作用机制，以进一步揭示企业家注意力分配会如何影响企业绩效。第二，出于数据的原因，我们选择了截面数据来检验模型，而这不利于探索注意力分配、公司创业和企业绩效之间的因果关系。因而，未来的研究可以采用时间序列数据和研究设计来进一步探索这些变量之间的关系。第三，尽管中国与其他转型经济体具有很多相似性，但其由于悠久的历史、特有的文化和传统使得其具有有别于其他国家的特征。因此，未来的研究应该在其他国家情境下检测模型的普遍性。

由于企业家政策注意力对企业绩效的影响并未得到充分的讨论，特别是在新兴市场情境下的研究缺乏，所以本研究通过在最大的新兴市场国家（即中国）情境下讨论企业家政策注意力对企业绩效影响的内在机制（即公司创业），从而强调了企业家政策注意力的重要作用。有关未来企业家政策注意力的有效性，学者们拥有两种完全相反的观点。一种观点认为随着新兴经济体（如中国）市场体系的不断完善，对政府政策关注的有效性势必会不断降低，这一观点也得到了相关学者的支持。有研究指出，从长远来看，市场和政府之间存在明确的界限[296]，而随着时间的推移，市场必将代替政府承担分配资源和商业机会的角色[325]。支持另外一种观点的学者则认为，在未来相当长的一段时间内，新兴市场的国家政府依旧扮演着重要的角色[496-498]。而这两种相互冲突的观点说明了未来公司创业领域的学者需要对企业家政策注意力保持持续的关注。

第九章 创业心智、战略创业与业务演化

20 世纪 80 年代以来环境动态性日益加剧，企业面临双重挑战：一方面要在当前环境中用好既有资源与能力，尽可能构筑竞争优势；另一方面又要探索可资利用的机会，为赢得未来竞争优势奠定基础。与之对应，传统的战略管理理论（关注竞争优势）与创业理论（关注新机会）快速整合，生成"战略创业"这一新概念。与其他新兴理论一样，早期战略创业研究的焦点是界定战略创业的内容域及概念维度，着力建立合法性。之后，战略创业研究着手分析其动因、成功因素和结果，并出现了若干基于特定情境的研究。最近，Hitt 和 Ireland 等将前因、过程和结果整合起来，提出概念性的战略创业过程模型。尽管如此，从典型个案出发建构的过程模型还未出现。而在 Eisenhardt 等学者看来，与真实数据亲密互动才能产生准确反映现实的理论[499]。特别是，转型经济背景下战略创业是如何发生的？企业在此过程中如何平衡搜寻机会的探索（exploration）活动和搜寻优势的开发（exploitation）活动？既有研究尚未给出答案。这一缺口限制了人们对于战略创业本质的理解，不利于战略创业研究走向深入，因而亟待解决。正如 Wright 等所阐述的那样，新兴经济中的战略实践正在不断推进全球范围内战略思考的前沿。改革开放 40 多年以来，我国涌现出个别典型的、通过战略创业赢得持续竞争优势的企业，为探索战略创业的基本过程提供了十分难得的素材。为此，本研究采用理论抽样和案例研究就"新兴经济中战略创业是如何发生的"这一核心问题展开分析。

一、战略创业、战略选择与动态能力

(一)战略创业研究

战略创业研究从 21 世纪初起步。McGrath 和 MacMillan(2000)在《创业心智》一书中首次提及战略创业初步思想后[134],Hitt、Ireland 和 Camp 等正式提出"战略创业"概念并界定其理论范畴[157]。然而,有关其内容维度的争论一直延续至今。本研究回到战略创业的初始含义,将其界定为"在位企业在既有业务领域追求竞争优势与前瞻性的识别和进入新业务的行为",并认为从行为角度出发其包含"既有业务优势确立"和"新兴业务机会尝试"两个基本的维度。

2007 年后战略创业主要研究议题集中在动因与成功因素。已有研究提出合作创新、知识溢出和能力利用与开发等是战略创业的动因。而 Duane、Ireland 和 Webb 以及 Ireland 和 Webb 提出平衡开发(优势搜寻)与探索(机会搜寻)是战略创业取得成功的关键[500]。最近,有学者开始将战略创业的前因、过程和结果整合起来提出战略创业过程模型[197]。这标志着战略创业的过程成为研究焦点,但其将环境、组织和个体层面资源作为战略创业前因,且仅用"资源编配"一个构念揭示战略创业的过程,并未回答企业如何做到开发与探索的平衡这一战略创业研究的关键问题。特别是,战略创业是战略行为和创业行为的融合,其过程研究不能忽视行为背后的决策者。然而,Hitt 等人(2011)的研究并未将决策代理人作为过程模型中的重要变量[197]。转型背景下,战略决策者在制度和商业环境不断变迁的约束下能动地做出抉择,引发具体的战略创业行为,因而有必要从战略选择理论视角理解战略创业动因。

(二)战略选择理论

20 世纪 60 年代,组织理论学者提出诸多"环境决定论"模型,强调组织架构和行为由外部环境、技术和组织规模等情境因素决定。Child(1972)认为"环境决定论"模型基于事实数据建立起情境因素与组织特征之间的统计关系,但忽视了内在作用过程的考量[322]。特别是,这些理论模型忽视了企业内部"战略选择代理人"的作用:第一,代理人的自主选择权要比"环境决定论"者想象的大得多,可从众多可行方案中选择与其环境相适应的战略选项,也可选择进入新的环境;第二,代理人及其组织可反向影响环境;第三,代理人对环境的"认知"影响战略选择。一个基本事实是:环境因素要通过代理人的"主观过滤与释义"才能影响企业决策。因此,在分析环境与组织行为之间的关系时忽视代理人的作用是不恰当的。于是,Child(1972)提出战略选择理论,强调环境约束给代理人规定了具体的选择空间,而代理人的战略抉择是决定组织行为的最直接因素[322]。20 世纪 70 年代以来,战略选择理论被运用到企业成长、跨国公司与本土公司的比较以及制度变革等多个领域。它同样可为我们理解战略创业的动因提供理论框架。

(三) 动态能力理论

动态能力理论对于理解战略创业的结果具有重要意义。作为资源基础观的一个延伸和发展，动态能力理论关注在快速变化的环境中企业如何构建竞争优势的问题。最初，Teece、Pisano 和 Shuen 将动态能力定义为企业整合、建构和重新配置内外部能力以应对快速变革的外部环境的能力[501]。接着，Teece 进一步将其界定为难以复制的、用以适应不断变化的顾客与技术机会的企业能力，具体分为：感知和形成机会与威胁的能力；抓住机会的能力；通过增强、组合、保护和必要时重新配置企业有形与无形资产等举措保持竞争优势的能力。从结果来看，Teece（2007）强调动态能力与企业长期竞争优势直接相关[415]。而 Zott 认为动态能力通过修改企业的资源集或惯例来间接影响绩效[502]。本研究认为战略创业作为一种多变环境下企业动态调度和部署资源以利用新业务机会、更新业务组合的行为正是动态能力的具体表现。因而，动态能力理论有助于理解战略创业特别是其结果。

二、研究方法选择、数据收集与研究过程

（一）方法选择

本研究旨在探究"新兴经济特定背景下战略创业的形成、发展与结果"这一新问题。而案例研究特别适用于新研究议题的探索，且其长处就在于剖析现象发生的过程机制。因而，选择案例研究方法是恰当的。

本研究是基于案例研究建构理论而非检验理论。为了避免被海量数据"淹没"，我们首先明确了研究问题。其次，我们借鉴既有的成熟理论，但尽量避免事先选定构念甚至预设构念之间的关系。相反，我们保持开放心态，避免限制研究发现和产生误差。除了从研究议题直接推导出战略创业变量，本研究并未事先指定其他变量。

（二）案例选择

研究的案例是万达集团（以下简称"万达"）。表 9-1 展示了万达发展过程中的里程碑事件。万达创立于 1988 年，从旧城改造起步，逐步从一家地方性住宅开发企业发展为全国性房地产企业；接着又先人一步涉足商业地产，成为全球商业物业持有量第二的企业；随后，万达在稳固商业地产领先地位的同时，又踏入文化旅游产业，并计划在 2020 年前后将自身转型为全球领先的文化旅游企业。2013 年，万达年收入 1 866 亿元，创造了连续 8 年增长 30% 的奇迹。可以说，万达的成功是持续战略创业的结果。因此，依据理论抽样的原则，选择万达作为案例研究对象是恰当的。

表 9-1　万达发展过程中的里程碑事件

年份	事件
1988	企业创立，成为全国第一个从事旧城改造的房地产企业
1993	赴广州番禺开发住宅小区，成为全国首家跨区域发展的房地产企业
1998	到成都、长春等多个城市开发住宅地产，实现大规模跨区域发展
2000	决定在住宅地产基础上进入商业地产领域，开发建设长春重庆路万达广场
2005	将商业、住宅两大公司合并，确立商业地产为万达核心支柱产业
2006	上海、宁波和北京三地万达广场相继开业，奠定国内商业地产领域的领导地位
2009	将文化旅游产业作为企业新兴业务发展方向，投资建设长白山国际度假区
2010	进行了历史上规模最大的一次机构调整，其重点是集团和商业地产总部彻底分设
2011	文化产业投资发展提速，武汉中央文化区一期开业，投资成立万达影视制作公司和演艺公司
2012	在北京成立万达文化产业集团，将文化产业作为新兴支柱产业 以 26 亿美元并购全球第二大影院公司——美国 AMC 公司
2013	并购英国圣汐游艇公司，在伦敦核心区投资建设超五星级万达酒店

资料来源：依据万达官方网站的大事年表、万达年度总结报告和访谈记录整理。

（三）数据收集

为提高案例研究的信效度，Eisenhardt 和 Yin 建议从多个渠道收集数据并进行"三角验证"。本研究从多个来源收集产业和企业两个层面的公开数据，并通过与万达两位高层管理者的访谈来验证和补充数据。一方面，由于研究议题涉及敏感信息，可能产生由印象管理和回溯性释义等形成的误差。另一方面，由于万达近年来取得惊人的增长，完成了多起跨国并购事件，加之王健林登顶 2013 年度胡润财富榜，有关万达企业及其创始人的公开数据异常充裕。特别是，万达提供了 2001～2014 年王健林所做的年度和半年度工作总结讲话稿，全面展示了万达的发展历程。因此，本研究主要通过公开渠道收集数据，人物访谈的主要目的在于验证既有数据。

（四）分析过程

为深入理解万达的外部环境，我们首先阅读并理解中国制度和商业环境变迁的基本过程。然后，我们从公司网站上提取企业大事年表、公司创建历史等信息，锚定重要的里程碑事件。公司网站上提供的信息相对而言缺乏企业战略和创业情况的介绍，因此我们通过阅读其他来源的公开信息，将一些关键的战略和创业事件补充进去，从而建立相对较为完善的公司历史。依据万达的发展史，我们认为其主要存在两个回合的战略创业。之后，围绕"万达如何实现战略创业"这一问题，本研究的两位作者通过大量阅读相关公开数据来一步步揭示这一问题的答案。为了确保分析的效度，两位作者就变量的选择和过程模型的构建进行了交叉检验，同时大量运用图表来辅助分析，通过数据的收集、分析逐步形成概念模型，然后进一步收集和分析数据，检验和修正模型。在建构理论框架的过程中，最重要的就是保证数据与模型的高度"粘连"。为此，数据和模型之间经过多次的重复和迭代，直到关键概念及其相关关系清晰呈现并达到满意的饱和度。

（五）变量衡量

本研究通过数据和理论概念持续的比对直到饱和，最终确定了环境变迁、创业心智、先动优势和业务演化这四个除战略创业之外的构念。

环境变迁：主要包括制度和商业环境的动态变化。在本研究中，前者主要是指企业所面临的正式制度（包括法律法规和政府政策等），而后者是指企业所处的行业和市场中对其生存与发展产生影响的各种因素的集合。

创业心智：既有文献从思维方式和能力两个角度理解创业心智。作为一种思维方式，创业心智强调人们要善于利用不确定性所带来的积极的一面——机会，要在不确定性中捕捉新机会、创造新业务。作为一种能力，创业心智展现出个体在不确定性环境下快速感知、行动和调度资源以利用机会的能力。本研究着重从企业家个体层面考察创业心智，并认为其是思维方式和能力的结合。衡量创业心智的三个维度分别是创业警觉、忧患意识和创新思维。第一，创业警觉，即"卓越洞见的灵光一现"，是指部分个体发现市场空缺、把握机会获取经济利润的能力。第二，忧患意识，指企业家对现状的担忧和对未来发展的前瞻性考量。第三，创新思维，指企业家对既有业务和新兴业务商业模式的创新。

先动优势：表现为领头企业获得正向经济利润。依据数据的内容，本研究从技术领先和资源先占两个维度考察获得先动优势的机制。第一，技术领先，包括学习和经验曲线效应或专利与研发方面取得领先地位。第二，资源先占，包括抢占投入要素、地理位置/空间位置、产品特征以及厂房和设备等。

业务演化：包括新兴业务的发展以及核心业务的动态变迁。

三、创业心智通过战略创业影响业务演化

战略创业涵盖两个基本要素：在既有业务领域赢得竞争优势；识别与进入新的业务机会。依据上述要素呈现的时间节点，我们将万达的战略创业分为前后两个回合。第一回合，从1988～2004年，万达依托住宅地产业务优势，进入商业地产业务。第二回合，从2005年开始至今，万达依托商业地产业务优势，进入文化旅游产业。通过对万达创立至今两个回合战略创业的深入纵向研究，本研究总结出新兴经济背景下企业战略创业的过程模型（见图9-1）。

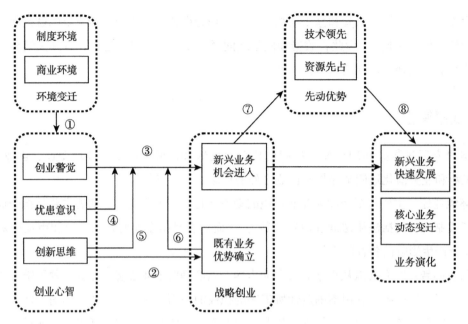

图 9-1　战略创业过程模型

（一）依托住宅地产进军商业地产（1988～2004 年）

1. 环境变迁与创业心智

制度和商业环境的变迁形塑了企业家的创业心智（路径①），包括三方面。

创业警觉：我国在 2001 年成功加入世界贸易组织（WTO），而按照 WTO 规则外资企业进入我国商业流通领域的限制将大大减少。王健林意识到：一方面，沃尔玛、家乐福等跨国公司在我国的大规模进入将加大对商业物业的需求；另一方面，这些跨国公司初入中国，对目标城市的选择、商业选址、土地买卖及建筑开发等未必熟络，而这恰好是万达的强项。因而，无论是商业地产开发还是与这些跨国公司的合作，万达均存在机会。

忧患意识：这一时期房地产政策构成了万达面临的主要制度环境。1998 年，我国正式进入住房分配货币化阶段，住宅地产的市场化运作正式启动。后者的确改善了城镇居民的居住条件，但同时也推高了房价。为此，中央政府多次出台宏观调控政策。1998～2004 年，中央政府部门推出的房地产调控政策达七次之多。尽管调控政策对房地产企业的影响既有正面的也有负面的，但其结果是房地产企业经营波动加大，现金流不稳定。王健林经常用"经营企业如履薄冰"这句话刻画自己做企业的心态，即使是在房地产业大发展的年代他也早已洞悉行业的隐忧。他曾在企业内部大会上强调："如果万达不寻找新的增长点，那么跟全国40 000 多家房企一起挤独木桥是危险的。"他意识到："做（住宅）地产，企业就是一大堆人，其他什么都没有，要是一有什么事，企业怎么应对？"一次偶然的事件——两位创业元老先后得了绝症，王健林倾囊相助，花掉 300 多万元——更是加深了王健林的忧虑。于是，王健林决定抓住商业地产的机会，把商业地产开发所带来的长期物业收租和已有的作为短线投资的住宅开发结合，确保持续稳定的现金流。

创新思维：由于房地产开发受制于地域条件，房地产企业以地区性企业为主体，产业结构较为零散。到 2003 年，全国登记注册的房地产开发企业大约已有 37 000 家。激烈的市场竞争激活了企业家的创新思维。在住宅地产领域，万达创新不断。例如，万达首创全部空中花园的产品模式，节省了成本；首创"工程量清单招标"管理方法，更好地实现成本控制。在商业地产领域，经历了早期困难之后，万达在 2004 年逐步理顺了商业地产开发的诸多流程，创造性地推出被称为"订单地产"的模式。后者就是先租后建，招商在前，建设在后。这一重要创新，保证有下家，投资后有人租赁，租金收入稳定。

2. 创业心智与战略创业

既有业务优势确立：企业家的创新思维塑造出一个具有创新传统的企业，而开拓和创新助其在住宅地产领域建立竞争优势（路径②）。在住宅业务方面，万达拥有行业内多个"第一"。万达不仅是第一家从事旧城改造的房地产企业（1988 年），而且也是第一家跨地区运作的房地产企业（1993 年）。到 2002 年，万达住宅开发业务发展到 18 个城市。2003 年《中国建设报》称中国房地产业存在"华南虎"与"东北虎"，其中"东北虎"就是指万达。从旧城改造起步，万达用了十多年时间成为国内住宅地产界公认的龙头企业之一。

新兴业务机会进入：2000 年 7 月，万达与美国沃尔玛公司结成战略合作伙伴关系进军商业地产，开发第一个商业地产项目——长春重庆路万达广场。2001 年，万达决定在住宅地产的基础上进军商业地产。这两个事件标志着商业地产业务机会由识别阶段过渡到利用阶段。商业地产业务机会的识别离不开企业家的机会警觉（路径③）。而从识别机会到利用机会，一些"触发"因素起到了推波助澜的作用。首先是企业家的忧患意识（路径④）。王健林对房地产业政策波动、住宅地产业务现金流不稳定的警醒以及对商业地产收租物业的憧憬是推动其落实自己的想法、进入商业地产的重要动力。其次，创新思维孕育出更有价值的商业模式——"订单地产"，从而使得识别到的机会有了切实的"落地"方案，这同样是驱动机会由识别阶段转向实际利用阶段的力量（路径⑤）。最后，万达在住宅地产领域积累的资金、品牌、技术和人才等，为尝试商业地产业务提供了现实的基础，加速了由识别机会到利用机会的转化（路径⑥）。王健林承认："万达的商业总公司（负责商业地产业务）是在集团和（住宅）房地产公司的配合下，进入当时多数企业不敢涉足的商业房地产领域。"

3. 战略创业与业务演化

进入商业地产业务后，万达通过技术领先和资源先占两大机制建立先动优势（路径⑦），防止竞争对手快速模仿和进入。

技术领先：万达在相对较早的历史时期进入商业地产，累积的经验加上多年刻意的研发，产品在技术上有优势。王健林曾表示："万达广场只有我们能做，目前别人不能做，做也做不像。"负责商业地产的部门——商业管理公司人员配备充足，并通过长期磨炼积累了丰富的经验，出了十余本关于商业管理的图书，做到了规范化、模块化的操作。

资源先占：万达商业地产项目全部来自各地政府的邀请。由于邀请项目过多，万达每年仅能从中筛选三分之一。各地政府为吸引万达，纷纷把好的地段留给万达，并给予土地、税收等方面的优惠政策，这使得万达在土地资源和选址等方面占据先动优势。同时，万达通过订单地产模式签约联合了1 000多家大小商家。随着先动优势的形成，万达商业地产业务得到快速发展，进而推动核心业务变迁（路径⑧）。

新兴业务快速发展：2002年万达新开工商业地产项目8个，2003年则增加到15个，全部开业状态下万达收租物业面积将超过130万平方米。在具体形态上，万达广场经历了第一代单体店到第二代组合店的演进。

核心业务动态变迁：2004年，万达住宅地产年销售额40亿元人民币，而商业地产总计销售额达到44亿元。住宅地产和商业地产呈现"平起平坐"的格局。万达核心业务逐渐由住宅地产向商业地产过渡。

（二）依托商业地产进军文化旅游产业（2005年至今）

1. 环境变迁与创业心智

环境的动态变迁再次形塑了企业家的创业心智（路径①），包括三方面。

创业警觉：这一时期文化旅游产业作为一个新兴产业呈现良好的发展前景。一方面，政策日益明朗。2011年2月国务院出台《国家"十二五"时期文化改革发展规划纲要》；2011年10月党的十七届六中全会提出把文化产业培育成为国民经济支柱性产业。另一方面，市场需求已然存在。我国长期以来把文化当作事业，不太重视文化的产业属性，文化旅游产业发展远滞后于市场需求。王健林敏锐地意识到：国家从文化软实力、民族凝聚力和满足人们群众文化需求等方面考虑，必然加大针对文化产业的支持力度，文化旅游产业大发展时代来临。

忧患意识：这一时期房地产业宏观调控不断，且这些调控政策直指房价过快上涨的趋势。例如，2005年3月和4月国务院接连印发"国八条"和"新国八条"，要求各地政府采取具体硬措施调控房价。其间，央行多次调高房贷利率，抑制房地产泡沫。2005年之后，中国房地产业的发展空间收窄。特别是，2008年全球发生金融危机，中国房地产业遭遇20世纪80年代以来最大的困难。2009年前后不少企业认识到投资持有物业、获得长期稳定现金流的重要性。于是，步万达后尘者日众。尽管当时万达商业地产已是"天下无敌"，但王健林隐约感受到商业地产的隐忧。他说："三五年内，会有相当一批企业像万达一样，在商业地产方面取得长足进展。那时候怎么办？怎么保证万达的发展速度和利润？所以要防患于未然，早做准备。假如十年后，全国多数企业开发商业地产，也许那时万达就不玩商业地产了，要去做别人搞不了的产业。"

创新思维：商业地产业务隐忧的忽隐忽现和文化旅游产业前景的日益明朗又一次调动王健林的创新思维。2013年，王健林在万达年度总结大会上强调："房地产业在任何国家都不是百年行业，发展期只有40～50年，当一个国家的城市化率达到80%以上，房地产业就会大幅萎缩。中国山地多，我估计城市化率只能达到75%左右，房地产业发展期更短。中国房地产业已经发展20多年，再有15～20年，这个行业就会萎缩。万达要做'百年企业'，房地产无法产生长期、持续、稳定的现金流，所以必须转型，进行更高层次的商业模式创新。"王健林认为所有创新类别中最重要的是商业模式创新。他说："拥有人无我有的商业模式，你就能领先全国，独步天下。"

2. 创业心智与战略创业

既有业务优势确立：在商业地产领域，王健林的创新思维孕育出独特的"订单地产"模式（路径②），后者通过"三个减少"（减少盲目投资，减少资源浪费，减少金融风险）在全国范围内形成声誉。在形态上，万达广场在2005年前后进一步完善，演进到第三代——城市综合体。2006年底，万达打赢"三大战役"——上海、宁波和北京三个"城市综合体"相继开业，奠定了全国商业地产领域的龙头地位。

新兴业务机会进入：正当商业地产业务发展如火如荼之际，万达又先人一步进入文化旅游产业，2010年投资200亿元开发长白山国际度假区、2012年并购全球第二大影院公司——美国AMC以及2013年并购英国圣汐游艇公司等。识别机会是进军文化旅游产业的前提，而这与企业家的创业警觉具有直接的关联（路径③）。从识别机会到利用机会，一些"辅助条件"也具有显著意义。首先是企业家的忧患意识（路径④）——对中国房地产业和万达商业地产业务远景的担忧，推动王健林尝试找寻的新机会。其次，企业家创新思维驱动下万达锻造的更高层次的商业模式——万达文化区和旅游城，为利用文化旅游产业机会提供了具体的蓝图，驱动机会由识别阶段向实际利用阶段转化（路径⑤）。万达早在2009年就投入研发旅游城与文化区，后者在很大程度上颠覆了传统旅游度假区的模式，不仅投资规模大，而且把可选的旅游要素都组合在了一起。投资规模和项目的复杂性使得项目运作的难度大幅度上升。用王健林的话来说，"能操作的公司极少，没钱的搞不了，有钱的不敢搞"。最后，万达在商业地产领域积累的资金、品牌、技术和人才等，为推动企业家想法落地提供了必要的物质基础（路径⑥）。

3. 战略创业与业务演化

相较竞争对手，万达较早地进入了文化旅游产业，并通过"技术领先"和"资源先占"两种机制建构起先动优势（路径⑦）。

技术领先：通过文化区和旅游城的研发和建设，万达不仅锤炼了资源整合能力，而且拥有了一批知识产权。王健林强调："城市综合体已经有模仿者，旅游度假区可能有模仿者，文化区和旅游城杜绝模仿者。将来别的企业从万达挖人的话，即使拿到图纸，也不敢干，且干不了，因为涉及知识产权。"

资源先占：作为先动者，万达抢占优质企业、合作方和员工等行业稀缺资源。收购AMC使万达影院规模一跃成为全球最大。而"规模上去了，就会产生新的盈利点，如谈判能力提升、广告价格提高等"。此外,万达与一批世界级大师签订了排他性协议,网罗了世界级的员工。

上述先动优势成为万达有效规避模仿的"隔绝机制",推动了文化旅游业务的快速成长,并引发核心业务变迁(路径⑧)。

新兴业务快速发展:2012年,万达总收入为1 416.8亿元,其中文化产业收入占集团年收入的14.6%,成为万达支柱产业之一。

核心业务动态变迁:2013年,万达非房地产收入超过30%。而依据万达的预测,未来非房地产收入的比重将越来越大。到2020年,万达非房地产收入要超过一半,届时万达将不再是房地产为主的企业,而是文化旅游为主的企业。

通过第二次战略创业,万达的业务构成正进一步演化——由商业地产为主向文化旅游为主发展。

(三) 两回合战略创业共性归纳

表9-2总结了两回合战略创业过程的模式。相较发达经济国家,新兴经济国家在制度环境和商业环境上表现出较高的不稳定性。改革开放以来,我国市场经济制度逐步完善,经济快速增长,引致消费需求和结构的变迁,制度环境和商业环境呈现出快变的特征。这给企业带来了风险和挑战,同时也提供了机会。中国民营企业的战略创业就是这种环境约束下的一个战略选择。

企业家的创业心智,包括创业警觉、忧患意识和创新思维,在这一战略抉择中扮演了至关重要的角色。首先,创业警觉使得企业家持续扫描环境中的机会,并比他人更早、更为容易地识别机会。其次,忧患意识和意外事件推动企业家不断思考既有业务的局限,并前瞻性地觉察到可能的威胁,意识到进入新业务的必要性,进而推动企业家将"眼睛里看到、脑子里想到"的机会付诸实践。最后,企业家的创新思维既推动了企业实践新的创业机会,也推进了既有业务的更新。特别是,商业模式上的创新,为机会向实际的创业活动转化提供了现实可行性,同时也为既有业务领域竞争优势的获得奠定了基础。

创业就是企业利用独特的资源组合充分利用市场机会并创造价值。因此,资源和能力是创业过程不可或缺的。值得注意的是,战略创业情境下,企业进入新业务有其独特的优势——既有业务优势的确立为新业务进入提供了必要的资源和能力。后者也使企业家相对容易地将新的想法(识别到的机会)付诸实施,快速进入新兴业务领域。这点有别于个体创业以及一般的公司创业背景下的创业过程。

企业在相对较早的时期进入新兴业务领域,保证企业成为"先驱"而不是"先烈"至关重要。为此,企业家通过技术领先和资源先占两种"隔绝机制"确保企业获得先动优势,规避跟随者的快速模仿,从而为新兴业务领域后续发展奠定基础。

随着战略创业的展开,企业的业务组合呈现动态演化之势并与环境机会契合,于是阶段性的竞争优势得以塑造，而阶段性的竞争优势若得到串联，则形成持续的竞争优势。总的来看，这种基于既有业务的竞争优势，运用快人一步的机会识别能力、更大强度的紧迫感以及商业模式创新能力，整合与调度企业资源，尝试和进入新兴业务领域的能力，实质上就是Teece等人（1997）所言的"动态能力"，其最终结果是企业竞争优势的延续[501]。

表 9-2　万达两个阶段战略创业的过程

	第一阶段（1988～2004 年）	第二阶段（2005 年至今）
环境变迁		
制度环境	房地产业调控；加入 WTO	文化旅游产业受重视
商业环境	房地产业竞争加剧	房地产业降温、消费需求升级
创业心智		
创业警觉	商业地产开发以及与外资商业企业合作存在机会	文化旅游产业大发展的时代来临
忧患意识	住宅开发现金流不稳定	商业地产开发模仿进入者日众
创新思维	"订单地产"模式	文化区、旅游城模式
战略创业		
既有业务优势确立	确立住宅业务领域优势	确立商业地产业务优势
新兴业务机会进入	进入商业地产业务	进入文化旅游产业
先动优势		
技术领先	积累多年经验开发万达广场	拥有文化创意类知识产权
资源先占	土地、选址、合作伙伴	企业、合作方、员工
业务演化		
新兴业务快速发展	商业地产业务快速成长	文化旅游业务快速发展
核心业务动态变迁	由住宅地产向商业地产过渡	由商业地产向文化旅游产业过渡
	阶段性竞争优势	阶段性竞争优势
	持续的竞争优势	

四、万达集团案例分析结果讨论与结论

（一）结果讨论

本研究将万达战略创业划分为前后相继的两个回合，并将其作为"子案例"分别加以分析，然后通过跨"子案例"的模式比较，最终确定新兴经济背景下企业战略创业的过程模型。值得讨论的方面如下。

第一，战略创业有其明确的内涵——同步追求机会与行为，然而其具体形态依然模糊。例如，Hitt、Ireland 和 Camp 等提出创新、网络、国际化、组织学习等六要素是战略创业的具体形式[503]。然而，这些行为是否体现了优势搜寻与机会搜寻两大内涵值得仔细推敲。类似的，Ireland 和 Webb 将战略创业刻画为平衡开发与探索、在开发与探索两方面平衡资源分配以及持续的创新流[196]。这些概念同样较为抽象。而本研究遵循战略创业概念的基本内涵，创造性地提出企业在确立既有业务优势的基础上进一步追逐新业务机会的行为是战略创业的重要形态。

第二，在同样的制度环境和商业环境下，房地产企业在应对策略上呈现异质性，像万

达这样不断在优势业务基础上进入新兴业务领域的房地产企业并不多见。本研究认为这种异质性的源头在于企业家或高管团队对于环境的不同理解和战略选择上的差异。这正好印证了战略选择理论的观点——决策代理人在企业战略选择中起到了关键作用，环境对组织行为的塑造是经由决策代理人而间接实现的。这一发现了佐证了Hitt、Ireland、Sirmon和Trahms对于战略创业中人力资本重要性的判断[197]。进一步，与Ireland、Hitt和Sirmon的观点一致，企业家或高管团队在创业心智上的差异是导致企业间变革方向和速度迥然不同的原因之一[135]。具体来说，万达之所以在住宅地产业务占据优势后转向商业地产，在商业地产如日中天之时转向文化旅游产业，是企业家创业警觉、忧患意识和创新意识三者共同作用的结果。

第三，Ireland、Webb和Hitt等强调战略创业是寻求优势的开发性活动与寻求机会的探索性活动的"同步"展开[196]。开发性活动要求企业保持相对稳定和可预测，而探索性活动要求企业具有灵活性和变动性，因此在资源一定的约束下，企业要平衡两种相反方向的需求将成为一个巨大挑战。然而，万达案例显示其两个回合的战略创业都表现为在既有业务获得竞争优势的前提下，进一步追逐新业务机会（见图9-2）。换言之，万达的战略创业展现出从"寻求优势"到"寻求机会"的先后顺序。万达并未实施像Ireland、Hitt和Ketchen等学者强调的"同步"追求优势和机会，而是让"寻求优势"和"寻求机会"呈现此伏彼起的形态，并通过优势建立后为探索新机会提供交叉补贴的实践巧妙地应对开发与探索平衡的问题。这一发现无论是在理论还是实践上均有重要意义。

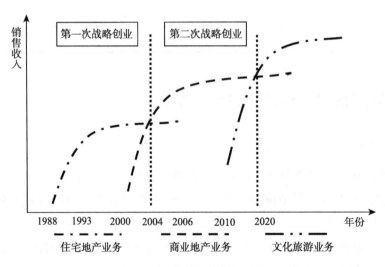

图9-2 万达战略创业基本形态

注：20世纪90年代初万达在大连脱颖而出，1993年成为全国首家跨区域房地产公司，在住宅地产领域建立竞争优势；2000年万达开发建设第一家万达广场——长春重庆路万达广场，正式进军商业地产领域。2004年，万达住宅地产与商业地产业务收入旗鼓相当。2005年，万达商业地产实现近50亿元的销售收入，首次超过住宅地产。2006年，上海、宁波和北京三座万达广场相继开业，奠定万达在全国商业地产领域的龙头地位。2010年，万达投资200亿元开发长白山国际度假区，正式大规模进军文化旅游产业。到2020年，万达规划文化旅游产业收入超过商业地产。

（二）研究结论

本研究具有三方面理论贡献。第一，在相关研究中首次基于案例探讨了制度和商业双重快变情境下战略创业的过程模式。首先，战略创业是企业家在特定环境约束下的战略选择行为，企业家的创业心智扮演着不可替代的角色。其次，万达案例揭示出优势搜寻和机会搜寻两种行为并不一定是同步展开的，而是呈现出前后相继、此伏彼起的形态。既有业务竞争优势确立成为企业的"现金牛"，为企业探索新兴产业奠定基础。因此，企业并不会因寻求优势和寻求机会两者而在资源分配方面遭遇重大挑战。这一发现回答了战略创业如何平衡"开发"与"探索"这一关键问题。

第二，对战略选择理论亦有一定的价值。首先，我们勾勒了企业家在制度和商业双重快变情境约束下战略抉择的基本过程，从而将战略选择的理论逻辑延伸到战略创业领域。其次，本研究发现企业家的创业心智是连接环境与战略创业的重要变量，即环境通过影响企业家的创业心智间接影响战略创业行为。特别是，企业家的创业警觉，即热切地、持续地关注市场上的不均衡状态，不断地识别和累积可资利用的机会，有助于建立客观环境与主观环境之间的一致性，进而引发合理的战略选择，而企业家的忧患意识和创新思维亦是推动战略选择的重要推力。这些发现揭示出战略创业情境中创业心智是战略代理人价值的核心体现。

第三，揭示出战略创业本质上是动态能力的表现形式，因而对动态能力研究亦有贡献。既有文献中动态能力研究为人诟病的地方主要集中在两方面。第一，动态能力学者用能力来解释能力，属于"套套逻辑"。第二，动态能力概念缺乏现实的"对应物"，过于抽象，进而难以指导管理实践。实际上，如果能找到动态能力具体的表现形式或对应物，那么上述问题就迎刃而解。战略创业既寻求优势又寻求机会的实际行为正好体现了 Teece 提出的感知和形成机会与威胁的能力、抓住机会的能力，以及通过增强、组合、保护和必要时重新配置企业有形与无形资产等举措保持竞争优势的能力。因此，本研究也有助于加深对动态能力的理解。

万达展示了企业运用战略创业形成动态能力并推动业务动态演化的图景，实践启示有三。第一，在新兴经济背景下，制度环境和商业环境的多变要求企业在保持既有竞争优势的同时，追逐新的创业机会，从而创造可持续的卓越企业绩效，将两方面割裂开来将导致企业的低效甚至衰败。企业要通过战略创业实现业务组合的动态演化，保持与环境机会的动态匹配，从而形成阶段性竞争优势并最终串联出持续竞争优势。第二，在新兴经济背景下，多变的制度环境和商业环境构成了企业战略选择的外部约束。而拥有创业心智的企业家能有效提高认知能力，从模糊和碎片化的信息中建构意义，进而识别和利用新的机会。正如王健林所言，好的企业家应当既是经济学家（深谙商业环境发展趋势），又是政治学家（洞悉制度环境演进轨迹）。因此，如何增强企业家的创业心智成为一个重要课题。第三，企业在执行战略创业过程中有两点值得注意。首先，沿着时间轴精心选择时间节点，将寻求优势和寻求机会的双重行为依次展开，是平衡两者资源需求的重要策略。其次，既有业务竞争优势的确立，通过"交叉补贴"的形式探索和利用新业务机会是战略创业成功的重要保障。

　　单案例研究能充分描述一种现象的存在，追踪企业的发展过程，从而有利于提高理论建构的内在效度，但本研究针对民营企业，因而一般性或概化能力也存在局限。未来经验研究有必要考察不同形态企业战略创业的动因、过程与结果，从而检验和完善本研究提出的理论模型。

第十章 总体结论与政策建议

一、基于创业认知的公司创业前因研究结论归纳

如何从认知视角来解释创业行为背后的成因和机制？自20世纪90年代开始，创业领域的研究重心从创业过程和行为研究转向创业认知研究[27, 50-51]，对该问题的探讨就早已触及。Mitchell等（2002）将创业认知定义为创业者在机会评价和创办企业、促进企业成长过程中用于做出评价、判断和决策的知识结构[50]。在创业认知的研究过程中，学者发现人们的思维方式决定着其之后采取行动的模式，而人们的思维方式则由个人的经历、经验和背景所形成的认知要素决定[56]。创业学者指出创业行为涉及个体对环境的解释以及创业机会的识别、评价和利用的过程[79]，在机会的识别过程中不可避免地会受到个体认知结构的影响。因此，基于创业认知视角探讨创业行为背后的成因和机制问题的重要性不言而喻[80]。

然而，公司创业作为企业的一项重大战略，其前因研究先前学者主要关注的是环境、战略领导者、组织行为/形态等要素[167]，例如，企业所处制度环境的变化，以非随机的方式影响企业的战略，使组织从一般性战略转向其他战略。高层管理支持、工作自主权、奖励制度、时间可用性以及组织边界五个组织内部因素也是影响公司创业的关键要素。审视当下，从创业认知视角探讨公司创业的前因研究尚不多见。创业的本质是创业机会的识别、评价和利用。Wood等（2012）认为创业者在进行创业机会识别之前会选择所关注的领域、可能出现的信号和信息，将有限的注意力分配到自己所感兴趣的特定领域，在这一过程中所发挥作用的便是创业认知机制[31]。因此，随着创业认知学派的兴起，基于认知视角的创业研

究成为新的热点，引发了一系列新的研究问题。比如，创业者是如何思考进而做出战略决策的？这些战略决策上的差异会给企业的竞争优势和劣势带来哪些影响？创业机会识别的过程中涉及哪些认知过程？

基于此，本书的一系列研究以中国为研究情境，采用中国企业的经验数据，基于注意力基础观、制度理论、烙印理论和高阶梯队理论等，从创业认知视角探讨了一系列影响公司创业的前置因素及其边界条件，得出了较为丰富的结论。具体而言，本书的结论可以归纳为以下几个方面。

第一，在转型经济体背景下，企业家对管制放松的关注越多，企业再投资的可能性越大，并且两者的关系受到制度环境的影响。管制放松指政府取消或减少进入某些行业限制的过程，通过刺激自由市场，减轻企业负担，特别是减少歧视性政策，来促进企业从事创业活动[233]。创业的核心是机会，本质是机会的识别和利用[79]。对处于经济转型期的中国而言，管制放松所带来的机会在鼓励中国私营企业再投资方面发挥着至关重要的作用。根据注意力基础观，企业家做出何种决策取决于他们的注意力聚焦于何处。因此，"注意"和"感知"到管制放松的企业家更有可能意识到创业机会并形成机会信念。与此同时，他们更有可能抓住管制放松所带来的机会并积极从事公司创业活动。此外，企业家对管制放松的注意力与企业再投资之间的关系受到政治联系（非正式制度）和区域制度发展（正式制度）的调节作用。在转型经济体中，考虑到正式制度的不完善，政治联系或"关系"作为非正式制度安排，能够有效地弥补正式制度的不足[17, 281]。就中国而言，政府通常掌握着大量关键资源。企业若想获得出现在政治市场上的机会，赢得政府的支持极其重要。在这种情形下，政治联系的作用尤为突出。除了从政府部门获得创业所需的物质资源外，政治联系还有助于企业获得政府的批准和支持，这对利用创业机会也是不可或缺的。因此，企业家对管制放松的注意力使其能够从政治市场识别机会，同时通过政治联系获得关键资源，将企业所拥有的资源与从政治市场获得的机会结合起来，从而进行新的创业活动。对有政治联系的企业而言，企业家对管制放松的注意力与公司创业之间的正向关系会得到增强。同样，两者之间的关系受到企业所在地区的制度发展水平的影响。在制度发展水平较高的区域，两者之间的关系会增强，反之亦然。在制度发展水平较高的地区，市场机制分配资源的比例会增加[295]，地方政府的执法效率也高于制度发展水平较低的地区[292, 299]，这些都为企业家提供了一个稳定的环境，提高了企业家通过再投资将管制放松所提供的机会转化为创业活动的意愿[233, 298]。不过值得注意的是，在制度发达的地区，市场机制在资源分配中起着主导作用。因此，政治联系并不能保证企业获得创业所需的关键资源。随着政治联系作用的削弱，它对企业家对管制放松的注意力与再投资之间关系的调节作用也会减弱。因此，当企业位于制度发达的地区时，政治联系对管制放松注意力与再投资之间关系的正向调节作用会减弱。

第二，企业家对新政的积极感知会增进企业的创业导向，地区制度环境强化了两者的关系，而政治联系弱化了两者的关系。一方面，政府在特殊时期出台的政策有时会改善营商环境，为企业创业活动提供机会。例如，"非公经济 36 条"从私有财产保护、融资和市场准入等七大方面为非公有制企业提供了政策支持，改善其所处的政策环境。后者经过企业家的主观评价和解读，能使其感知到政策环境的"利好"，进而降低知觉到的创业风险，有效激发企业家从事创业活动的意愿和倾向。另一方面，制度又是约束经济主体的博弈规则，影响着企业在市场交易中的风险与不确定性[47]。我国各地制度发展水平不一，客观上使得处于不同地区的私营企业家面临异质的决策情境。地区制度发展水平与企业家对新政的感知交织，共同作用于创业导向决策。在正式制度方面，其越完善，市场对资源的配置作用就越明显，长期形成的开放环境和积极的价值观有效地促进了该地区对新政的接纳，进而在新政的落实和执行上具有较大的优势。因此，地区制度发展水平较高的地区，新政的颁布往往更能有效降低企业家的风险感知。在非正式制度方面，对有政治联系的私营企业而言，通过与政府建立密切关系，能有效地获得政府支持，进而获取稀缺资源[40]。因此，政治联系作为正式制度的替代机制，降低了企业对外部正式制度的依赖。而当企业没有政治联系时，由于缺乏获取外部资源的非正式渠道，私营企业通常会更加依赖和寄希望于新政的出台。因此，政治联系弱化了企业家新政感知与创业导向的正向关系。

第三，基于董事会成员认知差异所形成的群体断裂带对创业导向具有负向影响，而董事会成员交叉任期和董事长职能背景广泛性两种行为整合机制对上述关系具有正向调节作用。具体而言，在公司创业情境中，基于认知方式的巨大差异和对其他子群体的偏见，会降低董事会成员间信息沟通的频率和质量，无法有效地获取、配置和使用个体董事所拥有的资源，会破坏董事会对战略资源的整合过程[357]。同时，董事会难以就具有冒险倾向的行动方案达成共识，使得企业更为保守。因此，董事会断裂带会降低企业进行创业的意愿和倾向。然而，董事会成员的交叉任期作为董事会行为整合的重要机制之一，会影响董事会断裂带与创业导向的关系。随着共事时间的增加，董事会成员间互动趋于频繁，对彼此的思维方式、沟通方式、问题解决方式的了解更加深入，这有助于消弭断裂带引发的偏见和冲突[358]。此外，高阶梯队理论认为，高管的背景特征在一定程度上决定了他们的认知方式、问题解决方式甚至是所做出的战略决策[360]。董事长职能背景广泛性作为另一重要的董事会行为整合机制，当董事长职能背景较为多元时，董事长将具有较高的经验开放性，会客观评价异质信息和资源的价值，从而增加捕捉创业机会的可能性，同时也会充当成员间的桥梁和纽带，促进不同意见的充分表达和融合，使董事会能就创新创业问题进行科学合理的决策。因此，董事会成员的交叉任期和董事长职能背景广泛性两种重要的行为整合机制对于董事会断裂带和创业导向之间的关系都具有正向调节作用。

第四，具有长期导向的企业通过培育创业人才或创业团队以及识别更多的创业机会，能有效地将二者进行结合进而促进公司创业活动，但不同的企业家个人经历对长期导向与公司创业这对关系的调节作用存在差异。首先，具有长期导向的企业更倾向于公司创业活动。一方面，长期导向作为组织文化的一个因素，塑造着企业的战略选择和管理实践[320, 386]。长期导向的企业更加注重对未来发展具有重要意义的"战略资源"的建设（如研发能力、专利和人力资本等）[387]，往往在人力资本上投入巨资[392]，并特别注重为企业内部潜在的人才营造良好的环境。而创业人才作为创业的一个重要因素，能够促进创业活动的开展[394]。另一方面，长期导向的企业或创业团队往往会发现更多的创业机会[395]，并且具有更高的不确定性容忍度，更愿意从事创新和冒险行为。由于创业的本质是发现和利用机会，长期导向的企业比短期导向的竞争对手更有可能从事公司创业活动。其次，对处于经济转型时期的中国而言，由于市场支持制度不完善，关键资源的获取不像发达市场那么容易[281]。在这样的背景下，企业家的职业经历可能在整合外部资源方面发挥着至关重要的作用[397]。实证研究结果表明，民营企业家的政府或军人职业经历可以发挥"资源通道"的作用，通过建立政治连带进而强化长期导向与公司创业之间的关系，而海外经历在上述方面的助益有限甚至起到反面作用，进而对长期导向和公司创业之间的关系起到负向调节作用。

第五，具有计划经济烙印的民营企业家更有可能通过追求政策引导的机会来"赚快钱"，并且两者之间的关系受到企业家政策注意力的中介作用，而制度发展水平负向调节了民营企业家所具有的计划经济烙印与政策性创业机会选择之间的关系。首先，基于烙印理论，具有在体制内工作经历的私营企业家会受到计划经济烙印的影响，这种烙印影响会使企业家倾向于寻找政策性创业机会。原因有二：一是源于政策性创业机会是以信息的形式出现[109]，而体制内的工作经历会影响个体的认知框架[420]，并引导其将注意力分配到政府政策中，所以具有计划经济烙印的个体更有可能发现政策性创业机会；二是为了利用创业机会，企业家首先要评估创业机会并在其基础之上形成创业信念[25]，而这则需要企业家对政府政策进行正确解读，体制内的工作经历使得企业家对于体制运作以及政府政策、法规有着更充分的了解并对追求政策性创业机会更加有信心。其次，过往知识和经历塑造了个体的认知框架[257]，体制内工作经历所形成的认知框架鼓励私营企业家对政府发布的信号和信息保持敏感，从而将注意力集中在政府机构的法规和政策上。因此，企业家对政府政策的注意力是将计划经济烙印转化为追求政策性创业机会的重要机制。换言之，企业家政策注意力中介了计划经济烙印和选择利好的政策性机会之间的关系。最后，根据注意力基础观的第二原则——注意力的分配受行为者所处环境的影响[129]，企业家注意力所关注的焦点会因制度环境的变化而变化。具体而言，制度发展水平较高或市场支持制度较发达的地区拥有运作良好的产品和要素市场以及各种市场中介，这些地区的资源分配主要依赖市场体系，而不是地方政府。更为重要的是，地方政府并不是这些地区经济活动的主要参与者[282]。此时，这些地区的企业家倾向于从其客户、供应商和竞争对手处寻求机会，而不是从政府政策中寻求机会。由于企业家的注意力是有限的，因此对市场机会投入更多的注意力会不可避免地导致企业家对政府政策的关注度降低。此外，对处于制度发展水平较高地区的企业来说，企业家的计划经济烙印对企业政策性创业机会选择的影响降低了。

第六，在中国当前的情境下，企业家政策注意力能够促进公司创业活动，进而提高企业绩效。此外，企业对政府政策的关注与公司创业间的关系受到地区制度发展水平情境因素的影响。首先，为实现经济转型，新兴经济体政府为培育私营企业并推动其发展，通常会推出利好政策以及取消对私营企业的某些禁令或控制以鼓励私营企业进入新的业务领域[232]。根据注意力基础观的第一原则，即行为者采取的行动通常取决于其将注意力集中于何处[129]。对政府政策保持关注的企业家比不关注新政策和法规的企业家更能"注意到"其中的积极变化。换言之，企业家政策注意力可能帮助企业了解其他企业不了解的或先于其他企业了解到最新的政策变化[471]。因此，对政府政策保持关注的私营企业家更有可能通过识别和利用政策性机会来激励公司创业，进而提高企业绩效。其次，根据注意力基础观的第二原则，决策者所处的环境决定了其注意力分配[129]，企业家政策注意力对公司创业的影响因企业所在地区制度发展水平的不同而存在差异。在制度较发达地区，机会和资源的配置主要由市场而非各级政府实现，企业家政策注意力作为机会识别和利用来源的重要性受到抑制[466]。因此，地区制度发展水平减弱了企业家政策注意力与公司创业间的联系。

第七，转型经济背景下战略创业是如何发生的？企业在此过程中如何平衡搜寻机会的探索（exploration）活动和搜寻优势的开发（exploitation）活动？对中国民营企业（万达集团）的纵向案例研究表明，首先，新兴经济背景下，战略创业是企业家在特定环境约束下的一种战略选择行为。在"自上而下"的战略创业过程中，企业家的创业心智是战略创业的源动力，扮演着不可替代的角色。其次，企业通过产品创新和资源先占等隔绝机制，确保在新业务领域的先动优势，并推动业务组合演化。最后，优势搜寻和机会搜寻两种行为并不一定是同步展开的，可能呈现出"前后相继、此伏彼起"的形态，既有业务竞争优势确立成为企业的"现金牛"，为企业探索新兴产业奠定基础，这使得企业有能力平衡两者对资源的需求。

二、创业认知与公司创业关系研究的价值总结

本书的一系列研究以中国为研究背景，根植于创业认知视角，探讨了一系列影响公司创业的前置因素以及边界条件，有效地回答了"企业家的创业认知会对创业决策产生哪些影响"这一核心科学问题，为转型经济体中的企业如何根据创业认知进行公司创业决策，推动其在转型经济背景下获取竞争优势提供了理论依据、决策思路和行动指南，同时拓展了创业认知影响公司创业的调节机制，为全面打开作用机制的"黑箱"奠定了基础。具体来说，理论贡献有以下几点：

第一，有力地推进了创业认知的研究进程。首先，创业的核心为创业机会的识别和利用。换言之，创业是以创业机会的出现和追求为核心的动态过程[81-83]。创业过程的每一个步骤或多或少都与个体层次的认知要素相关，从创业认知视角理解创业行为至关重要。然而，从认知视角来解释创业过程的研究还不充分，这显然不利于学界充分理解创业过程[31]。本

书的一系列研究基于中国企业的经验数据，为"如何从认知视角来解释创业行为背后的成因和机制"这一问题提供了较为充分的证据。一方面，企业家的注意力会决定其将焦点聚焦于何处，进而会影响到公司创业机会的选择和创业策略的制定（注意力基础观的第一原则）。尤其在转型经济体中，政府出台的新政往往伴随着利好的创业机会，对政府政策保持关注的企业家更有可能识别政策性机会来激励公司创业。另一方面，企业家的个人认知（注意力）并非一成不变，其受到决策者所处的环境影响（注意力基础观的第二原则）。比如，企业家的政策注意力对公司创业的影响因企业所在地区制度发展水平的不同而存在差异[232]。其次，创业认知对创业行为的影响是多方面的，然而之前相关研究大多关注创业认知对创业机会的识别和评价[28]以及企业绩效[29-30]等方面的影响。有关创业认知对企业层面创业活动影响的研究并不多见。本书的一系列研究基于中国独特政治、经济和社会背景，揭示了创业认知对公司创业活动（企业再投资、创业导向、公司创业和战略创业等）的影响以及相应的情境条件，拓展了创业认知后果方面的研究。

第二，从崭新的视角——创业认知——揭示了公司创业的动力机制，从而为解释公司创业活动的影响因素提供了新的线索，丰富了公司创业的前因研究。以往有关公司创业的前因研究多数聚焦于环境因素，如环境的动荡性[14]、环境复杂性[15]、制度环境[504]；战略因素，如社会资本[369]、长期导向[215]、战略计划[213]；组织内部因素，如CEO自恋倾向[505]、高管团队特征[22]、组织文化[20]。然而，有关创业认知特别是企业家注意力与公司创业的研究目前还处于起始阶段[32]。由于这些问题对于我们理解关键个体对促进公司创业行为的影响具有重要意义[9,33]，因此本书试图通过创业认知视角，探讨企业家注意力、体制内烙印、创业心智以及长期导向等对公司创业的影响，从而填补这一研究空白。此外，更为重要的是我们响应了Corbett和Zahra等人的呼吁，他们认为未来有关公司创业的研究应该重回个体层面，将个体作为解释公司创业现象的核心，这在公司创业的前因研究中具有创新意义[9]。

第三，从制度理论视角出发，将制度环境作为情境变量，拓展了创业认知与公司创业研究的边界条件，同时也丰富了制度与创业之间关系的研究。首先，以往研究虽对情境因素有所考虑，但基本上关注的是任务环境，如环境的复杂性和动态性[322]，将一般环境尤其是制度环境作为情境变量的研究尚少。考虑到中国情境下制度因素的重要性，本书的多项研究基于不同的制度环境分析创业认知对公司创业的影响。一方面，研究结果表明制度发展水平（正式制度）对企业家注意力分配有着重要影响。在制度发达地区，由于机会更多地来源于市场而非政府，因此企业家的注意力会更多地放在市场带来的创业机会上，对政府政策所分配的注意力会减少。另一方面，对处在经济转型期的中国而言，由于正式制度的缺陷，非正式制度在弥补正式制度方面依然发挥着重要作用[506]。本书的研究证明了政治联系或中国背景下独特的"关系"作为一种非正式制度，对创业认知与公司创业之间的关系有着深刻影响。其次，虽然Zhou（2013，2017）等学者集中讨论了制度与创业的关系，但他们大多关注的是宏观层面的制度环境会对企业绩效、企业投资等产生怎样的影响[176-177]，对制度与创业尤其是与公司创业的关系研究凤毛麟角。考虑到后者是创业活动的重要组成部分，在忽略公司创业的情况下有关制度与创业关系的讨论是不全面的。本书的研究关注的是国家内部制度以及区域制度的差异对公司创业有何影响，是对有关制度与创业关系研究文献的重要补充。

第四，在转型经济体情境下讨论企业家注意力，为注意力基础观做出了相应的理论贡献。解释"驱动企业战略决策的因素是什么"这一问题的主流观点包括两个方面：一是基于主导产业结构观，这种观点假设战略决策者完全理性，认为产业结构影响战略行动的时机和有效性[507]；二是在管理认知和有限理性基础上发展起来的注意力基础观，此观点认为企业家注意力是其认知的一个重要反映[129]，决定着管理者对环境的全面理解，进而影响着企业战略决策。本书的多项研究都基于注意力基础观来解释企业家的注意力对公司创业的影响。首先，注意力基础观的第一原则是选择性关注原则，即由于有限理性的存在导致个体无法关注所有的环境刺激[34]，只能根据认知条件选择自身感兴趣的因素，而行为者采取的行动通常又取决于其所关注的焦点。我们的研究也表明公司创业决策受到企业家注意力分配的影响，从实证角度充分验证了这一观点。其次，注意力基础观的第二原则是情境化的原则，即决策者注意力分配的异质性源于该决策者所处的背景。换言之，决策者如何分配其注意力，进而将要采取何种行动，取决于其所处的特定环境。尽管这一原则十分深刻，但现有研究并未完全考虑到注意力分配的差异：即使是在相同或相似情境下，不同个体所关注的情境刺激也是不同的[25]。因而，为了更好地解释这一问题，需要检验个体特征和环境因素之间的相互作用。本书的相关研究分析了环境的一个重要方面（制度环境）对注意力分配的重要影响，检验了制度因素如何促进或抑制企业家在焦点问题上的注意力分配，从而有效弥补了这一缺口。

第五，通过具体探讨行为整合实现机制丰富了高阶梯队理论。自 Hambrick 和 Mason（1984）提出高阶梯队理论以来，学术界已将其运用于解释价值创造[348]、组织创新[349]和产品多元化[350]等诸多管理现象。目前，关于高阶梯队理论的重要研究趋势之一是通过增加调节机制来提高核心命题的预测力。例如，后续研究者提出了"管理者自由裁量权""管理者工作压力""行为整合"等调节变量，使得核心命题内涵更为丰富。然而，"行为整合"作为影响"高管团队总体特征–战略选择"这一对关系的重要情境因素，其具体的实现机制是什么？目前尚不清楚。《董事会断裂带与创业导向》这篇文章围绕行为整合的核心意义，选择并验证了董事成员的交叉任期和董事长的职能背景广泛性两个具体的行为整合机制，从而丰富了高阶梯队理论。

第六，通过解释企业家烙印如何形成以及基于注意力基础观解释企业家烙印对政策性机会选择的影响，推动了烙印理论的发展。管理学领域的组织烙印机制指在"环境"敏感期内，焦点主体为适应环境而培养出相应的"特征"，并且这些特征不会随着环境的变化而发生根本性的改变[333]。目前学界普遍认为组织烙印有三个来源：经济与技术环境、制度因素（包括规制、规范和文化认知因素）以及特殊的个体（如创始人）[35]。先前学者已识别出了从宏观组织集体[425, 508]、个体组织[254]到中观组织构建模块[348, 509]再到微观个体[458]四个层次的焦点主体。在这些不同的分析层次中一个重要的研究方向是个体组织所具有的"烙印"，该方向的一个核心问题为创始企业家（创始人）给企业打下的"烙印"会对组织未来的行为产生怎样的影响[510]。然而，有关创业的文献很少讨论企业家是如何被打上烙印的以及这些烙印是如何影响企业家的机会选择和战略决策的[36]。我们响应了Mathias等人的呼吁，"企业家体制内烙印与政策注意力"这项研究证明了企业家烙印为什么以及何时会影响其对创业机会的选择，从而进一步加深了对企业家烙印如何影响企业战略决策的理解，这也是第一项基于烙印理论来探索创业机会选择的实证研究。

第七，通过拓展"环境"的范畴在一定程度上完善了战略选择理论。战略选择理论的基本逻辑为企业所处的环境会影响企业家的认知进而决定组织的战略决策，这里的环境更多是指任务环境的特征（环境的复杂性和动态性等）。本书的多项研究将环境拓展到一般环境，尤其是基于制度理论，探讨在不同制度环境下"环境—认知—组织战略"的逻辑关系，从而拓展了环境的范畴，勾勒了企业家在制度和商业双重快变情境约束下战略抉择的基本过程，对战略选择理论的未来发展具有启示意义。

三、创业认知与公司创业关系研究的实践启示

除了上述理论贡献外，本书对企业管理者还有以下几点实践启示：

第一，对转型经济体中的企业家而言，不仅要关注来自产品市场的机会，还要关注来自"政治市场"的机会。在转型经济体中，政府通常掌握着土地、银行贷款、项目审批权等大量关键资源[38]。更为重要的是，政府出台的促进经济发展的政策本身就蕴含着诸多创业机会。比如，2013年习近平主席提出的"一带一路"倡议、2015年李克强总理在政府工作报告中提出的"双创政策"以及2020年工信部为加快新型基础设施建设提出的"新基建计划"等，对企业来说都蕴含着大量有利可图的创业机会。那么，企业的管理者和决策者该如何识别、评价以及利用隐藏在政府政策背后的机会？这是我们需要思考和关注的问题。因此，对政策制定者来说，要重视客观政策与主观认知之间存在的"鸿沟"，要加深对于政策的解读，着力从认知层面影响企业决策者。而对企业家来说，应具备双重身份，既要成为一名成功的商人，也要成为一名优秀的政策解读者，能够对政府的新政策保持敏感并有效地利用制度规则来谋求企业的发展[41]。

【案例1】
"一带一路"倡议，捕捉政策风口：民营企业在"一带一路"中扮演什么角色[607]

改革开放40多年来，在对外开放政策上，中国始终坚持平等互利、合作共赢的理念。目前中国经济进入新常态，正在积极寻找新的经济增长点，在对外开放领域也迎来了第二轮

"走出去"的战略机遇。"一带一路"在此背景下应运而生,该战略是我国21世纪全面深化改革、对外开放中进行陆海统筹、区域经济东西联动发展的全局战略,也是我国实施全方位深层次国内外全面开放与"走出去"积极拓展内需、外需市场两个大局的平衡战略[511]。

浙江华立集团创立于1970年,主要业务领域涉及医药、医疗健康服务、能源物联网和新材料,曾多次入选中国企业500强、全国500家大企业集团、中国民营企业500强、中国机械工业企业核心竞争力百强,同时也是"一带一路"建设示范企业。在2000年初,华立提出了"技术领先、资本经营、全球配置"三大战略,其中全球配置就是指华立集团希望从简单的产品走出去转变到实现全球资源配置的全球化经营。华立走出去的第一站是泰国,从简单的推销产品,到投资建厂,特别是2005年结合亲身体验,萌发了建设"泰中罗勇工业园"的构想。目前,泰中罗勇工业园总规划12平方公里,已成功开发超5平方公里。截至2017年底,已经有超过100家企业入驻该工业园。入园企业已经为当地超过2万人解决就业问题,且大大提高了泰籍员工的工作收入,不但为泰国人民带来真正的福祉,而且也实现了中泰两国在多层面的双赢。"泰中罗勇工业园"开辟了中国企业"走出去"的新模式,也是目前为止中国企业在东盟最大的产业集群地,已成为国家"一带一路"建设上的金名片。此外,到目前为止,华立已在泰国、印度、阿根廷、约旦、坦桑尼亚、乌兹别克斯坦等国投资建立了各类产业的生产基地;在美国、法国、俄罗斯、菲律宾以及非洲的十多个国家设立了业务机构,代理和销售的产品遍及五大洲120多个国家和地区。

在"一带一路"倡议下,浙江华立集团迅速捕捉到政策风口,利用政府在该政策下提供的资源、机会和服务便利,成功实现了企业全球化布局,为更多中国制造业企业更便捷地"走出去"提供了示范点。同时,华立集团的"走出去"战略也带动了"一带一路"沿线国家的就业和经济增长,使地区经济发展更加平衡,可谓是一个多赢的局面。图10-1展示了"一带一路"倡议下浙江华立集团"走出去"战略的全过程。

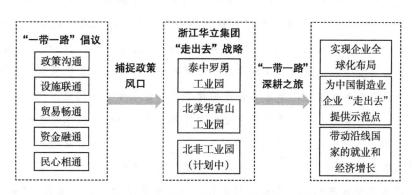

图10-1 "一带一路"倡议下浙江华立集团"走出去"战略全过程

第二,制度环境的完善程度对于私营企业开展创业活动至关重要,应加强对制度落后地区的政策供给和制度建设,增强私营企业长期发展的信心。自改革开放以来,中国的制度变迁过程是一个渐进的过程，且这一过程的区域进展从东部沿海向中西部逐步减慢。东部地区的经济发展与制度变迁已经进入了一个良性循环互动的演变路径，而中西部地区各项制度变量值相对偏低[512]。相比东部沿海地区，内陆地区的制度发展水平相对比较落后，各区域制度发展水平的不平衡也导致区域经济增长差异的扩大。本书的研究也验证了由于地区间的制度发展水平不同，企业家政策注意力的作用会随之发生改变。因而，对企业而言，在选址时要详细考虑选址所在地的制度发展水平。而对地方政府而言，如何革故鼎新、改善营商环境以及如何提升市场化水平，建立发达的金融体系和完善的产权保护制度，构建清廉的政府和透明的法律和司法体系，是其首要思考的议题。

【案例2】
"京津冀协同发展"战略背景下的制度变迁，工业企业该何去何从[605]

京津冀协同发展是当前以及未来一段时间内我国的重要发展战略之一，其影响涉及产业、交通、生态等领域，其中以企业外迁为基础的产业转移是京津冀协同发展的三大重要突破领域之一。在该战略背景下，北京将采取组团式转移和集群化发展的方式把一般性制造业疏解到河北的众多开发区。北京北陆药业股份有限公司作为生物医药领域的原料药生产企业的典型代表，成为此次转移对象之一。

北京北陆药业股份有限公司（以下简称"北陆药业"）成立于1992年，是主要从事医药产品研发、生产与销售的上市企业。为了响应国家号召，推动京津冀协同发展，北陆药业决定将企业搬迁至河北沧州地区。其之所以选择沧州地区作为承接转移地，是因为相比河北、天津其他有承接条件的地区，沧州地区政府采取了一系列制度变迁措施，争取为转移企业塑造一个良好的制度环境，增强对转移企业的吸引力。首先，市场环境方面，企业在北京的生产成本（劳动力成本、运输成本、土地成本）较高且空间受限，北陆药业的原料药生产只用于工艺流程的摸索优化，并不进行大规模生产，无法满足下游制剂生产的需求。河北沧州地区提供了较充足的土地供应以及具有相对较低的生产成本，可以满足企业大规模生产的需要。资料显示，北陆药业在河北的工厂预计年产值1亿元，原料药的年产值扩大了约9倍。其次，技术创新环境方面，沧州市政府建立了北京·沧州渤海新区生物医药产业园，其位于河北沧州临港经济技术开发区，是京冀合作共建共管的首个专业化产业园。该产业园配套完善的服务体系，发挥集群产业协同优势，为生物医药企业提供一个技术创新平台。此外，监管制度方面，由于我国医药行业实行"属地监管"，即为了保障药品安全，企业在异地生产必须重新报批审查，否则属于违法行为，这一制度制约了外迁进程。为了解决这一问题，沧州临港经济技术开发区与北京市食药监局合作达成"延伸监管"创新模式。"延伸监管"下药企虽然在沧州进行生产，但不需重新申报药品批文，仍保留"北京药"的户籍和品牌口碑。这一制度创新不仅实现了药品安全生产，而且能有效引导企业主动迁移，推进产业功能疏解与区域协同发展。图10-2显示了沧州地区制度变迁对北陆药业选址的影响。

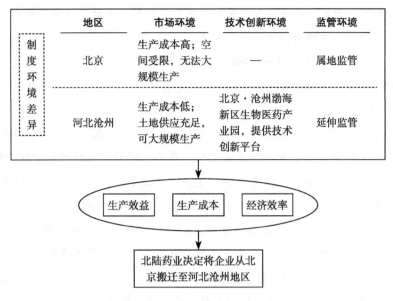

图 10-2　制度变迁对北陆药业选址的影响

第三，转型经济体中，尤其在制度发展水平较低的地区，建立政治联系是有益的，但我们应对其负外部性保持警惕。有证据表明，政治联系有助于中国企业实现多元化，提升企业绩效，提高 IPO 绩效（即提高企业从资本市场融资的能力）以及增加人力资源投资[39, 43]。这点不仅对私营企业是这样，对外商投资企业而言也是如此。然而值得注意的是，诸如构建政治联系等企业政治行为可能导致非生产性的创业活动，如寻租[46]。尤其是在中国特定的政治环境下，讲求"关系"的现象依然存在。因此，企业应对其负外部性保持警惕，预防损害社会经济价值的"关系"行为出现。此外，值得政策制定者注意的是，由于正式和非正式制度是相互替代的，减少非正式制度安排的有效方法是促进国家和区域层面的正式制度的发展。

【案例 3】
"支持"还是"干预"？基于上市公司的多案例研究

改革开放之初，民营企业的产权尚未得到国家法律的正式认可，民营企业的发展受到限制。直到 2004 年第十届全国人大二次会议通过第四次宪法修正案，将"公民合法的私有财产不受侵犯"写入宪法，这种局面才有所好转。对民营企业来说，如何通过其他非正式法律途径保护自身权益以及提高自身的合法性？这是其长期以来备受关注的问题。就中国而言，考虑到正式制度的不完善，政治联系作为一种典型的非正式制度安排，能在一定程度上弥补正式制度的不足（Puffer、McCarthy 和 Boisot，2010）。中国企业家善于与政府建立政治联系，以此来获得关键资源和产权保护（Zhang、Tan 和 Wong，2015）。在中国背景下，企业家获得诸如人大代表、政协委员、中国工商联成员等政治身份都将有助于企业与政府保持良好的关系。然而，对民营企业来说，政治联系到底是利大于弊还是弊大于利，学界一直持有不同的观点。有两个案例给出了不同的回答。

浙江万向集团的前身是成立于1969年的浙江萧山宁围人民公社农机修理厂，在企业创始人鲁冠球的带领下，到2004年万向集团已经发展成为销售收入超过200亿元、利税总额超10亿元的大型民营企业集团。企业创始人鲁冠球的社会身份包括中国企业联合会副会长，中国企业家协会副会长，党的十三大、十四大代表、第九届全国人大代表、第十届全国人大主席团成员，具有较高的政治身份和政治地位。得益于创始人独特的政治身份和政治地位，万向集团在进入金融业方面也取得了显著的成绩。集团下属的万向钱潮1993年在深圳证券交易所上市，是中国最早的民营上市公司之一。经过中国人民银行批准，万向集团于2001年成立了非银行金融机构——万向财务公司，扩大了万向集团的金融业务范围。2002年以万向集团为并列第一大股东的民生人寿保险股份有限公司经中国保险监督委员会批准成立。2005年11月，万向集团成为首批获准发行企业债券的民营企业之一。在短短几年内，万向集团在金融领域取得了骄人的成绩，成为民营企业中的佼佼者[513]。

苏州金螳螂建筑装饰股份有限公司成立于1993年1月，是一家以室内装饰为主体，融幕墙、家具、景观、艺术品、机电设备安装、智能广告等于一体的专业化装饰集团。公司连续入围中国民营企业500强、中国服务业500强。公司实际控制人朱某某与当地主管官员建立了较为紧密的个人关系。基于这一关系，官员利用手中资源对金螳螂公司业务发展给予了极大的帮助。金螳螂自2006年登陆深交所成为国内第一家装饰行业上市公司以来，其业绩增速保持在30%以上，装饰业务的利润率亦在17%左右。通过承揽中高端城市商业综合体和酒店的室内装饰项目，金螳螂在2012年的营业收入达到139.4亿元，同比增长37.42%，归属于上市公司股东的净利润11.1亿元，同比增长51.67%。然而，2013年7月金螳螂实际控制人朱某某因涉原南京市委副书记、市长贪腐一案被依法逮捕。受此影响，公司股价一直震荡下跌，对企业经营和价值产生巨大的负面影响[588]。

以上两个案例说明政治联系是一把"双刃剑"（见图10-3）。虽然一方面可能会让企业迅速发展壮大起来，并且在危机时刻也能让企业暂时渡过难关，化险为夷，但依然可能导致负面结果。尤其是在中国特定情境下，"人情社会""关系行为""面子工程"等现象依旧存在。水能载舟，亦能覆舟，企业管理者应对政治联系负外部性保持高度警惕。

第四，董事会是企业战略制定的主体，董事会的功能是否可以正常发挥对企业的战略导向意义重大。因此，应尽可能降低董事会成员认知差异带来的负面影响，提高董事会的凝聚力。公司治理是现代企业制度的核心，董事会又是公司治理的关键。在公司治理中，董事会不仅承担着提供创造性思维、分配战略资源和建立外部联系的任务，而且对企业的战略决策具有决定性作用。董事会功能的正常发挥是公司制度得以较好地发挥作用的重要保障，关系到公司长远发展与广大股东的利益。研究特定行为整合机制下董事会断裂带与公司创业之间的关系具有重要的指导意义。首先，基于认知差异所造成的董事会的分裂在一定程度上降低了董事会成员间信息沟通的频率和质量，影响董事会对战略资源的有效整合，进而降低了企业家进行公司创业的意愿。因此，对企业管理者来说，在提名董事会成员时不仅要考虑候选人的能力，还要关注他们的职业背景、经历、认知方式等，以期在获得董事会成员多元化正面效应的同时最大化地形成董事会作为一个整体的凝聚力。其次，当董事会的分裂对企业的经营造成重大影响时，可以利用一些行为整合机制来消弭断裂带的不良影响。比如，保持董事会的稳定性或任命具有多种职能背景的董事长来充当不同子群体间的"黏合剂"。

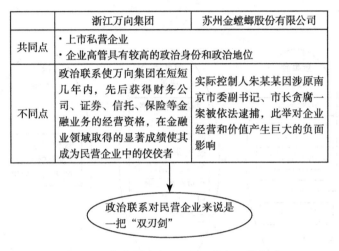

图 10-3　政治联系对于上市民营企业的影响

【案例 4】
中国上市公司的董事会治理：出路到底在哪儿 [514]

董事会作为股份公司权力机构的执行机构，在保证公司获取关键资源、制定与执行公司战略以及评价和监督战略决策的过程中发挥着重要作用。正因为如此，投资者对加强上市公司董事会治理的呼声越来越高，监管部门也越来越重视并积极采取措施强化上市公司董事会治理。目前，上市公司董事会呈现出以下特征：第一，董事会构成不断趋于多元化、合理化。第二，董事会价值有所提高。不容忽视的是，上市公司董事会治理仍然存在许多问题，主要表现在：第一，对董事的考核激励机制不够完善。第二，董事会成员变更较频繁，董事会的稳定性差。第三，"一股独大"问题仍然突出。第四，董事会成员由于背景、经历、利益、认知等方面的差异容易形成内部"小群体"。以上这些缺陷在一定程度上阻碍了公司治理机制的完善，对公司经营活动造成一定的负面影响。

德隆集团 1986 年创建于新疆乌鲁木齐。经过十多年的发展，德隆集团逐渐形成了以传统产业的区域市场、全球市场为目标的重组和整合优势，其涉足了涵盖制造业、流通业、服务业、金融业和旅游业等的十几个行业。德隆集团当初被人们称为"股市第一强庄"，旗下拥有177家子孙公司和19家金融机构。就是这样的一个巨型企业集团，最终因董事会做出盲目对外扩张的战略，使公司陷入财务危机。德隆集团的董事会分成三派：一是以德隆国际的总裁唐万新为首，是德隆系的核心人物；二是以德隆的董事局主席唐万里为首，主要在北京负责企业的公关，但不参与企业管理；三是公司外部董事，但人数较少。董事会成员出于自身利益考虑，彼此之间缺乏沟通，信息透明度低。1995年，董事会做出对外积极扩张战略，先后入主新疆屯河集团、湘火炬投资股份有限公司、沈阳合金投资股份有限公司，并参股20余家公司。最终，德隆集团由于规模扩张过度，导致资金链断裂，并陷入了财务危机（见图10-4）。

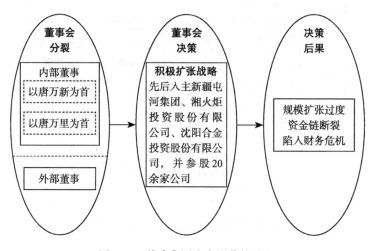

图10-4　德隆集团走向没落的过程

四、未来基于创业认知的公司创业前因研究展望

尽管本书的一系列研究基于创业认知视角探讨了公司创业的诸多前置因素以及相应的边界条件，得出了一些有意义的研究结论，也为企业管理者提供了有价值的实践启示，但是，除企业家注意力之外，是否还存在影响公司创业的其他认知变量？创业认知影响公司创业的具体机制还包括哪些？本书的一系列研究都是基于中国情境，在具有不同文化和制度环境的其他转型经济体中，本书的研究结论是否依然成立？这些问题有待未来学者进一步加以研究和深化。

第一，应进一步加强创业认知相关研究。现有研究在影响创业者认知变量的选择上只探讨了少数变量，如认知偏见、风险认知、注意力等，且自变量的选择具有一定的随意性，进而呈现出碎片化特征——零散性知识有余而整合性研究缺乏。未来研究应关注三类认知变量，分别是反映创业者思维过程的信息处理和推理机制（如反事实思维、类比推理与启发推理、结构连接与表面连接等）、强调创业者决策过程的选择标准和判断机制（如理性决策与启发决策、直觉决策与分析决策等）、基于创业者分析识别出的创业者认知脚本、图式与原型等认知资源[27]。此外，除了个体层面的认知变量，未来的研究应更多地关注团队层面的认知变量[30]，因为许多创业决策都是基于团队做出的。未来的研究可以探讨团队层面的认知如何影响创业行为的发生以及个人认知是否会受到团队认知的影响，例如，个人在团队中做决定时是否会表现出不同的或不同程度的认知偏见。

第二，拓展创业认知研究的边界条件，将其置于特定的情境中，探讨在不同的情境条件下创业者认知所发生的变化以及这种变化会对创业活动产生哪些影响。创业认知研究的基本假设是创业情境诱发了创业者的独特思维和认知过程，其所关注的核心问题也是创业者团队与情境互动中的认知机制是什么、为何、何时以及如何诱发创业行为并影响行为有效性[27]。换言之，创业认知无法完全独立于特定环境而存在，创业情境是创业认知研究的基本出发点。先前研究在情境因素方面更多地关注环境层面的制度因素，且集中于宏观层面的国家或区域的正式制度对创业者认知和创业行为的影响。未来的研究还应考虑微观层面的制度，将制度因素进一步细化。例如，产权保护、信贷分配、政府监管等制度类型。此外，值得注意的是，制度由正式和非正式制度两种规则要素构成[47]。除法律、政策等正式制度外，创业还受以文化传统、习俗、意识形态等为代表的非正式制度的影响。尤其在中国这一特定的环境下，非正式制度代替正式制度发挥作用的现象依然广泛存在。因此，未来研究应关注以文化传统、习俗、意识形态等为代表的非正式制度对创业认知和公司创业的影响。最后，除了制度环境应受到广泛关注外，组织和个人层面因素（如高管团队、企业家个人经历等）作为重要的情境条件依然不可忽视。

第三，进一步探讨创业认知影响公司创业的中介机制，全面打开作用机制的"黑箱"。创业认知如何影响公司创业活动？创业认知影响创业活动的中介机制是什么？现有研究大多探讨创业认知对创业活动的直接影响，然而关于创业认知对创业影响的传导机制研究尚不多见。本书验证了企业家政策注意力对企业家计划经济烙印与政策性机会选择之间关系的部分中介作用，未来的研究应基于烙印理论、制度理论等探索更多潜在的机制。

第四，拓展创业认知的研究情境和研究范式，检验研究结论的外部效度。首先，本书的一系列研究都是基于中国情境进行的，采用的是中国企业的经验数据。因此，研究结果的外部有效性需要在未来研究中得到证实。未来的研究应特别关注转型经济体中不同的文化环境和制度因素，验证本书的结论。其次，创业研究大致出现了三种研究范式：实证主义、叙事主义和设计主义。本书的一系列研究大多基于实证主义和叙事主义（案例研究），而设计主义认为创业是客观事实与主观能动性互动的结果，目的是解释创业者思维过程及其行为，以实验研究为主，未来创业认知研究可以更注重设计主义范式[27]。

第五，探讨企业注意力的前因变量，系统地揭示影响管理者注意力焦点的因素。作为创业认知的一种形式，注意力基础观将企业视为决策者注意力配置系统，指出管理者背景特征影响其注意力分配模式，而管理者所做的选择和判断取决于他们在决策时的注意力焦点。

由此可看出，企业家注意力对企业战略选择至关重要，我们有必要更加深入地了解企业家注意力的前因后果。然而，先前研究考察了企业家注意力配置对企业国际化战略[515-517]、新产品导入[128, 518]、技术变革[140]以及企业创新成果[519]的影响，更多关注的是企业家注意力的结果变量。未来研究不仅要在此基础上继续丰富注意力配置后果的研究，更需要系统揭示影响管理者注意力焦点的因素。比如，学者们可以运用高阶梯队理论和烙印理论等来研究这一问题，并将企业家的背景和经验与他们的注意力分配模式联系起来。

参考文献

[1] Ahlstrom D, Arregle J L, Hitt M A, et al. Managing Technological, Sociopolitical, and Institutional Change in the New Normal[J]. Strategic Management Journal, 2020, 18(1): 1-24.

[2] Burgelman R A. A Process Model of Internal Corporate Venturing in the Diversified Major Firm[J]. Administrative Science Quarterly, 1983, 28(2):223-244.

[3] Hitt, Michael A, Nixon, et al. Corporate Entrepreneurship and Cross-Functional Fertilization: Activation, Process and Disintegration of a New Product Design Team[J]. Entrepreneurship: Theory & Practice, 1999, 23(3): 145-167.

[4] Sharma P, Chrisman J J. Toward a Reconciliation of the Definitional Issues in the Field of Corporate Entrepreneurship[J]. Entrepreneurship Theory & Practice, 1999, 23(3):11-28.

[5] Covin J G, Miles M P. Corporate Entrepreneurship and the Pursuit of Competitive Advantage[J]. Entrepreneurship Theory & Practice, 1999, 23(3):47-63.

[6] Bierwerth M, Schwens C, Isidor R, et al. Corporate Entrepreneurship and Performance: A Meta-analysis[J]. Small Business Economics, 2015, 45(2):255-278.

[7] 戴维奇, 魏江. 创业心智、战略创业与业务演化[J]. 科学学研究, 2015, 33(8):1215-1224.

[8] Wei L Q, Ling Y. CEO Characteristics and Corporate Entrepreneurship in Transition

Economies: Evidence from China[J]. Journal of Business Research, 2015, 68(6):1157-1165.

[9] Corbett A, Covin J G, O'Connor, et al. Corporate Entrepreneurship: State-of-the-Art Research and a Future Research Agenda[J]. Journal of Product Innovation Management, 2013, 30(5):812-820.

[10] Lampe J, Kraft P S, Bausch A. Mapping the Field of Research on Entrepreneurial Organizations (1937-2016): A Bibliometric Analysis and Research Agenda[J]. Entrepreneurship: Theory & Practice, 2020, 44(4): 784-816.

[11] Antoncic B, Hisrich R D. Intrapreneurship: Construct Refinement and Cross-cultural Validation[J]. Journal of Business Venturing, 2001,16(5):495-527.

[12] Simsek Z, Heavey C. The Mediating Role of Knowledge-based Capital for Corporate Entrepreneurship Effects on Performance: A Study of Small- to Medium-sized Firms[J]. Strategic Entrepreneurship Journal, 2011,5(1): 81-100.

[13] Simsek Z, Heavey C, Fox B C. (Meta-)Framing Strategic Entrepreneurship[J]. Strategic Organization, 2017, 15(4): 504-518.

[14] Van Doorn S, Heyden M L, Volberda H W. Enhancing Entrepreneurial Orientation in Dynamic Environments: The Interplay between Top Management Team Advice-Seeking and Absorptive Capacity[J]. Long Range Planning, 2017,50(2):134-144.

[15] Simsek Z, Lubatkin M H, Veiga J F, et al. The Role of an Entrepreneurially Alert Information System in Promoting Corporate Entrepreneurship[J]. Journal of Business Research, 2009, 62(8): 810-817.

[16] Luo X, Zhou L, Liu S S. Entrepreneurial Firms in the Context of China's Transitional Economy: An Integrative Framework and Empirical Examination[J]. Journal of Business Research, 2005, 58(3): 277-284.

[17] Li J J, Poppo L, Zhou K Z. Do Managerial Ties in China Always Produce value? Competition, Uncertainty, and Domestic vs. Foreign Firms[J]. Strategic Management Journal, 2008,29(4): 383-400.

[18] Zahra S A, Garvis D M. International Corporate Entrepreneurship and Firm Performance: The Moderating Effect of International Environmental Hostility[J]. Journal of Business Venturing, 2000,15(5-6): 469-492.

[19] Wolff J A, Pett T L. Learning and Small Firm Growth: The Role of Entrepreneurial Orientation [C]// Proceedings of the Academy of Management. NY: Routledge,2007: 1-6.

[20] Brettel M, Chomik C, Flatten T C. How Organizational Culture Influences Innovativeness, Proactiveness, and Risk-taking: Fostering Entrepreneurial Orientation in SMEs[J]. Journal

of Small Business Management, 2015, 53(4): 868-885.

[21] Miller, D. The Correlates of Entrepreneurship in Three Types of Firms[J]. Management Science, 1983, 29(7):770-791.

[22] Williams C, Lee S H. Resource Allocations, Knowledge Network Characteristics and Entrepreneurial Orientation of Multinational Corporations[J].Research Policy,2009,38(8): 1376-1387.

[23] Baron R A, Ward T B. Expanding Entrepreneurial Cognition's Toolbox: Potential Contributions from the Field of Cognitive Science[J]. Entrepreneurship: Theory & Practice, 2004, 28(6):553-573.

[24] Mitchell R K, Busenitz L, Lant T, et al. The Distinctive and Inclusive Domain of Entrepreneurial Cognition Research[J]. Entrepreneurship: Theory & Practice, 2004,28(6):505-518.

[25] Shepherd D A, McMullen J S, Ocasio W. Is That an Opportunity? An Attention Model of Top Managers' Opportunity Beliefs for Strategic Action[J]. Strategic Management Journal, 2017, 38(3): 626-644.

[26] Shepherd D A,Williams T A, Patzelt H. Thinking about Entrepreneurial Decision Making: Review and Research Agenda[J]. Journal of Management, 2014, 41(1):11-46.

[27] 杨俊，张玉利，刘依冉. 创业认知研究综述与开展中国情境化研究的建议 [J]. 管理世界，2015(9)：158-169.

[28] Gregoire, Shepherd.Technology market Combinations and the Identification of Entrepreneurial Opportunities：An Investigation of the Opportunity-individual Nexus[J]. Academy of Management Journal, 2012,55(4):753-785.

[29] Brigham K H, De Castro J O, Shepherd D A. A Person-Organization Fit Model of Owner-Managers' Cognitive Style and Organizational Demands[J]. Entrepreneurship: Theory & Practice, 2007,31(1):29-51.

[30] Gudmundsson S V, Lechner C. Cognitive Biases, Organization, and Entrepreneurial Firm Survival[J]. European Management Journal, 2013,31(3):278-294.

[31] Wood, Williams, Grégoire D A. The Road to Riches? A Model of the Cognitive Processes and Inflection Points Underpinning Entrepreneurial Action[J]. Advances in Entrepreneurship Firm Emergence & Growth, 2012(14):207-252.

[32] Garrett R, Holland D. Environmental Effects on the Cognitions of Corporate and Independent Entrepreneurs[J]. Small Business Economics, 2015, 45(2):369-381.

[33] Zahra S A, Randerson K, Fayolle A. Corporate Entrepreneurship: Where Are We? Where Can We Go from Here? [J] Management, 2013,16(4):357-432.

[34] Hoffman A J, Ocasio W. Not all events are attended equally: Toward a Middle-range Theory of Industry Attention to External Events[J]. Organization Science, 2001, 12(4):414-434.

[35] Marquis C, Tilcsik A. Imprinting: Toward a Multilevel Theory[J]. Academy of Management Annals, 2013, 7(1):195-245.

[36] Mathias B D, Williams D W, Smith A R. Entrepreneurial Inception: The Role of Imprinting in Entrepreneurial Action[J]. Journal of Business Venturing, 2015,30(1):11-28.

[37] Hambrick D C, Mason P A. Upper Echelons: The Organization as a Reflection of Its Top Managers[J]. Academy of Management Review, 1984,9(2):193-206.

[38] Peng M W, Luo Y. Managerial Ties and Firm Performance in a Transition Economy: The Nature of a Micro-macro Link[J]. Academy of Management Journal, 2000, 43(3):486-501.

[39] Wang H, Feng J, Liu X, et al. What Is the Benefit of TMT's Governmental Experience to Private-owned Enterprises? Evidence from China[J]. Asia Pacific Journal of Management, 2011,28(3):555-572.

[40] Ge J, Stanley L J, Eddleston K, et al. Institutional Deterioration and Entrepreneurial Investment:The Role of Political Connections[J].Journal of Business Venturing, 2017,32(4):405-419.

[41] Yang K. Entrepreneurship in China[M]. Hampshire: Ashgate, 2007.

[42] 余明桂，潘红波. 政治关系、制度环境与民营企业银行贷款 [J]. 管理世界，2008 (8)：9-21.

[43] Arnoldi J, Villadsen A R. Political Ties of Listed Chinese Companies, Performance Effects, and Moderating Institutional Factors[J]. Management and Organization Review, 2015,11(2):217-236.

[44] Cull R, Xu L C. Institutions, Ownership, and Finance: the Determinants of Profit Reinvestment among Chinese Firms[J]. Journal of Financial Economics, 2005,77(1):117-146.

[45] Jia N. Are Collective Political Actions and Private Political Actions Substitutes or Complements? Empirical Evidence from China's Private Sector[J]. Strategic Management Journal, 2014, 35(2):292-315.

[46] Baumol W J. Entrepreneurship: Productive, Unproductive, and Destructive[J]. Journal of Political Economy, 1990,98(5):893-921.

[47] North D C. Institutions, Institutional Change and Economic Performance[M]. Cambridge: Cambridge University Press,1990.

[48] Baum J R, Locke E A. The Relationship of Entrepreneurial Traits, Skill, and Motivation

to Subsequent Venture Growth[J]. Journal of Applied Psychology, 2004,89(4):587-598.

[49] Robinson P B, Stimpson D V, Huefner J C, et al. An Attitude Approach to the Prediction of Entrepreneurship[J]. Entrepreneurship: Theory & Practice, 1991, 15(4):13-21.

[50] Mitchell R K, Busenitz L, Lant T, et al. Toward a Theory of Entrepreneurial Cognition: Rethinking the People Side of Entrepreneurship Research[J]. Entrepreneurship: Theory & Practice, 2002, 27(2):93.

[51] Shaver, Scott. Person, Process, Choice: The Psychology of New Venture Creation[J]. Entrepreneurship: Theory & Practice, 1991(16):23-45.

[52] Thomas O. Two Decades of Cognitive Bias Research in Entrepreneurship: What Do We Know and Where Do We Go from Here? [J]. Management Review Quarterly, 2018, 68(2):107-143.

[53] Krueger N F. What Lies Beneath? The Experiential Essence of Entrepreneurial Thinking[J]. Entrepreneurship: Theory & Practice, 2007,31(1):123-138.

[54] Sánchez, Carballo, Gutiérrez. The Entrepreneur from a Cognitive Approach[J]. Psicothema, 2011,23(3).

[55] Mitchell R K, Busenitz L W, Bird B, et al. The Central Question in Entrepreneurial Cognition Research 2007[J]. Entrepreneurship: Theory & Practice, 2007, 31(1):1-27.

[56] Denis, Grégoire C, Mcmullen J S. The Cognitive Perspective in Entrepreneurship: An Agenda for Future Research[J]. Journal of Management Studies, 2011,48(6): 1443-1477.

[57] Shane S, Locke E A, Collins C J. Entrepreneurial Motivation[J].Human Resource Management Review, 2003,13(2):257-279.

[58] Chen G C, Greene P G, Crick A. Does Entrepreneurial Self-efficacy Distinguish Entrepreneurs from Managers? [J]. Journal of Business Venturing, 1998(13):295-317.

[59] Markman G D, Baron R A, Balkin D B. Are Perseverance and Self-efficacy Costless? [J]. Assessing Entrepreneurs' Regretful Thinking. Journal of Organizational Behavior, 2005, 26(1):1-19.

[60] Sanchez J. Social Learning and Entrepreneurial Intentions: A Comparative Study between Mexico, Spain and Portugal[J]. Revista-Latino americana de Psicología, 2009,41(1):109-119.

[61] Busenitz L W, Lau C M. A Cross-Cultural Cognitive Model of New Venture Creation[J]. Entrepreneurship: Theory & Practice, 1996,20(4):25-39.

[62] Forbes. Are Some Entrepreneurs More Overconfident than Others? [J].Journal of Business Venturing, 2005(20):623-640.

[63] Baron. The Cognitive Perspective: A Valuable Tool for Answering Entrepreneurship's

Basic "why" Questions[J]. Journal of Business Venturing, 2004,19(2): 221.

[64] Koellinger P, Minniti M, Schade C. "I think I can, I think I can": Overconfidence and Entrepreneurial Behavior[J]. Journal of Economic Psychology, 2007,28(4):502-527.

[65] Hmieleski K M, Baron R A. Entrepreneurs' Optimism and New Venture Performance: A Social Cognitive Perspective[J]. Academy of Management Journal, 2009,52(3): 473-488.

[66] Lowell, BusenitzJay, Barney. Differences between Entrepreneurs and Managers in Large Organizations: Biases and Heuristics in Strategic Decision-making[J]. Journal of Business Venturing, 1997, 12(1): 9-30.

[67] Simon M, Houghton S M. Cognitive Biases, Risk Perception, and Venture Formation: How Individuals Decide to Start Companies[J]. Journal of Business Venturing, 2000,15(2): 113.

[68] Langer E J. The Illusion of Control[J]. Journal of Personality & Social Psychology, 1975(32):311-328.

[69] Tversky, Kahneman. Belief in the Law of Small Numbers. Psychological Bulletin, 1971(76):105-110.

[70] Kannadhasan M, Aramvalarthan S, Pavan K B. Relationship among Cognitive Biases, Risk Perceptions and Individual's Decision to Start a Venture[J]. Decision, 2014,41(1): 87-98.

[71] Keh H T, Foo M D, Lim B C. Opportunity Evaluation under Risky Conditions: The Cognitive Processes of Entrepreneurs[J]. Entrepreneurship: Theory & Practice, 2002, 27(2): 125.

[72] Burmeister K, Schade C. Are Entrepreneurs' Decisions More Biased? An Experimental Investigation of the Susceptibility to Status Quo Bias[J]. Journal of Business Venturing, 2007, 22(3): 340-362.

[73] Baron. Cognitive Mechanisms in Entrepreneurship: Why and When Entrepreneurs Think Differently than Other People[J]. Journal of Business Venturing, 1998,13(4): 275-294.

[74] Parker S C. Can Cognitive Biases Explain Venture Team Homophily? [J].Strategic Entrepreneurship Journal, 2009, 3(1): 67-83.

[75] Cassar G, Craig J. An Investigation of Hindsight Bias in Nascent Venture Activity[J]. Journal of Business Venturing, 2009, 24(2): 149-164.

[76] Lowe R A, Ziedonis A A. Overoptimism and the Performance of Entrepreneurial Firms[J]. Management Science, 2006,52(2): 173-186.

[77] Hayton J C. Competing in the New Economy: The Effect of Intellectual Capital on Corporate Entrepreneurship in High-technology New Ventures[J]. R&D Management,

2005,35(2): 137-155.

[78] Samuelson, Zeckhauser. Status Quo Bias in Decision Making[J].J Risk Uncertain, 1988(1):7-59.

[79] Shane S, Venkataraman S. The promise of entrepreneurship as a field of research[J]. Academy of Management Review, 2000,25(1): 217-226.

[80] Bhave. A Process Model of Entrepreneurial Venture Creation[J].Journal of Business Venturing, 1994(9):223-242.

[81] Alvarez S, Barney J. Entrepreneurship and Epistemology: The Philosophical Underpinnings of the Study of Entrepreneurial Opportunities[J]. The Academy of Management Annals, 2010, 4(1): 557-583.

[82] Denrell J, Fang C, Winter S G. The Economics of Strategic Opportunity[J]. Strategic Management Journal, 2003,24(10): 977-990.

[83] McMullen J S, Dimov D. Time and the Entrepreneurial Journey: The Problems and Promise of Studying Entrepreneurship as a Process[J].Journal of Management Studies, 2013, 50(8): 1481-1512.

[84] Short J C, Ketchen J D J, Shook C L, et al. The Concept of "Opportunity" in Entrepreneurship Research: Past Accomplishments and Future Challenges[J].Journal of Management, 2010,36(1): 40-65.

[85] Wood M S, McKelvie A. Opportunity Evaluation as Future Focused Cognition: Identifying Conceptual Themes and Empirical Trends[J].International Journal of Management Reviews, 2015,17(2): 256-277.

[86] Haynie J M, Shepherd D A, Mcmullen J S. An Opportunity for Me? The Role of Resources in Opportunity Evaluation Decisions[J]. Journal of Management Studies, 2009, 46(3): 337-361.

[87] Wood M S, McKelvie A, Haynie J M. Making It Personal: Opportunity Individuation and the Shaping of Opportunity Beliefs[J]. Journal of Business Venturing, 2014,29(2): 252-272.

[88] Krueger N F. The Cognitive Infrastructure of Opportunity Emergence[J]. Entrepreneurship: Theory & Practice, 2000,24(3): 5-23.

[89] Blume B D, Covin J G. Attributions to Intuition in the Venture Founding Process: Do Entrepreneurs Actually Use Intuition or Just Say That They Do? [J]. Journal of Business Venturing, 2011, 26(1): 137-151.

[90] Koellinger P, Minniti M, Schade C. Gender Differences in Entrepreneurial Propensity Gender Differences in Entrepreneurial Propensity[J]. Oxford Bulletin of Economics &

Statistics, 2013,75(2): 213-234.

[91] Shouming C, Zhiguo L, Redd T, et al. Laotian Entrepreneurs' Optimism and New Venture Performance[J]. Social Behavior & Personality: an international journal, 2013, 41(8): 1267-1278.

[92] Fraser S, Greene F J.The Effects of Experience on Entrepreneurial Optimism and Uncertainty[J]. Economica, 2006,73(290): 169-192.

[93] De Carolis D M, Saparito P. Social Capital, Cognition, and Entrepreneurial Opportunities: A Theoretical Framewor[J]k. Entrepreneurship: Theory & Practice, 2006,30(1): 41-56.

[94] Filion L J. Vision and relations: Elements for an Entrepreneurial Metamodel[J]. International Small Business Journal, 1991(9):112-131.

[95] Yang J, Liu Y, Zhang Y, et al. Escalation Bias among Technology Entrepreneurs: The Moderating Effects of Motivation and Mental Budgeting[J].Technology Analysis & Strategic Management, 2015,27(6): 693-708.

[96] De Carolis D M, Litzky B E, Eddleston K A. Why Networks Enhance the Progress of New Venture Creation: The Influence of Social Capital and Cognition[J]. Entrepreneurship: Theory & Practice, 2009, 33(2): 527-545.

[97] Simon M, Houghton S M. The Relationship Among Biases, Misperceptions and Introducing Pioneering Products: Examining Differences in Venture Decision Contexts[J]. Entrepreneurship: Theory & Practice, 2002,27(2): 105.

[98] Zacharakis A L, Shepherd D A. The Nature of Information and Overconfidence on Venture Capitalists' Decision Making[J]. Journal of Business Venturing, 2001,16(4): 311.

[99] Simon M, Houghton S M. The Relationship between Overconfidence and the Introduction of Risky Products: Evidence from a Field Study[J]. Academy of Management Journal, 2003,46(2): 139-149.

[100] Simon M, Shrader R C. Entrepreneurial Actions and Optimistic Overconfidence: The Role of Motivated Reasoning in New Product Introductions[J]. Journal of Business Venturing, 2012, 27(3): 291-309.

[101] Dean, Sharfman. Procedural Rationality in the Decision-making Process[J]. J Manag Study, 1993(30): 587-610.

[102] Zhang J, Tan J, Wong P K. When Does Investment in Political Ties Improve Firm Performance? The Contingent Effect of Innovation Activities[J]. Asia Pacific Journal of Management, 2015, 32(2): 363-387.

[103] Moore D A, Cain D M. Overconfidence and Underconfidence: When and Why People

Underestimate (and Overestimate) the Competition[J].Organizational Behavior & Human Decision Processes, 2007, 103(2): 197-213.

[104] Grichnik D. Risky Choices in New Venture Decisions—Experimental Evidence from Germany and the United States[J]. Journal of International Entrepreneurship, 2008, 6(1): 22-47.

[105] Stewart W H, May R C, Kalia A. Environmental Perceptions and Scanning in the United States and India: Convergence in Entrepreneurial Information Seeking? [J]. Entrepreneurship: Theory & Practice, 2008,32(1): 83-106.

[106] Hayward, M L A, Shepherd D A, Griffin D. A Hubris Theory of Entrepreneurship[J]. Management Science, 2006,52(2): 160-172.

[107] Vaghely I P, Julien P A. Are Opportunities Recognized or Constructed? An Information Perspective on Entrepreneurial Opportunity Identification[J]. Journal of Business Venturing, 2010, 25(1): 73-86.

[108] Gaglio C M, Katz J A. The Psychological Basis of Opportunity Identification: Entrepreneurial Alertness[J]. Small Business Economics, 2001(16):95-111.

[109] Shane S. Prior Knowledge and the Discovery of Entrepreneurial Opportunities[J]. Organization Science, 2000, 11(4): 448-469.

[110] Shane S. A General Theory of Entrepreneurship[M]. Cheltenham: Edward Elgar,2003.

[111] Busenitz L W, Lau C M. Growth Intentions of Entrepreneurs in a Transitional Economy: The People's Republic of China[J]. Entrepreneurship: Theory & Practice, 2001, 26(1): 5-20.

[112] Kickul J, Gundry L K, Barbosa S D, et al. One Style Does Not Fit All: The Role of Cognitive Style in Entrepreneurship Education? [J].International Journal of Entrepreneurship & Small Business, 2010,9(1): 36-57.

[113] Cooper, Woo, Dunkelberg. Entrepreneurship and the Initial Size of Firms[J]. Journal of Business Venturing, 1989,4(5): 317-332.

[114] McCarthy A M, Schoorman F D, Cooper A C. Reinvestment Decisions by Entrepreneurs: Rational Decision-making or Escalation of Commitment?[J].Journal of Business Venturing, 1993,8(1): 9.

[115] Wu B, Knott A M. Entrepreneurial Risk and Market Entry[J]. Management Science, 2006,52(9): 1315-1330.

[116] Cooper, Dunkelberg, Woo. Entrepreneurs' Perceived Chances for Success[J]. Journal of Business Venturing, 1988,3(2): 97.

[117] Palich L E, Bagby D R. Using Cognitive Theory to Explain Entrepreneurial Risk-taking:

Challenging Conventional Wisdom[J]. Journal of Business Venturing, 1995,10(6): 425.

[118] Trevelyan R. Optimism, Overconfidence and Entrepreneurial Activity[J]. Management Decision, 2008, 46(7): 986-1001.

[119] Lindblom A, Olkkonen R, Mitronen L. Cognitive styles of Contractually Integrated Retail Entrepreneurs: A Survey Study[J]. International Journal of Retail & Distribution Management, 2008, 36(6): 518-532.

[120] Cassar G. Are Individuals Entering Self-employment Overly Optimistic? An Empirical Test of Plans and Projections on Nascent Entrepreneur Expectations[J]. Strategic Management Journal, 2010, 31(8): 822-840.

[121] Camerer C, Lovallo D. Overconfidence and Excess Entry: An Experimental Approach[J]. Journal of Economic Literature, 1999, 89(1): 306-318.

[122] Carr J C, Blettner D P. Cognitive Control Bias and Decision-making in Context: Implications for Entrepreneurial Founders of Small Firms[J]. Frontiers of Entrepreneurship Research, 2010(30):1-15.

[123] Cooper, Artz. Determinants of Satisfaction for Entrepreneurs[J]. Journal of Business Venturing, 1995,10(6): 439-457.

[124] Christensen C M. The Innovator's Dilemma: When New Technologies Cause Great Firms to Fail[M]. Cambridge: Harvard Business School Press, 1997.

[125] Daniel A, Levinthal, James G, et al. The Myopia of Learning[J].Strategic Management Journal, 1993,14(S2):95-112.

[126] McMullen J S, Shepherd D A, Patzelt H. Managerial (In)Attention to Competitive Threats[J]. Journal of Management Studies, 2009, 46(2): 157-181.

[127] Simon B H. Administrative behavior: A Study of Decision-making Processes in Administrative Organizations[J]. Chicago: Macmillan,1947.

[128] Li Q, Maggitti P G, Smith K G, et al. Top Management Attention to Innovation: The Role of Search Selection and Intensity in New Product Introductions[J]. Academy of Management Journal, 2013, 56(3): 893-916.

[129] Ocasio W. Towards an Attention-based Theory of the Firm[J]. Strategic Management Journal, 1997,18(Summer Special Issue): 187-206.

[130] Gifford S. Limited Entrepreneurial Attention and Economic Development[J]. Small Business Economics, 1998, 10(1): 17-30.

[131] Sproull L S.The Nature of Managerial Attention[M].NY: NewYork University,1984.

[132] March J, Olsen J. Ambiguity and Choice in Organizations[M].Bergen: Universitetsforlaget, 1976.

[133] D'Aveni R, MacMillan I. Crisis and the Content of Managerial Communications: A Study of the Focus of Attention of Top Managers in Surviving and Failing Firms[J]. Administrative Science Quarterly, 1990,35(4): 634- 657.

[134] McGrath, MacMillan. The Entrepreneurial Mindset[M]. Cambridge: Harvard Business Press, 2000.

[135] Ireland R D, Hitt M A, Sirmon D G. A Model of Strategic Entrepreneurship: The Construct and Its Dimensions[J]. Journal of Management, 2003, 29(6): 963-989.

[136] Griffin D W, Ross L. Subjective Construal, Social Inference, and Human Misunderstanding [J]. Advances in Experimental Social Psychology, 1991,24(1): 319-359.

[137] Schraw G, Dennison R S. Assessing Metacognitive Awareness[J]. Contemporary Educational Psychology, 1994,19(4): 460-475.

[138] Ocasio W. Attention to attention[J]. Organization Science, 2011,22(5): 1286-1296.

[139] Miller R, Duane, Ireland. 2005Intuition in Strategic Decision Making: Friend or Foe in the Fast-paced 21st Century Intuition in Strategic Decision Making: Friend or Foe in the Fast-paced 21st Century[J].Academy of Management Executive,2005,19(1): 19-30.

[140] Eggers J P, Kaplan S. Cognition and Renewal: Comparing CEO and Organizational Effects on Incumbent Adaptation to Technical Change[J]. Organization Science, 2009, 20(2): 461-477.

[141] Shepherd D A, Armstrong M J, Moren Lévesque. Allocation of Attention within Venture Capital Firms[J].European Journal of Operational Research,2005, 163(2): 545-564.

[142] Audretsch, Keilbach. The Theory of Knowledge Spillover Entrepreneurship[J]. Journal of Management Studies, 2007(44):1242-1254.

[143] Busenitz L W, Gómez C, Spencer J W. Country Institutional Profiles: Unlocking Entrepreneurial Phenomena[J]. Academy of Management Journal, 2000, 43(5): 994-1003.

[144] Shepherd D A, Zacharakis A. A New Venture's Cognitive Legitimacy: An Assessment by Customers[J]. Journal of Small Business Management, 2003,41(2): 148-167.

[145] Behrens J, Patzelt H. Corporate Entrepreneurship Managers' Project Terminations: Integrating Portfolio-Level, Individual-Level, and Firm-Level Effects[J]. Entrepreneurship: Theory & Practice, 2016, 40(4): 815-842.

[146] Kuratko D F, Covin J G, Hornsby J S. Why Implementing Corporate Innovation is So Difficult[J]. Business Horizons, 2014, 57(5): 647-655.

[147] Rauch A, Wiklund J, Lumpkin G T, et al. Entrepreneurial Orientation and Business

Performance: An Assessment of past Research and Suggestions for the Future[J]. Entrepreneurship Theory & Practice, 2009, 33(3): 761-787.

[148] Morris M H. Corporate Entrepreneurship and Innovation[M].Boston: Cengage South-Western,2011.

[149] Ireland R D, Covin J G, Kuratko D F. Conceptualizing Corporate Entrepreneurship Strategy[J]. Entrepreneurship: Theory & Practice, 2009,33(1): 19-46.

[150] Wright M, Hitt M A. Strategic Entrepreneurship and SEJ: Development and Current Progress[J]. Strategic Entrepreneurship Journal, 2017, 11(3): 200-210.

[151] Schmitt A, Raisch S, Volberda H W. Strategic Renewal: Past Research, Theoretical Tensions and Future Challenges[J]. International Journal of Management Reviews, 2018,20(1): 81-98.

[152] Dai Y, Byun G, Ding, F. The Direct and Indirect Impact of Gender Diversity in New Venture Teams on Innovation Performance[J]. Entrepreneurship Theory & Practice, 2018, 43(3): 505-528.

[153] Su J, Zhai Q, Karlsson T. Beyond red Tape and Fools: Institutional Theory in Entrepreneurship Research,1992-2014[J].Entrepreneurship: Theory & Practice, 2017,41(4): 505-531.

[154] Webb J W, Kistruck G M, Ireland R D, et al. The Entrepreneurship Process in Base of the Pyramid Markets: The Case of Multinational Enterprise/Nongovernment Organization Alliances[J]. Entrepreneurship: Theory & Practice, 2009,34(3): 555-581.

[155] Heavey C, Simsek Z. Top Management Compositional Effects on Corporate Entrepreneurship: The Moderating Role of Perceived Technological Uncertainty[J]. Journal of Product Innovation Management, 2013,30(5): 837-855.

[156] Narayanan V K, Yang Y, Zahra S A. Corporate Venturing and Value Creation: A Review and Proposed Framework[J]. Research Policy, 2009,38(1): 58-76.

[157] Hitt M A, Ireland R D, Camp S M, et al. Guest Editors' Introduction to the Special Issue Strategic Entrepreneurship: Entrepreneurial Strategies for Wealth Creation[J]. Strategic Management Journal, 2001, 22(6/7): 479-491.

[158] Kuratko D F, Audretsch D B. Clarifying the Domains of Corporate Entrepreneurship[J]. International Entrepreneurship and Management Journal, 2013,9(3): 323-335.

[159] Hornsby J S, Kuratko D F, Shepherd D A, et al. Managers' Corporate Entrepreneurial Actions: Examining Perception and Position[J]. Journal of Business Venturing, 2009,24(3): 236-247.

[160] Hill R M, Hlavacek J D. The Venture Team: A New Concept in Marketing

Organization[J]. Journal of Marketing, 1972, 36(3): 44-50.

[161] Peterson R A, Berger D G. Entrepreneurship in Organizations: Evidence from the Popular Music Industry[J]. Administrative Science Quarterly, 1971, 16(1): 97-106.

[162] Burgelman R A. Designs for Corporate Entrepreneurship in Established Firms[J]. California Management Review, 1984, 26(3): 154-166.

[163] Kuratko D F, Montagno R V. The Intrapreneurial Spirit[J]. Training & Development Journal, 1989, 43(10): 83.

[164] Zahra S A, Nielsen A P, Bogner W C. Corporate Entrepreneurship, Knowledge, and Competence Development[J]. Entrepreneurship: Theory & Practice, 1999, 23(3): 169-189.

[165] Zahra S A. Predictors and Financial Outcomes of Corporate Entrepreneurship: An Exploratory Study[J]. Journal of Business Venturing, 1991, 6(4): 259.

[166] Zahra S A, Kuratko D F, Jennings D F. Guest Editorial: Entrepreneurship and the Acquisition of Dynamic Organizational Capabilities[J]. Entrepreneurship Theory & Practice, 1999, 23(3): 5-10.

[167] Guth W D, Ginsberg A. Guest Editors Introduction: Corporate Entrepreneurship[J]. Strategic Management Journal, 1990, 11(1): 5-15.

[168] Ahuja G, Lampert C M. Entrepreneurship in the Large Corporation: a Longitudinal Study of How Established Firms Create Breakthrough Inventions[J]. Strategic Management Journal, 2001, 22(6/7): 521-543.

[169] Schildt H A, Maula M V J, Keil T. Explorative and Exploitative Learning from External Corporate Ventures[J]. Entrepreneurship: Theory & Practice, 2005, 29(4): 493-515.

[170] Demil B, Lecocq X, Ricart J E, et al. Introduction to the SEJ Special Issue on Business Models: Business Models within the Domain of Strategic Entrepreneurship[J]. Strategic Entrepreneurship Journal, 2015, 9(1): 1-11.

[171] Covin J G, Wales W J. Crafting High-Impact Entrepreneurial Orientation Research: Some Suggested Guidelines[J]. Entrepreneurship: Theory & Practice, 2019, 43(1): 3-18.

[172] Lumpkin G T, Cogliser C C, Schneider D R. Understanding and Measuring Autonomy: An Entrepreneurial Orientation Perspective[J]. Entrepreneurship: Theory & Practice, 2009, 33(1): 47-69.

[173] Rosenbusch N, Rauch A, Bausch A. The Mediating Role of Entrepreneurial Orientation in the Task Environment-Performance Relationship: A Meta-analysis[J]. Journal of Management, 2012, 39(3): 633-659.

[174] Anderson B S, Kreiser P M, Kuratko D F, et al. Reconceptualizing Entrepreneurial Orientation[J]. Strategic Management Journal, 2015, 36(10): 1579-1596.

[175] Johnson S, McMillan J, Woodruff C. Property Rights and Finance[J]. American Economic Review, 2002,92(5): 1335-1356.

[176] Zhou W. Political Connections and Entrepreneurial Investment: Evidence from China's Transition Economy[J]. Journal of Business Venturing, 2013,28(2): 299-315.

[177] Zhou W. Institutional Environment, Public-private Hybrid Forms, and Entrepreneurial Reinvestment in a Transition Economy[J]. Journal of Business Venturing, 2017,32(2): 197-214.

[178] Cho T S, Hambrick D C. Attention as the Mediator between Top Management Team Characteristics and Strategic Change: The Case of Airline Deregulation[J]. Organization Science, 2006,17(4): 453-469.

[179] Lumpkin G T, Dess G G. Clarifying the Entrepreneurship Orientation Construct and Linking it to Performance[J]. Academy of Management Review, 1996,21(1): 135-172.

[180] Schindehutte M, Morris M H, Kuratko D F. Triggering Events, Corporate Entrepreneurship and the Marketing Function[J]. Journal of Marketing Theory & Practice, 2000, 8(2): 18.

[181] Sebora T C, Theerapatvong T, Sang M L. Corporate Entrepreneurship in the Face of Changing Competition: A Case Analysis of Six Thai Manufacturing Firms[J]. Journal of Organizational Change Management, 2010,23(4): 453 - 470.

[182] Hughes M, Mustafa M. Antecedents of Corporate Entrepreneurship in SMEs: Evidence from an Emerging Economy. Journal of Small Business Management, 2016(55):115-140.

[183] Dess G G, Ireland R D, Zahra S A, et al. Emerging Issues in Corporate Entrepreneurship[J]. Journal of Management, 2003,29(3): 351-378.

[184] Ling Y, Simsek Z, Lubatkin M H, Veiga J F. Transformational Leadership's Role in Promoting Corporate Entrepreneurship: Examining the CEO-TMT Interface[J].Academy of Management Journal, 2008, 51(3): 557-576.

[185] Kuratko D F, Ireland R D, Covin J G, et al. A Model of Middle-Level Managers' Entrepreneurial Behavior[J]. Entrepreneurship: Theory & Practice, 2005,29(6): 699-716.

[186] Zahra S A. Goverance, Ownership, and Corporate Entrepreneurship: The Moderating Impact of Industry Technological Opportunities[J]. Academy of Management Journal, 1996,39(6): 1713-1735.

[187] Phan P H, Wright M, Ucbasaran D, et al. Corporate Entrepreneurship: Current Research and Future Directions[J]. Journal of Business Venturing, 2009,24(3): 197-205.

[188] Zahra S A. Environment, Corporate Entrepreneurship, and Financial Performance: A Taxonomic Approach[J]. Journal of Business Venturing, 1993,8(4): 319.

[189] Welter F, Baker T, Audretsch D B, et al. Everyday Entrepreneurship—A Call for Entrepreneurship Research to Embrace Entrepreneurial Diversity[J]. Entrepreneurship: Theory & Practice, 2016,41(3): 311-321.

[190] Kuratko D F, Ireland R D, Hornsby J S. Improving Firm Performance through Entrepreneurial Actions: Acordia's Corporate Entrepreneurship Strategy[J].The Academy of Management Executive, 2001,15(4): 60-71.

[191] Grant R M. Toward a Knowledge-based Theory of the Firm[J]. Strategic Management Journal, 1996,17(S2): 109-122.

[192] Tavassoli S, Bengtsson L, Karlsson C. Strategic Entrepreneurship and Knowledge Spillovers: Spatial and Aspatial Perspectives[J]. International Entrepreneurship and Management Journal, 2017,13(1): 233-249.

[193] Kantur D.Strategic Entrepreneurship: Mediating the Entrepreneurial Orientation-Performance Link[J]. Management Decision, 2016,54(1): 24-43.

[194] Boone C, Lokshin B, Guenter H, et al. Top Management Team Nationality Diversity, Corporate Entrepreneurship, and Innovation in Multinational Firms[J]. Strategic Management Journal, 2019,40(2): 277-302.

[195] Covin J G, Slevin D P. A Conceptual Model of Entrepreneurship as Firm Behavior[J]. Entrepreneurship: Theory & Practice, 1991, 16(1): 7-26.

[196] Ireland R D, Webb J W. Crossing the Great Divide of Strategic Entrepreneurship: Transitioning between Exploration and Exploitation[J]. Business Horizons, 2009, 52(5): 469-479.

[197] Hitt M A, Ireland R D, Sirmon D G, et al. Strategic Entrepreneurship: Creating Value for Individuals, Organizations, and Society[J]. Academy of Management Perspectives, 2011,25(2): 57-75.

[198] Kemelgor B H, D'Souza R, Henley G. The Dynamics of Entrepreneurial Entry and Firm Performance of First Career and Second Career Entrepreneurs as Mediated by Prior Knowledge[J]. American Journal of Entrepreneurship, 2011,4(1): 18-28.

[199] Mazzei M J. Strategic Entrepreneurship: Content, Process, Context, and Outcomes[J]. International Entrepreneurship and Management Journal, 2018, 14(3): 657-670.

[200] Monsen E, Boss R. The Impact of Strategic Entrepreneurship Inside the Organization: Examining Job Stress and Employee Retention[J]. Entrepreneurship: Theory & Practice, 2009,33(1): 71-104.

[201] Bjørnskov C, Foss N. How Strategic Entrepreneurship and The Institutional Context Drive Economic Growth[J]. Strategic Entrepreneurship Journal, 2013, 7(1): 50-69.

[202] Covin J G, Slevin D P. Strategic Management of Small Firms in Hostile and Benign Environments[J]. Strategic Management Journal, 1989,10(1): 75-87.

[203] Lumpkin G T, Dess G G. Linking Two Dimensions of Entrepreneurial Orientation to Firm Performance: The Moderating Role of Environment and Industry Life Cycle[J]. Journal of Business Venturing, 2001,16(5): 429-451.

[204] Floyd S W, Lane P J. Strategizing Throughout the Organization: Managing Role Conflict in Strategic Renewal[J]. Academy of Management Review, 2000,25(1): 154-177.

[205] Wales W, Monsen E, McKelvie A. The Organizational Pervasiveness of Entrepreneurial Orientation[J]. Entrepreneurship Theory &Practice, 2011, 35(5): 895-923.

[206] Kemelgor B H. A Comparative Analysis of Corporate Entrepreneurial Orientation between Selected Firms in the Netherlands and the USA[J]. Entrepreneurship & Regional Development, 2002,14(1): 67-87.

[207] Li L, Jiang F, Pei Y, et al. Entrepreneurial Orientation and Strategic Alliance Success: The Contingency Role of Relational Factors. Journal of Business Research, 2017(72):46-56.

[208] Wiklund J, Shepherd D. Entrepreneurial Orientation and Small Business Performance: A Configurational Approach[J]. Journal of Business Venturing, 2005,20(1): 71-91.

[209] Ruiz-Ortega M J, Parra-Requena G, Rodrigo-Alarcón J, et al. Environmental Dynamism and Entrepreneurial Orientation: The Moderating Role of Firm's Capabilities[J]. Journal of Organizational Change Management, 2013,26(3): 475-493.

[210] Engelen A, Schmidt S, Buchsteiner M. The Simultaneous Influence of National Culture and Market Turbulence on Entrepreneurial Orientation: A Nine-country Study[J]. Journal of International Management, 2015,21(1): 18-30.

[211] Cruz C, Nordqvist M. Entrepreneurial Orientation in Family Firms: A Generational Perspective[J]. Small Business Economics, 2012,38(1): 33-49.

[212] Dai L, Maksimov V, Gilbert B A, et al. Entrepreneurial Orientation and International Scope: The Differential Roles of Innovativeness, Proactiveness, and Risk-taking[J]. Journal of Business Venturing, 2014,29(4): 511-524.

[213] Bachmann J T, Engelen A, Schwens C. Toward a Better Understanding of the Association Between Strategic Planning and Entrepreneurial Orientation — The Moderating Role of National Culture[J]. Journal of International Management, 2016, 22(4): 297-315.

[214] Swoboda B, Olejnik E. Linking Processes and Dynamic Capabilities of International SMEs: The Mediating Effect of International Entrepreneurial Orientation[J]. Journal of Small Business Management, 2016,54(1): 139-161.

[215] Lumpkin G T, Brigham K H, Moss T W. Long-term Orientation: Implications for the Entrepreneurial Orientation and Performance of Family Businesses[J]. Entrepreneurship & Regional Development, 2010,22(3-4): 241-264.

[216] Miles M P, Covin J G. Exploring the Practice of Corporate Venturing: Some Common Forms and Their Organizational Implications[J]. Entrepreneurship: Theory & Practice, 2002,26(3): 21-40.

[217] Covin J G, Slevin D P. The Influence of Organization Structure on the Utility of an Entrepreneurial Top Management Style[J]. Journal of Management Studies, 1988,25(3): 217-234.

[218] Deb P, Wiklund J. The Effects of CEO Founder Status and Stock Ownership on Entrepreneurial Orientation in Small Firms[J]. Journal of Small Business Management, 2017, 55(1): 32-55.

[219] Dai Y, Roundy P T, Chok J I, et al. "Who Knows What?" in New Venture Teams: Transactive Memory Systems as a Micro-Foundation of Entrepreneurial Orientation[J]. Journal of Management Studies, 2016,53(8): 1320-1347.

[220] McKelvie A, Wiklund J. Advancing Firm Growth Research: A Focus on Growth Mode Instead of Growth Rate[J]. Entrepreneurship: Theory & Practice, 2010,34(2): 261-288.

[221] Delmar F, Davidsson P, Gartner W B. Arriving at the High-growth Firm[J]. Journal of Business Venturing, 2003,18(2): 189.

[222] Stopford J M, Baden-Fuller C W F. Creating Corporate Entrepreneurship[J]. Strategic Management Journal, 1994,15(7): 521-536.

[223] Eshima Y, Anderson B S. Firm Growth, Adaptive Capability, and Entrepreneurial Orientation[J]. Strategic Management Journal, 2017, 38(3): 770-779.

[224] Engelen A, Gupta V, Strenger L, et al. Entrepreneurial Orientation, Firm Performance, and the Moderating Role of Transformational Leadership Behaviors[J]. Journal of Management, 2015,41(4): 1069-1097.

[225] Engelen A, Kaulfersch A, Schmidt S. The Contingent Role of Top Management's Social Capital on the Relationship between Entrepreneurial Orientation and Performance[J]. Journal of Small Business Management, 2016,54(3): 827-850.

[226] Engelen A, Kube H, Schmidt S, Flatten T C. Entrepreneurial Orientation in Turbulent Environments: The Moderating Role of Absorptive Capacity[J]. Research Policy, 2014,43(8): 1353-1369.

[227] Baker W E, Sinkula J M. The Complementary Effects of Market Orientation and Entrepreneurial Orientation on Profitability in Small Businesses[J]. Journal of Small

Business Management, 2010,47(4): 443-464.

[228] Brouthers K D, Nakos G, Dimitratos P. SME Entrepreneurial Orientation, International Performance, and the Moderating Role of Strategic Alliances[J]. Entrepreneurship: Theory & Practice, 2015,39(5): 1161-1187.

[229] Wales W J, Parida V, Patel P C. Too Much of a Good Thing? Absorptive Capacity, Firm Performance, and the Moderating Role of Entrepreneurial Orientation[J]. Strategic Management Journal, 2013,34(5): 622-633.

[230] Wang C L, Altinay L. Social Embeddedness, Entrepreneurial Orientation and Firm Growth in Ethnic Minority Small Businesses in the UK[J]. International Small Business Journal: Researching Entrepreneurship, 2012,30(1): 3-23.

[231] Chirico F, Nordqvist M. Dynamic Capabilities and Trans-generational Value Creation in Family Firms: The Role of Organizational Culture[J]. International Small Business Journal, 2006, 28(5): 487-504.

[232] Dai W, Liao M. Entrepreneurial Attention to Deregulations and Reinvestments by Private Firms: Evidence from China[J]. Asia Pacific Journal of Management, 2018(36):1-30.

[233] Zhou W. Regional Deregulation and Entrepreneurial Growth in China's Transition Economy[J]. Entrepreneurship & Regional Development, 2011, 23(9-10): 853-876.

[234] Timmons J A. New Venture Creation : Entrepreneurship in the 1990s[M]. Homewood: Irwin, 1990.

[235] Hmieleski K M. The Conflicting Cognitions of Corporate Entrepreneurs[J]. Entrepreneurship: Theory & Practice, 2007, 31(1): 103-121.

[236] Kuratko D F, Morris M H. Corporate Entrepreneurship: A Critical Challenge for Educators and Researchers[J]. Entrepreneurship Education and Pedagogy, 2018, 1(1): 42-60.

[237] Daft R L, Weick K E. Toward a Model of Organizations as Interpretation Systems[J]. Academy of Management Review, 1984, 9(2): 284-295.

[238] Stewart W H, Roth P L. Data Quality Affects Meta-analytic Conclusions: A Response to Miner and Raju (2004) Concerning Entrepreneurial Risk Propensity[J]. Journal of Applied Psychology, 2004, 89(1): 14-21.

[239] Sitkin S B, Weingart L R. Determinants of Risky Decision-making Behavior: A Test of the Mediating Role of Risk Perceptions and Propensity[J]. Academy of Management Journal, 1995, 38(6): 1573-1592.

[240] Ahlstrom D, Bruton G D. Rapid Institutional Shifts and the Co-evolution of Entrepreneurial Firms in Transition Economies[J]. Entrepreneurship: Theory & Practice,

2010,34(3): 531-554.

[241] Hermelo F D, Vassolo R. Institutional Development and Hyper-competition in Emerging Economies[J]. Strategic Management Journal, 2010, 31(13): 1457-1473.

[242] Young M, Tsai T, Wang X, et al. Strategy in Emerging Economies and the Theory of the Firm[J]. Asia Pacific Journal of Management, 2014, 31(2): 331-354.

[243] Welter F. Contextualizing Entrepreneurship—Conceptual Challenges and Ways Forward[J]. Entrepreneurship Theory & Practice, 2011,35(1): 165-184.

[244] Gómez-Haro S, Aragón-Correa J A, Cordón-Pozo E. Differentiating the Effects of the Institutional Environment on Corporate Entrepreneurship[J]. Management Decision, 2011, 49(10): 1677-1693.

[245] 戴维奇. "战略创业"与"公司创业"是同一个构念吗：兼论中国背景下战略创业未来研究的三个方向 [J]. 科学学与科学技术管理，2015，36(09)：11-20.

[246] Estrin S, Korosteleva J, Mickiewicz T. Which Institutions Encourage Entrepreneurial Growth Aspirations? [J]. Journal of Business Venturing, 2013, 28(4): 564-580.

[247] Zhou W. Bank Financing in China's Private Sector: The Payoffs of Political Capital[J]. World Development, 2009, 37(4): 787-799.

[248] Huang Y. Capitalism with Chinese characteristics[M]. New York: Cambridge University Press,2008.

[249] Xin K K, Pearce J L. Guanxi: Connections as Substitutes for Formal Institutional Support[J]. Academy of Management Journal, 1996, 39(6): 1641-1658.

[250] Yiu D W, Lau C M. Corporate Entrepreneurship as Resource Capital Configuration in Emerging Market Firms[J]. Entrepreneurship Theory and Practice, 2008, 32(1): 37-57.

[251] Tang J. How Entrepreneurs Discover Opportunities in China: An Institutional View[J]. Asia Pacific Journal of Management, 2010, 27(3): 461-479.

[252] Peng M W, Lebedev S. Intranational Business (IB) [J]. Asia Pacific Journal of Management, 2017, 34(2): 241-245.

[253] Shi W, Sun S L, Peng M W. Sub-national Institutional Contingencies, Network Positions, and IJV Partner Selection[J]. Journal of Management Studies, 2012, 49(7): 1221-1245.

[254] Shi W, Sun S L, Pinkham B C et al. Domestic Alliance Network to Attract Foreign Partners: Evidence from International Joint Ventures in China[J]. Journal of International Business Studies, 2014, 45(3): 338-362.

[255] Barreto I, Patient D L. Toward a Theory of Intraorganizational Attention based on Desirability and Feasibility Factors[J]. Strategic Management Journal, 2013, 34(6): 687-703.

[256] Blettner D P, He Z L, Hu S, et al. Adaptive Aspirations and Performance Heterogeneity: Attention Allocation among Multiple Reference Points[J]. Strategic Management Journal, 2015, 36(7): 987-1005.

[257] Marcel J J, Barr P S, Duhaime I M. The Influence of Executive Cognition on Competitive Dynamics[J]. Strategic Management Journal, 2011, 32(2): 115-138.

[258] Keil T, Maula M, Syrigos E. CEO Entrepreneurial Orientation, Entrenchment, and Firm Value Creation[J]. Entrepreneurship: Theory & Practice, 2015, 41(4): 475-504.

[259] Furr N R, Cavarretta F, Garg S. Who Changes Course? The Role of Domain Knowledge and Novel Framing in Making Technology Changes[J]. Strategic Entrepreneurship Journal, 2012, 6(3): 236-256.

[260] Kammerlander N, Ganter M. An Attention-based View of Family Firm Adaptation to Discontinuous Technological Change: Exploring the Role of Family CEOs' Noneconomic Goals[J]. Journal of Product Innovation Management, 2015, 32(3): 361-383.

[261] Ambos T C, Birkinshaw J. How do New Ventures Evolve? An Inductive Study of Archetype Changes in Science-based Ventures[J]. Organization Science, 2010, 21(6): 1125-1140.

[262] Bouquet C, Morrison A, Birkinshaw J. International Attention and Multinational Enterprise Performance[J]. Journal of International Business Studies, 2009, 40(1): 108-131.

[263] Plourde Y, Parker S C, Schaan J L. Expatriation and Its Effect on Headquarters' Attention in the Multinational Enterprise[J]. Strategic Management Journal, 2014, 35(6): 938-947.

[264] Acs Z J, Desai S, Hessels J. Entrepreneurship, Economic Development and Institutions[J]. Small Business Economics, 2008, 31(3): 219-234.

[265] Baumol W J. Entrepreneurship: Productive, Unproductive, and Destructive[J]. Journal of Political Economy, 1990, 98(5): 894-921.

[266] Bruton G D, Ahlstrom D, Han-Lin, L. Institutional Theory and Entrepreneurship: Where Are We Now and Where Do We Need to Move in the Future? [J]. Entrepreneurship: Theory & Practice, 2010, 34(3): 421-440.

[267] DiMaggio P J, Powell W W. The Iron Cage Revisited: Institutional Isomorphism and Collective Rationality in Organizational Fields[J]. American Sociological Review, 1983, 48(2): 147-160.

[268] Scott W R. Institutions and Organizations: Ideas and Interests[M]. Thousand Oaks: Sage, 2008.

[269] Greenwood R, Suddaby R. Institutional Entrepreneurship in Mature Fields: The Big Five Accounting Firms[J]. Academy of Management Journal, 2006, 49(1): 27-48.

[270] Maguire S, Hardy C, Lawrence T B. Institutional Entrepreneurship in Emerging Fields: HIV/AIDs Treatment Advocacy in Canada[J]. Academy of Management Journal, 2004,47(5): 657-679.

[271] Bruton G D, Ahlstrom D. An Institutional View of China's Venture Capital Industry: Explaining the Differences between China and the West[J]. Journal of Business Venturing, 2003, 18(2): 233-259.

[272] Litan R E, Schramm C J, Baumol W J. Good Capitalism, Bad Capitalism, and the Economics of Growth and Prosperity[M]. New Haven: Yale University Press, 2009.

[273] Ahlstrom D, Bruton G D, Lui S S Y. Navigating China's Changing Economy: Strategies for Private Firms[J]. Business Horizons, 2000, 43(1): 5-15.

[274] BjøRnskov C, Foss N J. Institutions, Entrepreneurship, and Economic Growth: What Do We Know and What Do We Still Need to Know? [J]. Academy of Management Perspectives, 2016,30(3): 292-315.

[275] Dai W, Liu Y. Local vs. Non-local Institutional Embeddedness, Corporate Entrepreneurship, and Firm Performance in a Transitional Economy[J]. Asian Journal of Technology Innovation, 2015, 23(2): 255-270.

[276] Storey D J. Understanding the Small Business Sector[M]. London and New York: Routledge, 1994.

[277] Sun S, Yang X, Li W. Variance-enhancing Corporate Entrepreneurship under Deregulation: An Option Portfolio Approach[J]. Asia Pacific Journal of Management, 2014,31(3): 733-761.

[278] Boubakri N, Cosset J C, Saffar W. Political Connections of Newly Privatized Firms[J]. Journal of Corporate Finance, 2008, 14(5): 654-673.

[279] Faccio M, Masulis R W, McConnell J J. Political Connections and Corporate Bailouts[J]. Journal of Finance, 2006,61(6): 2597-2635.

[280] Li H, Meng L, Wang Q, et al. Political Connections, Financing and Firm Performance: Evidence from Chinese Private Firms[J]. Journal of Development Economics, 2008, 87(2): 283-299.

[281] Puffer S M, McCarthy D J, Boisot M. Entrepreneurship in Russia and China: The Impact of Formal Institutional Voids[J]. Entrepreneurship: Theory & Practice, 2010, 34(3): 441-467.

[282] Zhao H, Lu J. Contingent Value of Political Capital in Bank Loan Acquisition: Evidence

from Founder-controlled Private Enterprises in China[J]. Journal of Business Venturing, 2016, 31(2): 153-174.

[283] Du X, Luo J H. Political Connections, Home Formal Institutions, and Internationalization: Evidence from China[J]. Management and Organization Review, 2016,12(1): 103-133.

[284] Li W, He A, Lan H, et al. Political Connections and Corporate Diversification in Emerging Economies: Evidence from China[J]. Asia Pacific Journal of Management, 2012, 29(3): 799-818.

[285] Wu J, Li S, Li Z. The Contingent Value of CEO Political Connections: A Study on IPO Performance in China[J]. Asia Pacific Journal of Management, 2013,30(4): 1087-1114.

[286] Liang J, Gong Y. Human Resource Development Investment in Chinese Private Firms: Strategic Choice and Institutional Perspectives[J]. Management and Organization Review, 2016, 13(1): 57-83.

[287] Sojli E, Tham W W. Foreign Political Connections[J]. Journal of International Business Studies, 2017,48(2): 244-266.

[288] Alvarez S A, Busenitz L W. The Entrepreneurship of Resource-based Theory. Journal of Management, 2001, 27(6): 755-775.

[289] Brush C G, Greene P G, Hart M M. From Initial Idea to Unique Advantage: The Entrepreneurial Challenge of Constructing a Resource Base[J]. Academy of Management Executive, 2001,15(1): 64-80.

[290] Chabowski B R, Hult G T M, Kiyak T, et al. The Structure of JIBS's Social Network and the Relevance of Intra-country Variation: A Typology for Future Research[J]. Journal of International Business Studies, 2010, 41(5): 925-934.

[291] Nguyen T V, Le N T B, Bryant S E. Sub-national Institutions, Firm Strategies, and Firm Performance: A Multilevel Study of Private Manufacturing Firms in Vietnam[J]. Journal of World Business, 2013, 48(1): 68-76.

[292] Kafouros M, Chengqi W, Piperopoulos P, et al. Academic Collaborations and Firm Innovation Performance in China: The Role of Region-specific Institutions[J]. Research Policy, 2015,44(3): 803-817.

[293] Sun S, Peng M, Tan W. Institutional Relatedness behind Product Diversification and International Diversification[J]. Asia Pacific Journal of Management, 2017, 34(2): 1-28.

[294] Chan C M, Makino S, Isobe T. Does Subnational Region Matter? Foreign Affiliate Performance in the United States and China[J]. Strategic Management Journal, 2010, 31(11): 1226-1243.

[295] Meyer K E, Nguyen H V. Foreign Investment Strategies and Sub-national Institutions

in Emerging Markets: Evidence from Vietnam[J]. Journal of Management Studies, 2005, 42(1): 63-93.

[296] Peng M W. Institutional Transitions and Strategic Choices[J]. Academy of Management Review, 2003, 28(2): 275-296.

[297] Nee V, Opper S. Capitalism from below: Markets and Institutional Change in China[M]. Cambridge: Harvard University Press, 2012.

[298] Tan J. Regulatory Environment and Strategic Orientations in a Transitional Economy: A Study of Chinese[J]. Entrepreneurship: Theory & Practice, 1996,21(1): 31-46.

[299] Zheng Z K, Poppo L. Exchange Hazards, Relational Reliability, and Contracts in China: The Contingent Role of Legal Enforceability[J]. Journal of International Business Studies, 2010, 41(5): 861-881.

[300] Du X. Religious Belief, Corporate Philanthropy, and Political Involvement of Entrepreneurs in Chinese Family Firms[J]. Journal of Business Ethics, 2015,142(2): 385-406.

[301] Gao Y, Hafsi T. Government Intervention, Peers' Giving and Corporate Philanthropy: Evidence from Chinese Private SMEs[J]. Journal of Business Ethics, 2015, 132(2): 1-15.

[302] Jia, N, Mayer K J. Political Hazards and Firms' Geographic Concentration[J]. Strategic Management Journal, 2017,38(2): 203-231.

[303] Yiu D W, Wan W P, Ng F W, et al. Sentimental Drivers of Social Entrepreneurship: A Study of China's Guangcai (glorious) Program[J]. Management and Organization Review, 2014(10):55-80.

[304] Dai W, Liu Y, Liao M, et al. How Does Entrepreneurs' Socialist Imprinting Shape Their Opportunity Selection in Transition Economies? Evidence from China's Privately Owned Enterprises[J]. International Entrepreneurship and Management Journal, 2018, 14(4): 823-856.

[305] Barnett V, Lewis T. Outliers in statistical data[M]. Chichester: John Wiley & Sons, 1994.

[306] Li H, Zhang Y. The Role of Managers' Political Networking and Functional Experience in New Venture Performance: Evidence from China's Transition Economy[J]. Strategic Management Journal, 2007, 28(8): 791-804.

[307] Chen C, Ding Y, Kim C F. High-level Politically Connected Firms, Corruption, and Analyst Forecast Accuracy Around the World[J]. Journal of International Business Studies, 2010, 41(9): 1505-1524.

[308] Roussanov N. Diversification and Its Discontents: Idiosyncratic and Entrepreneurial

Risk in the Quest for Social Status[J]. The Journal of Finance, 2010, 65(5): 1755-1788.

[309] Wiersema M F, Bantel K A. Top Management Team Demography and Corporate Strategic Change[J]. Academy of Management Journal, 1992, 35(1): 91-121.

[310] Lee R P, Chen Q. The Immediate Impact of New Product Introductions on Stock Price: The Role of Firm Resources and Size[J]. Journal of Product Innovation Management, 2009, 26(1): 97-107.

[311] Hamilton R T. How Firms Grow and the Influence of Size and Age[J]. International Small Business Journal, 2012, 30(6): 611-621.

[312] Raudenbush S W. Educational Applications of Hierarchical Linear Models: A Review[J]. Journal of Educational Statistics, 1988(13): 85-116.

[313] Snijders T A B, Bosker R J. Multilevel Analysis: An Introduction to Basic and Advanced Multilevel Modeling[M]. London: Sage,2004.

[314] Autio E, Acs Z. Intellectual Property Protection and the Formation of Entrepreneurial Growth Aspirations[J]. Strategic Entrepreneurship Journal, 2010, 4(3): 234-251.

[315] Bliese P D. Within-group Agreement, Non-independence, and Reliability: Implications for Data Aggregation and Analysis[M]//Klein, Kozlowski.Multilevel Theory, Research, and Methods in Organizations: Foundations, Extensions, and New Directions. San Francisco: Jossey-Bass,2000.

[316] Hofmann D A. An Overview of the Logic and Rationale of Hierarchical Linear Models[J]. Journal of Management, 1997,23(6): 723-744.

[317] Hofmann D A, Griffin M A, Gavin M B. The Application of Hierarchical Linear Modeling to Organizational Research [M]//Klein K J ,Kozlowski S W J.Multilevel Theory, Research, and Methods in Organizations: Foundations, Extensions, and New Directions . San Francisco: Jossey Bass,2000.

[318] Yang K. Institutional Holes and Entrepreneurship in China[J]. Sociological Review, 2004, 52(3): 371-389.

[319] Wiklund J.The Sustainability of the Entrepreneurial Orientation-performance Relationship[J]. Entrepreneurship: Theory & Practice, 1999, 24(1): 37-48.

[320] Miller D, Le Breton-Miller I. Governance, Social Identity, and Entrepreneurial Orientation in Closely Held Public Companies[J]. Entrepreneurship Theory & Practice, 2011,35(5): 1051-1076.

[321] 朱益宏，周翔，张全成. 私营企业家政治关联：催化了投机行为还是技术创新 [J]. 科研管理，2016，37(4)：77-84.

[322] Child J. Organizational Structure, Environment and Performance: The Role of Strategic

Choice[J]. Sociology, 1972,6(1): 1-22.

[323] Zhao Y, Li Y, Lee S H, et al. Entrepreneurial Orientation, Organizational Learning, and Performance: Evidence from China[J]. Entrepreneurship: Theory & Practice, 2011, 35(2): 293-317.

[324] 何轩，宋丽红，朱沆，等. 家族为何意欲放手：制度环境感知、政治地位与中国家族企业主的传承意愿 [J]. 管理世界，2014 (2)：90-101.

[325] Peng M W, Heath P S. The Growth of the Firm in Planned Economies in Transition: Institutions, Organizations, and Strategic Choice[J]. Academy of Management Review, 1996,21(2): 492-528.

[326] 樊纲，王小鲁. 中国市场化指数：各地区市场化相对进程 2006 年度报告 [M]. 北京：经济科学出版社，2006.

[327] Lévesque M, Minniti M. The Effect of Aging on Entrepreneurial Behavior[J]. Journal of Business Venturing, 2006,21(2): 177-194.

[328] Hannan M T, Freeman J. Organizational Ecology[M]. Cambridge: Harvard University Press, 1989.

[329] Zahra S A, Neubaum D O, Huse M. Entrepreneurship in Medium-Size Companies: Exploring the Effects of Ownership and Governance Systems[J]. Journal of Management, 2000,26(5): 947-976.

[330] Du X. Is Corporate Philanthropy Used as Environmental Misconduct Dressing? Evidence from Chinese Family-owned Firms[J]. Journal of Business Ethics, 2014, 129(2): 341-361.

[331] Wales W J, Gupta V K, Mousa F T. Empirical Research on Entrepreneurial Orientation: An Assessment and Suggestions for Future Research[J]. International Small Business Journal, 2013, 31(4): 357-383.

[332] George G, Prabhu G N. Developmental Financial Institutions as Technology Policy Instruments: Implications for Innovation and Entrepreneurship in Emerging Economies[J]. Research Policy, 2003, 32(1): 89-108.

[333] 戴维奇，刘洋，廖明情. 烙印效应：民营企业谁在"不务正业" [J]. 管理世界，2016(05)：99-115.

[334] 戴维奇，魏江，林巧. 公司创业活动影响因素研究前沿探析与未来热点展望 [J]. 外国经济与管理，2009，31(6)：10-17.

[335] Bauweraerts J, Colot O. Exploring Nonlinear Effects of Family Involvement in the board on entrepreneurial orientation[J]. Journal of Business Research, 2017(70):185-192.

[336] Boling J R, Pieper T M, Covin J G. CEO Tenure and Entrepreneurial Orientation within Family and Nonfamily Firms[J]. Entrepreneurship: Theory and Practice, 2019,40(4): 891-913.

[337] Cao Q, Simsek Z, Jansen J J. CEO Social Capital and Entrepreneurial Orientation of the Firm: Bonding and Bridging Effects[J]. Journal of Management, 2015, 41(7): 1957-1981.

[338] Hambrick D C. Upper Echelons Theory: An update[J]. Academy of Management Review, 2007, 32(2): 334-343.

[339] 李华晶, 邢晓东. 高管团队与公司创业战略：基于高阶理论和代理理论融合的实证研究[J]. 科学学与科学技术管理, 2007, 28(9): 139-144.

[340] 周建, 李小青. 董事会认知异质性对企业创新战略影响的实证研究[J]. 管理科学, 2012, 25(6): 1-12.

[341] Lau D C, Murnighan J K. Demographic Diversity and Faultlines: The Compositional Dynamics of Organizational Groups[J]. Academy of Management Review, 1998,23(2): 325-340.

[342] Thatcher S M B, Patel P C. Group Faultlines: A Review, Integration, and Guide to Future Research[J]. Journal of Management, 2012, 38(4): 969-1009

[343] Bezrukova K, Jehn K A, Zanutto E L, et al. Do Workgroup Faultlines Help or Hurt? A Moderated Model of Faultlines, Team Identification, and Group Performance[J]. Organization Science, 2009, 20(1): 35-50.

[344] Lau D C, Murnighan J K. Interactions within Groups and Subgroups: The Effects of Demographic Faultlines[J]. The Academy of Management Journal, 2005,48(4): 645-659.

[345] Kaczmarek S, Kimino S, Pye A. Board Task-related Faultlines and Firm Performance: A Decade of Evidence[J]. Corporate Governance, 2012, 20(4): 337-351.

[346] Lim J Y K, Busenitz L W, Chidambaram L. New Venture Teams and the Quality of Business Opportunities Identified: Faultlines between Subgroups of Founders and Investors[J]. Entrepreneurship Theory and Practice, 2013, 37(1): 47-67.

[347] Hambrick D C. Fragmentation and the Other Problems CEOs Have with Their Top Management Teams[J]. California Management Review, 1995,37(3): 110-127.

[348] Hambrick D C, Humphrey S E, Gupta A. Structural Interdependence within Top Management Teams: A Key Moderator of Upper Echelons Predictions[J]. Strategic Management Journal, 2015, 36(3): 449-461.

[349] Qian C, Cao Q, Takeuchi R. Top Management Team Functional Diversity and Organizational Innovation in China: The Moderating Effects of Environment[J].

Strategic Management Journal, 2013, 34(1): 110-120.

[350] Hutzschenreuter T, Horstkotte J. Performance Effects of Top Management Team Demographic Faultlines in the Process of Product Diversification[J]. Strategic Management Journal, 2013, 34(6): 704-726.

[351] 韩立丰, 王重鸣, 许智文. 群体多样性研究的理论述评: 基于群体断层理论的反思[J]. 心理科学进展, 2010, 18(2): 374-384.

[352] 谢小云, 张倩. 国外团队断裂带研究现状评介与未来展望[J]. 外国经济与管理, 2011, 33(1): 34-42.

[353] Barkema H G, Shvyrkov O. Does Top Management Team Diversity Promote or Hamper Foreign Expansion? [J].Strategic Management Journal, 2007, 28(7): 663-680.

[354] Johnson S, Schnatterly K, Bolton J F, et al. Antecedents of New Director Social Capital[J]. Journal of Management Studies, 2011, 48(8): 1782-1803.

[355] Hillman, A. J, Dalziel, T. Boards of Directors and Firm Performance: Integrating Agency and Resource Dependence Perspectives[J]. Academy of Management Review, 2003, 28(3): 383-396.

[356] Xie X Y, Wang W L, Qi Z J. The Effects of TMT Faultline Configuration on a Firm's Short-term Performance and Innovation Activities[J]. Journal of Management & Organization, 2015:1-15.

[357] Crucke S, Knockaert M. When Stakeholder Representation Leads to Faultlines. A Study of Board Service Performance in Social Enterprises[J]. Journal of Management Studies, 2016, 53(5): 768-793.

[358] Chatman J A, Flynn F J. The Influence of Demographic Heterogeneity on the Emergence and Consequences of Cooperative Norms in Work Teams[J]. Academy of Management Journal, 2001,44(5): 956-974.

[359] Kish-Gephart J J, Campbell J T. You Don't Forget Your Roots: The Influence of CEO Social Class Background on Strategic Risk Taking[J]. Academy of Management Journal, 2015, 59(6): 1614-1636.

[360] Menz M. Functional Top Management Team Members: A Review, Synthesis, and Research Agenda[J]. Journal of Management, 2012, 38(1): 45-80.

[361] 林明, 戚海峰, 李兴森. 混合所有制企业高管团队断裂带对突破性创新绩效的影响: 基于混合高管结构权力平衡的调节效应[J]. 预测, 2016, 35(4): 15-21.

[362] Thatcher, S. M. B, Jehn, K. A, Zanutto, E. Cracks in Diversity Research: The effects of Diversity Faultlines on Conflict and Performance[J]. Group Decision and Negotiation, 2003,12(3): 217-241.

[363] Meyer B, Glenz A. Team Faultline Measures: A Computational Comparison and a New Approach to Multiple Subgroups[J]. Organizational Research Methods, 2013, 16(3): 393-424.

[364] Baden-Fuller C.Strategic Innovation, Corporate Entrepreneurship and Matching outside-in to inside-out Approaches to Strategy Research[J]. British Journal of Management, 1995(6):3-16.

[365] Buyl T, Boone C, Hendriks W, et al. Top Management Team Functional Diversity and Firm Performance: The Moderating Role of CEO Characteristics[J]. Journal of Management Studies, 2011, 48(1): 151-177.

[366] Brunninge O, Nordqvist M. Financial Performance of SMEs: Impact of Ownership Structure and Board Composition[J]. Management Research Review, 2004, 35(11): 1088-1108.

[367] 李乾文. 公司创业导向的差异分析：基于环渤海地区企业所有权差异的实证研究 [J]. 科学学研究，2007，25(4)：707-711.

[368] Anderson B S, Eshima Y. The Influence of Firm Age and Intangible Resources on the Relationship between Entrepreneurial Orientation and Firm Growth Among Japanese SMEs[J]. Journal of Business Venturing, 2013, 28(3): 413-429.

[369] Rodrigo-Alarcón J, García-Villaverde P M, Ruiz-Ortega M J, et al. From Social Capital to Entrepreneurial Orientation: The Mediating Role of Dynamic Capabilities[J]. European Management Journal,2017,32(2):195-209.

[370] Wincent J, Thorgren S, Anokhin S. Entrepreneurial Orientation and Network Board Diversity in Network Organizations[J]. Journal of Business Venturing, 2014, 29(2): 327-344.

[371] 潘清泉，唐刘钊，韦慧民. 高管团队断裂带、创新能力与国际化战略：基于上市公司数据的实证研究 [J]. 科学学与科学技术管理，2015，36(10)：111-122.

[372] 赵丙艳，葛玉辉，刘喜怀. TMT 认知、断裂带对创新绩效的影响：战略柔性的调节作用 [J]. 科学学与科学技术管理，2016，37(6)：112-122.

[373] Chen H L, Chang C Y, Hsu W T. Does Board Co-Working Experience Influence Directors' Decisions Toward Internationalization? [J]. Management International Review, 2017,57(1): 65-92.

[374] 李小青，周建. 董事会群体断裂带对企业战略绩效的影响研究：董事长职能背景和董事会持股比例的调节作用 [J]. 外国经济与管理，2015，37(11)：3-14.

[375] 王海珍，刘新梅，张若勇. 国外团队断裂研究的现状及展望：团队多样性研究的新进展 [J]. 管理学报，2009，6(10)：1413-1420.

[376] 汪丽，茅宁，潘小燕. 董事会职能、决策质量和决策承诺在中国情境下的实证研究[J]. 管理世界，2006(7)：108-114.

[377] Chen J, Nadkarni S. It's About Time! CEOs' Temporal Dispositions, Temporal Leadership, and Corporate Entrepreneurship[J]. Administrative Science Quarterly, 2017,62(1): 31-66.

[378] Fayolle A, Basso O, Bouchard V. Three Levels of Culture and Firms' Entrepreneurial Orientation: A Research Agenda[J]. Entrepreneurship & Regional Development, 2010,22(7-8): 707-730.

[379] Woo H R. Personality Traits and Intrapreneurship: The Mediating Effect of Career Adaptability[J]. Career Development International, 2018, 23(2): 145-162.

[380] Westfall S L. Stimulating Corporate Entrepreneurship in U.S. Industry[J]. Academy of Management Journal, 1969, 12(2): 235-246.

[381] Yuan W, Bao Y, Olson B J. CEOs' Ambivalent Interpretations, Organizational Market Capabilities, and Corporate Entrepreneurship as Responses to Strategic Issues[J]. Journal of World Business, 2017, 52(2): 312-326.

[382] Zeng F Q, Bu X Z, Su L. Study on Entrepreneurial Process Model for SIFE Student Team Based on Timmons Model[J]. Journal of Chinese Entrepreneurship, 2011,3(3): 204-214.

[383] Zhang Y, Yang J. New Venture Creation: Evidence from an Investigation into Chinese Entrepreneurship[J]. Journal of Small Business & Enterprise Development, 2006,13(2): 161-173.

[384] Hornsby J S, Naffziger D W, Kuratko D F, et al. An Interactive Model of the Corporate Entrepreneurship Process[J]. Entrepreneurship Theory & Practice, 1993,17(2): 29-37.

[385] Hofstede G, Hofstede G J, Minkov M. Cultures and Organizations, Software of the mind:Intercultural Cooperation and Its Importance for Survival[J]. Southern Medical Journal, 2010, 13(3): 219-222.

[386] Eddleston K A, Kellermanns F W, Zellweger, T M. Exploring the Entrepreneurial Behavior of Family Firms: Does the Stewardship Perspective Explain Differences? [J]. Entrepreneurship: Theory & Practice, 2012, 36(2): 347-367.

[387] Zahra S A, Hayton J C, Salvato C. Entrepreneurship in Family vs.Non-Family Firms: A Resource-Based Analysis of the Effect of Organizational Culture[J]. Entrepreneurship: Theory & Practice, 2004, 28(4): 363-381.

[388] Brigham K H, Lumpkin G T, Payne G T, et al. Researching Long-Term Orientation: A Validation Study and Recommendations for Future Research[J]. Family Business

Review, 2014, 27(1): 72-88.

[389] Lumpkin G T, Brigham K H. Long-Term Orientation and Intertemporal Choice in Family Firms[J]. Entrepreneurship Theory & Practice, 2011, 35(6): 1149-1169.

[390] Martin G P, Wiseman R M, Gomez-Mejia L R. Going Short-term or Long-term? CEO Stock Options and Temporal Orientation in the Presence of Slack[J]. Strategic Management Journal, 2016, 37(12): 2463-2480.

[391] McCann I I, Leon-Guerrero A Y, Haley J D. Strategic Goals and Practices of Innovative Family Businesses[J]. Journal of Small Business Management, 2001, 39(1): 50-59.

[392] Arregle J L, Hitt M A, Sirmon D G, et al. The Development of Organizational Social Capital: Attributes of Family Firms[J]. Journal of Management Studies, 2010, 44(1): 73-95.

[393] Engelen A, Weinekötter L, Saeed S, et al. The Effect of Corporate Support Programs on Employees' Innovative Behavior: A Cross-Cultural Study[J]. Journal of Product Innovation Management, 2018, 35(2): 230-253.

[394] Hayton J C, Kelley D J. A Competency-based Framework for Promoting Corporate Entrepreneurship[J]. Human Resource Management, 2010, 45(3): 407-427.

[395] Zellweger T. Time Horizon, Costs of Equity Capital, and Generic Investment Strategies of Firms[J]. Family Business Review, 2007, 20(1): 1-15.

[396] Casson, M. The Individual - Opportunity Nexus: A Review of Scott Shane: A General Theory of Entrepreneurship. Small Business Economics, 2005, 24(5): 423-430.

[397] Kotha R, George G. Friends, Family, or Fools: Entrepreneur Experience and Its Implications for Equity Distribution and Resource Mobilization[J]. Journal of Business Venturing, 2012, 27(5): 525-543.

[398] Hernández-Carrión C, Camarero-Izquierdo C, Gutiérrez-Cillán J. Entrepreneurs' Social Capital and the Economic Performance of Small Businesses: The Moderating Role of Competitive Intensity and Entrepreneurs' Experience[J]. Strategic Entrepreneurship Journal, 2017, 11(1): 61-89.

[399] Conyon M J, He L, Zhou X. Star CEOs or Political Connections? Evidence from China's Publicly Traded Firms[J]. Journal of Business Finance & Accounting, 2015, 42(3): 412-443.

[400] Politis D. The Process of Entrepreneurial Learning: A Conceptual Framework[J]. Entrepreneurship: Theory & Practice, 2005, 29(4): 399-424.

[401] Bahlmann M D. Finding Value in Geographic Diversity through Prior Experience and Knowledge Integration: A Study of Ventures' Innovative Performance[J]. Industrial and

Corporate Change, 2016, 25(4): 573-589.

[402] Luo J H, Xiang Y, Zhu R. Military Top Executives and Corporate Philanthropy: Evidence from China[J]. Asia Pacific Journal of Management, 2017,34(3): 725-755.

[403] Qin F, Wright M, Gao J. Are "sea turtles" Slower? Returnee Entrepreneurs, Venture Resources and Speed of Entrepreneurial Entry[J]. Journal of Business Venturing, 2017, 32(6): 694-706.

[404] Ferguson T, Voth H J. Betting on Hitler: The Value of Political Connections in Nazi Germany[J]. Quarterly Journal of Economics, 2008, 123(1): 101-137.

[405] Charumilind C, Kali R, Wiwattanakantang Y. Connected Lending: Thailand before the Financial Crisis[J]. Journal of Business, 2006,79(1): 181-217.

[406] Firth M, Lin C, Liu P, et al. Inside the Black Box: Bank Credit Allocation in China's Private Sector[J]. Journal of Banking & Finance, 2009,33(6): 1144-1155.

[407] Khwaja A, Mian A. Do Lenders Favor Politically Connected Firms? Rent Provision in an Emerging Financial Market[J]. Quarterly Journal of Economics, 2005,120(4): 1371-1411.

[408] Leuz C, Oberholzer G F. Political Relationships, Global Financing, and Corporate Transparency: Evidence from Indonesia[J]. Journal of Financial Economics, 2006,81(2): 411-439.

[409] Fan J P H, Wong T J, Zhang T. Politically Connected CEOs, Corporate Governance, and the Post-IPO Performance of China's Partially Privatized Firms[J]. Journal of Applied Corporate Finance, 2007, 26(3): 85-95.

[410] Allen F, Jun Q, Meijun Q. Law, Finance, and Economic Growth in China[J]. Journal of Financial Economics, 2005,77(1): 57-116.

[411] Lyngsie, Jacob, Foss,et al. The More, the Merrier? Women in Top-management Teams and Entrepreneurship in Established Firms[J]. Strategic Management Journal,2016(2).

[412] Le Breton-Miller I, Miller D. Why Do Some Family Businesses Out-Compete? Governance, Long-Term Orientations, and Sustainable Capability[J]. Entrepreneurship: Theory & Practice, 2006, 30(6): 731-746.

[413] Craig J, Lindsay N J. Incorporating the Family Dynamic into the Entrepreneurship Process[J]. Journal of Small Business & Enterprise Development, 2016,9(4): 416-430.

[414] Zheng Y, Mai Y. A Contextualized Transactive Memory System View on How Founding Teams Respond to Surprises: Evidence from China[J]. Strategic Entrepreneurship Journal, 2013,7(3): 197-213.

[415] Teece D J. Explicating Dynamic Capabilities: the Nature and Microfoundations of (sustainable) Enterprise Performance[J]. Strategic Management Journal, 2007, 28(13): 1319-1350.

[416] Grebel T, Pyka A, Hanusch H. An Evolutionary Approach to the Theory of Entrepreneurship[J]. Industry & Innovation, 2003, 10(4): 493-514.

[417] Bird, B. Implementing Entrepreneurial Ideas: The Case for Intention[J]. Academy of Management Review, 1988, 13(3): 442-453.

[418] Welpe I M, Spörrle M, Grichnik D, et al. Emotions and Opportunities: The Interplay of Opportunity Evaluation, Fear, Joy, and Anger as Antecedent of Entrepreneurial Exploitation[J]. Entrepreneurship: Theory & Practice, 2012,36(1): 69-96.

[419] Dewald J, Bowen F. Storm Clouds and Silver Linings: Responding to Disruptive Innovations through Cognitive Resilience[J]. Entrepreneurship: Theory & Practice, 2010,34(1): 197-218.

[420] Suddaby R, Bruton G D, Si S X. Entrepreneurship through a Qualitative Lens: Insights on the Construction and/or Discovery of Entrepreneurial Opportunity[J]. Journal of Business Venturing, 2015,30(1): 1-10.

[421] Dencker J C, Gruber M. The Effects of Opportunities and Founder Experience on New Firm Performance[J]. Strategic Management Journal, 2015, 36(7): 1035-1052.

[422] Westhead P, Ucbasaran D, Wright M. Decisions, Actions, and Performance: Do Novice, Serial, and Portfolio Entrepreneurs Differ? [J].Journal of Small Business Management, 2005, 43(4): 393-417.

[423] McMillan J, Woodruff C. The Central Role of Entrepreneurs in Transition Economies[J]. Journal of Economic Perspectives, 2002, 16(3): 153-170.

[424] Kriauciunas A, Kale P. The Impact of Socialist Imprinting and Search on Resource Change: A Study of Firms in Lithuania[J]. Strategic Management Journal, 2006,27(7): 659-679.

[425] Stinchcombe A L. Constructing Social Theories[M]. Chicago: Chicago University Press, 1965.

[426] Kiesler S, Sproull L. Managerial Response to Changing Environments: Perspectives on Problem Sensing from Social Cognition[J]. Administrative Science Quarterly, 1982, 27(4): 548-570.

[427] Sutcliffe K M, Huber G P. Firm and Industry as Determinants of Executive Perceptions of the Environment[J]. Strategic Management Journal, 1998, 19(8): 793-807.

[428] Venkataraman S V. The Distinctive Domain of Entrepreneurship Research: An Editor's Perspective[M]// Brockhaus A K R H.Advances in Entrepreneurship, Firm Emergence and Growth. Greenwich: Jai Press, 1997.

[429] Bjorklund E M. The Danwei: Socio-spatial Characteristics of Work Units in China's

Urban Society[J]. Economic Geography, 1986,62(1): 19-29.

[430] Walder A G. Organized Dependency and Cultures of Authority in Chinese Industry[J]. Journal of Asian Studies, 1983, 43(1), 51-76.

[431] Fern M J, Cardinal L B, O'Neill H M. The Genesis of Strategy in New Ventures: Escaping the Constraints of Founder and Team Knowledge[J]. Strategic Management Journal, 2012, 33(4): 427-447.

[432] Xu D, Meyer K E. Linking Theory and Context: "Strategy Research in Emerging Economies" after Wright[J]. Journal of Management Studies, 2013, 50(7): 1322-1346.

[433] Child J, Tse D K. China's Transition and Its Implications for International Business[J]. Journal of International Business Studies, 2001, 32(1): 5-21.

[434] Stevenson H H, Gumpert, D. E. The Heart of Entrepreneurship[J]. Harvard Business Review, 1985,63(2): 85-94.

[435] Fung H G, Huang A G, Liu Q W, et al. The Development of the Real Estate Industry in China[J]. The Chinese Economy, 2006, 39(1): 84-102.

[436] Fung H G, Jeng J L, Liu Q W. Development of China's Real Estate Market[J]. The Chinese Economy, 2010, 43(1): 71-92.

[437] Jing S, Qinghua Z, Landstr?m H. Entrepreneurship Research in Three Regions-the USA, Europe and China[J]. International Entrepreneurship and Management Journal, 2015, 11(4): 861-890.

[438] Tuggle C S, Sirmon D G, Reutzel C R, et al. Commanding Board of Director Attention: Investigating How Organizational Performance and CEO Duality Affect Board Members' Attention to Monitoring[J]. Strategic Management Journal, 2010,31(9): 946-968.

[439] March J, Simon H. Organizations[M]. New York: Wiley,1958.

[440] Gupta V K, Guo C, Canever M, et al. Institutional Environment for Entrepreneurship in Rapidly Emerging Major Economies: The Case of Brazil, China, India, and Korea[J]. International Entrepreneurship and Management Journal, 2014, 10(2): 367-384.

[441] Borozan D, Arneric J, Coric I. A Comparative Study of Net Entrepreneurial Productivity in Developed and Post-transition Economies[J]. International Entrepreneurship and Management Journal, 2017, 13(3): 855-880.

[442] Estrin S, Mickiewicz T. Entrepreneurship in Transition Economies:the Role of Institutions and Generational Change [M]// Minniti M.The Dynamics of Entrepreneurial Activity. Oxford: Oxford University Press,2010.

[443] Fritsch M, Bublitz E, Sorgner A, et al. How Much of a Socialist legacy? The

Reemergence of Entrepreneurship in the East German Transformation to a Market Economy[J]. Small Business Economics, 2014,43(2): 427-446.

[444] Smallbone D, Welter F. Entrepreneurship and Institutional Change in Transition Economies: The Commonwealth of Independent States, Central and Eastern Europe and China Compared[J]. Entrepreneurship and Regional Development: An International Journal, 2012, 24(3-4): 215-233.

[445] Fan G, Wang X, Zhu H. NERI Index of Marketization of China's Provinces[M]. Beijing: China Economics Science Press,2009.

[446] Anderson A R, Miller C J. "Class Matters": Human and Social Capital in the Entrepreneurial Process[J]. The Journal of Socio-Economics, 2003, 32(1): 17-36.

[447] Hamilton B. Does Entrepreneurship Pay? An Empirical Analysis of the Returns to Self-Employment[J]. Journal of Political Economy, 2000, 108(3): 604-631.

[448] Acs Z J, Audretsch D B. Innovation and Firm Size in Manufacturing[J]. Technovation, 1988,7(3): 197-210.

[449] Garcés G L, Larraza K M, García O C, et al. Entrepreneurial Orientation in Family Firms: The Moderating Role of Technological Intensity and Performance[J]. International Entrepreneurship and Management Journal, 2016, 12(1): 27-45.

[450] Wooldridge J M. Econometric Analysis of Cross Section and Panel Data. Boston: MIT Press,2010.

[451] Mooney C Z. Bootstrapping: A Nonparametric Approach to Statistical Inference[M]. Newbury Park: SAGE Publications Ltd,1993.

[452] D'Agostino R B, Belanger A, D'Agostino R B. A Suggestion for Using Powerful and Informative Tests of Normality[J]. American Statistician, 1990(44):316-321.

[453] Preacher K J, Rucker D D, Hayes A F. Addressing Moderated Mediation Hypotheses: Theory, Methods, and Prescriptions[J]. Multivariate Behavioral Research, 2007, 42(1): 185-227.

[454] Baron R M, Kenny D A. The Moderator-mediator Variable Distinction in Social Psychological Research: Conceptual, Strategic, and Statistical Considerations[J]. Journal of Personality and Social Psychology, 1986, 51(6): 1173-1182.

[455] Aiken L S, West S G. Multiple Regression: Testing and Interpreting Interactions[M]. Thousand Oaks: Sage Publications,1991.

[456] Hayes A F. Introduction to Mediation, Moderation, and Conditional Process Analysis: A Regression-based Approach[M]. New York & London: The Guiford Press,2013.

[457] Sullivan B N, Tang Y, Marquis C. Persistently Learning: How Small-world Network

Imprints Affect Subsequent Firm Learning[J]. Strategic Organization, 2014,12(3): 180-199.

[458] Mcevily B, Jaffee J, Tortoriello M. Not All Bridging Ties Are Equal: Network Imprinting and Firm Growth in the Nashville Legal Industry, 1933-1978. Organization Science, 2012, 23(23): 547-563.

[459] Shinkle G A, Kriauciunas A P. The Impact of Current and Founding Institutions on Strength of Competitive Aspirations in Transition Economies[J]. Strategic Management Journal, 2012, 33(4): 448-458.

[460] Kirzner M. Competition and Entrepreneurship[J].Journal of Political Economy,1975,83(6).

[461] Gifford S. Allocation of Entrepreneurial Attention[J]. Journal of Economic Behavior & Organization, 1992, 19(3): 265-284.

[462] Shepherd D A, Mcmullen J S, Jennings P D. The Formation of Opportunity Beliefs: Overcoming Ignorance and Reducing Doubt[J]. Strategic Entrepreneurship Journal, 2010, 1(1-2): 75-95.

[463] Chen S, Bu M, Wu S, et al. How Does TMT Attention to Innovation of Chinese Firms Influence Firm Innovation Activities? A Study on the Moderating Role of Corporate Governance[J]. Journal of Business Research, 2015, 68(5): 1127-1135.

[464] Gruber M, MacMillan I C, Thompson J D. Look before You Leap: Market Opportunity Identification in Emerging Technology Firms[J]. Management Science, 2008,54(9): 1652-1665.

[465] Bruton G D, Ahlstrom D, Obloj K. Entrepreneurship in Emerging Economies: Where Are We Today and Where Should the Research Go in the Future[J]. Entrepreneurship Theory and Practice, 2008, 32(1): 1-14.

[466] Wright M, Filatotchev I, Hoskisson R E, et al. Strategy Research in Emerging Economies: Challenging the Conventional Wisdom[J]. Journal of Management Studies, 2005, 42(1): 1-33.

[467] Zhou W. Regional Institutional Development, Political Connections, and Entrepreneurial Performance in China's Transition Economy[J]. Small Business Economics, 2014, 43(1): 161-181.

[468] Dai W, Si S. Government Policies and Firms' Entrepreneurial Orientation: Strategic Choice and Institutional Perspectives[J]. Journal of Business Research, 2018(93):23-36.

[469] Sakhdari K, Burgers J H. The Moderating Role of Entrepreneurial Management in the Relationship between Absorptive Capacity and Corporate Entrepreneurship: An Attention-based View[J]. International Entrepreneurship and Management Journal,

2018,14(4): 927-950.

[470] Ocasio W, Laamanen T, Vaara E. Communication and Attention Dynamics: An Attention-based View of Strategic Change[J]. Strategic Management Journal, 2018, 39(1).

[471] Roundy P T, Harrison D A, Khavul S, et al. Entrepreneurial Alertness as a Pathway to Strategic Decisions and Organizational Performance. Strategic Organization, 2017,16(2): 192-226.

[472] Sine W D, David R J. Environmental Jolts, Institutional Change, and the Creation of Entrepreneurial Opportunity in the us Electric Power Industry[J]. Research Policy, 2003,32(2): 185-207.

[473] Calisto M D L, Sarkar S. Organizations as Biomes of Entrepreneurial Life: Towards a Clarification of the Corporate Entrepreneurship Process[J]. Journal of Business Research, 2017(70):44-54.

[474] Peltola S. Can an Old Firm Learn New Tricks? A Corporate Entrepreneurship approach to Organizational Renewal[J]. Business Horizons, 2012,55(1): 43-51.

[475] Kuratko D F, Audretsch D B. Strategic Entrepreneurship: Exploring Different Perspectives of an Emerging Concept. Entrepreneurship Theory & Practice, 2009, 33(1): 1-17.

[476] Antoncic B, Prodan I. Alliances, Corporate Technological Entrepreneurship and Firm Performance: Testing a Model on Manufacturing Firms[J]. Technovation, 2008, 28(5): 257-265.

[477] Joseph J, Wilson A J. The Growth of the Firm: An Attention-based View[J]. Strategic Management Journal, 2018, 39(6): 1779-1800.

[478] Wu X, Liu X, Huang Q. Impact of the Institutional Environment on the Choice of Entry Mode: Evidence From Chinese Enterprises[J]. China: An International Journal, 2011, 10(1): 28-50.

[479] Ma X, Tong T W, Fitza M. How Much Does Subnational Region Matter to Foreign Subsidiary Performance? Evidence from Fortune Global 500 Corporations' Investment in China[J]. Journal of International Business Studies, 2013, 44(1): 66-87.

[480] Wu J, Si S, Wu X.2016, Entrepreneurial Finance and Innovation: Informal Debt as an Empirical Case[J]. Strategic Entrepreneurship Journal, 10(2): 257-273.

[481] Wang X, Fan G, Yu J. Marketization Index of China's Provinces: NERI Report 2016[M]. Beijing: Social Sciences Academic Press,2017.

[482] Kuratko D F, Hornsby J S, Hayton J. Corporate Entrepreneurship: The Innovative

Challenge for a New Global Economic Reality[J]. Small Business Economics, 2015, 45(2): 245-253.

[483] Stam W, Arzlanian S, Elfring T. Social Capital of Entrepreneurs and Small Firm Performance: A Meta-analysis of Contextual and Methodological Moderators[J]. Journal of Business Venturing, 2014, 29(1): 152-173.

[484] Backes G U, Werner A. Entrepreneurial Signaling via Education: A Success Factor in Innovative Start-ups[J]. Small Business Economics, 2007, 29(1): 173-190.

[485] Tharenou P, Saks A M, Moore C. A Review and Critique of Research on Training and Organizational-level Outcomes[J]. Human Resource Management Review, 2007, 17(3): 251-273.

[486] Anderson R C, Reeb D M. Founding-family Ownership and Firm Performance: Evidence from the S&P 500[J]. The Journal of Finance, 2003, 58(3): 1301-1328.

[487] Tuggle C S, Schnatterly K, Johnson R A. Attention Patterns in the Boardroom: How Board Composition and Processes Affect Discussion of Entrepreneurial Issues[J]. Academy of Management Journal, 2010, 53(3): 550-571.

[488] Campello M. Debt Financing: Does It Boost or Hurt Firm Performance in Product Markets? [J]. Journal of Financial Economics, 2006, 82(1): 135-172.

[489] Chen S, Tan H. Region Effects in the Internationalization-performance Relationship in Chinese Firms[J]. Journal of World Business, 2012, 47(1): 73-80.

[490] Hsu W T, Chen H L, Cheng C Y. Internationalization and Firm Performance of SMEs: The Moderating Effects of CEO Attributes[J]. Journal of World Business, 2013, 48(1): 1-12.

[491] Xiao S S, Jeong I, Moon J J, et al. Internationalization and Performance of Firms in China: Moderating Effects of Governance Structure and the Degree of Centralized Control[J]. Journal of International Management, 2013, 19(2): 118-137.

[492] Zhao X, Lynch J G. Reconsidering Baron and Kenny: Myths and Truths about Mediation Analysis[J]. Journal of Consumer Research, 2010, 37(2): 197-206.

[493] Zahra S A, Hayton J C. The Effect of International Venturing on Firm Performance: The Moderating Influence of Absorptive Capacity[J]. Journal of Business Venturing, 2008, 23(2): 195-220.

[494] Luo Y, Xue Q, Han B. How Emerging Market Governments Promote Outward FDI: Experience from China[J]. Journal of World Business, 2010, 45(1): 68-79.

[495] Bojica A M, Fuentes F M, Fernández P V. Corporate Entrepreneurship and Codification of the Knowledge Acquired from Strategic Partners in SMEs[J]. Journal of Small

Business Management, 2017, 55(S1): 205-230.

[496] Haveman H A, Jia N, Shi J, et al. The Dynamics of Political Embeddedness in China[J]. Administrative Science Quarterly, 2017,62(1): 67-104.

[497] Oi J C. Fiscal Reform and the Economic Foundations of Local State Corporatism in China[J]. World Politics, 1992, 45(1): 99-126.

[498] Oi J. C. The Role of the Local State in China's Transitional Economy[J]. China Quarterly, 1995(144):1132-1149.

[499] Eisenhardt K M. Building Theories from Case Study Research[J]. Academy of Management Review, 1989,14(4): 532-550.

[500] Duane I R, Webb J W. Strategic Entrepreneurship: Creating Competitive Advantage through Streams of Innovation[J]. Business Horizons, 2007, 50(1): 49-59.

[501] Teece D J, Pisano G, Shuen A. Dynamic Capabilities and Strategic Management[J]. Strategic Management Journal, 1997, 18(7): 509-533.

[502] Zott C. Dynamic Capabilities and the Emergence of Intraindustry Differential Firm Performance: Insights from A Simulation Study[J]. Strategic Management Journal, 2003, 24(2): 97.

[503] Hitt M A, Ireland R D, Camp S M, et al. Strategic Entrepreneurship: Entrepreneurial Strategies for Wealth Creation[J]. Strategic Management Journal, 2001, 22(6-7): 479-491.

[504] 刘伟，杨贝，刘严严. 制度环境对新创企业创业导向的影响：基于创业板的实证研究[J]. 科学学研究，2014，32(3)：421-430.

[505] Wales W J, Patel P C, Lumpkin G T. In Pursuit of Greatness: CEO Narcissism, Entrepreneurial Orientation, and Firm Performance Variance[J]. Journal of Management Studies, 2013, 50(6): 1041-1069.

[506] Weldon S A. The Institutional Context of Tolerance for Ethnic Minorities: A Comparative, Multilevel Analysis of Western Europe[J]. American Journal of Political Science, 2006, 50(2): 331-349.

[507] Miles, Snow C C. Organizational Strategy, Structure, and Process[J]. Academy of Management Review, 1978, 3(3): 546-562.

[508] Marquis C. The Pressure of the Past: Network Imprinting in Intercorporate Communities. Administrative Science Quarterly, 2003, 48(4): 655-689.

[509] Baron J N, Newman A E. For What It's Worth: Organizations, Occupations, and the Value of Work Done by Women and Nonwhites[J]. American Sociological Review, 1990(55):155-175.

[510] Dimov D, De Holan P M, Milanov H. Learning Patterns in Venture Capital Investing in

New Industries[J]. Industrial and Corporate Change, 2012, 21(6): 1389-1426.

[511] 于立新，王寿群，陶永欣. 国家战略："一带一路"政策与投资 [M]. 杭州：浙江大学出版社，2016.

[512] 黄晖. 中国经济增长区域差异的制度分析 [J]. 经济地理，2013(1)：35-40.

[513] 胡旭阳. 民营企业家的政治身份与民营企业的融资便利：以浙江省民营百强企业为例 [J]. 管理世界，2006(05)：107-113, 141.

[514] 张利，牛耕娅，袁聪. 中国上市公司的董事会治理研究：基于中国德隆系的案例研究 [J]. 现代商贸工业，2010，22(13)：47-48.

[515] 吴建祖，毕玉胜. 高管团队注意力配置与企业国际化战略选择：华为公司案例研究 [J]. 管理学报，2013，10(9)：1268-1283.

[516] 吴建祖，关斌. 高管团队注意力与企业对外直接投资方式：基于中国制造业上市公司的实证研究 [J]. 软科学，2013，27(11)：76-80.

[517] 吴建祖，关斌. 高管团队特征对企业国际市场进入模式的影响研究：注意力的中介作用 [J]. 管理评论，2015，27(11)：118-131.

[518] Sucheta N, Jianhong C. Bridging Yesterday, Today, and Tomorrow: CEO Temporal Focus, Environmental Dynamism, and Rate of New Product Introduction[J]. Academy of Management Journal, 2014,57(6): 1810-1833.

[519] Titus V, Anderson B S. Firm Structure and Environment as Contingencies to the Corporate Venture Capital-Parent Firm Value Relationship[J]. Entrepreneurship Theory & Practice, 2018, 42(3): 498-522.

推荐阅读

中文书名	作者	书号	定价
创业管理（第4版）（"十二五"普通高等教育本科国家级规划教材）	张玉利等	978-7-111-54099-1	39.00
创业八讲	朱恒源	978-7-111-53665-9	35.00
创业画布	刘志阳	978-7-111-58892-4	59.00
创新管理：获得竞争优势的三维空间	李宇	978-7-111-59742-1	50.00
商业计划书：原理、演示与案例（第2版）	邓立治	978-7-111-60456-3	39.00
生产运作管理（第5版）	陈荣秋，马士华	978-7-111-56474-4	50.00
生产与运作管理（第3版）	陈志祥	978-7-111-57407-1	39.00
运营管理（第4版）（"十二五"普通高等教育本科国家级规划教材）	马风才	978-7-111-57951-9	45.00
战略管理	魏江等	978-7-111-58915-0	45.00
战略管理：思维与要径（第3版）（"十二五"普通高等教育本科国家级规划教材）	黄旭	978-7-111-51141-0	39.00
管理学原理（第2版）	陈传明等	978-7-111-37505-0	36.00
管理学（第2版）	郝云宏	978-7-111-60890-5	45.00
管理学高级教程	高良谋	978-7-111-49041-8	65.00
组织行为学（第3版）	陈春花等	978-7-111-52580-6	39.00
组织理论与设计	武立东	978-7-111-48263-5	39.00
人力资源管理	刘善仕等	978-7-111-52193-8	39.00
战略人力资源管理	唐贵瑶等	978-7-111-60595-9	45.00
市场营销管理：需求的创造与传递（第4版）（"十二五"普通高等教育本科国家级规划教材）	钱旭潮	978-7-111-54277-3	40.00
管理经济学（"十二五"普通高等教育本科国家级规划教材）	毛蕴诗	978-7-111-39608-6	45.00
基础会计学（第2版）	潘爱玲	978-7-111-57991-5	39.00
公司财务管理：理论与案例（第2版）	马忠	978-7-111-48670-1	65.00
财务管理	刘淑莲	978-7-111-50691-1	39.00
企业财务分析（第3版）	袁天荣	978-7-111-60517-1	49.00
数据、模型与决策	梁樑等	978-7-111-55534-6	45.00
管理伦理学	苏勇	978-7-111-56437-9	35.00
商业伦理学	刘爱军	978-7-111-53556-0	39.00
领导学：方法与艺术（第2版）	仵凤清	978-7-111-47932-1	39.00
管理沟通：成功管理的基石（第3版）	魏江等	978-7-111-46992-6	39.00
管理沟通：理念、方法与技能	张振刚等	978-7-111-48351-9	39.00
国际企业管理	乐国林	978-7-111-56562-8	45.00
国际商务（第2版）	王炜瀚	978-7-111-51265-3	40.00
项目管理（第2版）（"十二五"普通高等教育本科国家级规划教材）	孙新波	978-7-111-52554-7	45.00
供应链管理（第5版）	马士华等	978-7-111-55301-4	39.00
企业文化（第3版）（"十二五"普通高等教育本科国家级规划教材）	陈春花等	978-7-111-58713-2	45.00
管理哲学	孙新波	978-7-111-61009-0	49.00
论语的管理精义	张钢	978-7-111-48449-3	59.00
大学·中庸的管理释义	张钢	978-7-111-56248-1	40.00